Beck's Archäologische Bibliothek

Herausgegeben von Hans von Steuben

Beck's Archäologische Bibliothek

Bereits erschienen:

Peter C. Bol
Antike Bronzetechnik

Wolfgang Decker
Sport im Alten Ägypten

Olaf Höckmann
Antike Seefahrt

Antje Krug
Heilkunst und Heilkult
Medizin in der Antike

Ernst Künzl
Der römische Triumph

Harald Mielsch
Die römische Villa

Ingeborg Scheibler
Griechische Töpferkunst

Wolfgang Müller-Wiener

Griechisches Bauwesen in der Antike

Verlag C. H. Beck München

Mit 113 Abbildungen

IN MEMORIAM

Armin von Gerkan (1884–1969)

CIP-Titelaufnahme der Deutschen Bibliothek

Müller-Wiener, Wolfgang:
Griechisches Bauwesen in der Antike / Wolfgang Müller-Wiener. – München : Beck, 1988
(Beck's Archäologische Bibliothek)
ISBN 3-406-32993-4

ISBN 3 406 32993 4

Einbandentwurf: Bruno Schachtner, Dachau
Umschlagbild: Aigina, Tempel der Aphaia – Axonometrische Ansicht
(Nach A. Furtwängler, ‹Ägina: das Heiligtum der Aphaia› München 1906)

Gesamtherstellung: C. H. Beck'sche Buchdruckerei, Nördlingen
Printed in Germany

Inhalt

Vorwort

Bauen war in der Wechselwirkung zwischen Bauherr, Architekt und Handwerkern zu allen Zeiten eine vielschichtige Aufgabe, die einfaches Ziegelstreichen ebenso umfaßte wie die Herstellung schwieriger Werkstücke, bei der alltägliche Funktionen ebenso zu bewältigen waren wie die vollendete Gestaltung komplexer räumlicher Gebilde und wo alles das letztlich auch mit den jeweiligen technischen und finanziellen Möglichkeiten in Einklang gebracht werden mußte. Es war also stets eine Aufgabe, bei der sich eine Vielzahl verschieden ausgebildeter und meist auch unterschiedlich interessierter Menschen innerhalb eines begrenzten Zeitraumes zur Erfüllung einer bestimmten Aufgabe zusammenfinden mußte. Die damit angedeutete Vielfalt handwerklicher, künstlerischer und organisatorischer Aufgaben und die darin verborgene Fülle von Fragen nach Inhalten, Hintergründen und Bedeutungen in einer in ihrem Umfang eng begrenzten Zusammenfassung erschöpfend darzustellen, ist kaum möglich, zumal auch die erhaltenen Denkmäler griechischen Bauens noch keinesfalls ausreichend untersucht worden sind; zu kurz sind einige Fragenkomplexe gekommen, bei denen weiteres Ausholen nötig gewesen wäre – so etwa die hin- und her-wirkenden Bezüge zwischen dem Bauen der Griechen und der Architektur bei den Nachbarn und in den Randzonen der griechischen Welt, aber auch allgemeine Fragen nach dem Verhältnis von Körper und Raum, nach einzelnen Funktionen bestimmter Bautypen – doch werden das hoffentlich andere Bände der Reihe nachholen. Es bleiben also teils durch den Zwang zu knappster Darstellung, teils durch Mängel des derzeitigen Forschungsstandes bedingte Lücken, die der interessierte Leser vielleicht zum Teil mit Hilfe der auf ein Minimum reduzierten Anmerkungen wird füllen können; auf viele Fragen wird freilich erst ein genaueres Studium der uns überkommenen Bauten oder ihrer Reste eine Antwort geben können, deren Einzelprobleme angesichts des begrenzten Umfangs des Buches hier nicht diskutiert werden konnten.

Wenn trotz vieler, dem Verfasser bewußter Lücken ein Überblick über das weite Feld griechischen Bauens zustandekam, verdankt er das vielen Fachkollegen, von denen er in jahrelanger Zusammenarbeit lernte, und der tätigen Mithilfe von W. Schiele, F. Erten, J. Kerber und Ahmet bey, nicht zuletzt aber der hilfreichen Geduld seiner Frau. Herzlichen Dank weiß er auch dem beharrlich drängenden Herausgeber sowie der Betreuerin des Druckes, I. Kinzel-Amuser. Gewidmet sei die Arbeit dem Andenken an den unvergessenen Lehrer Armin von Gerkan (1884–1969).

Istanbul, im Frühjahr 1987 *W. M.-W.*

I. Vorstufen in minoisch-mykenischer Zeit

Überlieferung aus minoischer und mykenischer Vorzeit

Griechisches Bauwesen hat – auch wenn uns größere Bauwerke erst im Verlauf des 7. Jhs. v. Chr. faßbar werden – weit in die helladische Vorzeit zurückreichende Wurzeln und ist ohne diese und ohne zeitlich und örtlich wechselnde Einwirkungen aus den Ländern um das östliche Mittelmeer kaum denkbar. Zwar ist es unmöglich, die Fülle des dazu in jüngerer Zeit Gesammelten hier vorzuführen oder gar die vielen dennoch offenen Fragen zu diskutieren, doch dürfen knappe Hinweise auf die im minoisch-mykenischen Kulturkreise beheimateten Vorformen und die aus dem Orient einwirkenden Kräfte keineswegs fehlen.

Im Anfang des 2. Jtsds. – im Übergang von der frühen zur Mittelbronzezeit – wanderten die ersten griechischen Stämme in Hellas ein – Träger einer noch recht einfachen Kultur mit bescheidenen Herrensitzen und kleinen Steinkistengräbern, die die älteren Siedlungen frühhelladischer Zeit teils zerstörten, teils selbst übernahmen. Kontakte dieser Achäer zu Ägypten und Kreta führten im beginnenden 16. Jh. zu stärkerem minoischen Einfluß; im 15. Jh. übernahmen dann mykenische Fürsten die Herrschaft auf Kreta und dehnten im Laufe des 14. Jhs. ihren Einflußbereich bis in die Ägäis und das östliche Mittelmeer aus mit Stützpunkten auf den Kykladen, an der Westküste Kleinasiens, auf Zypern und an der syrischen Küste (Ugarit). Diese Erweiterung des mykenischen Herrschafts- und Kulturraumes äußerte sich im Kernraum, der (mit dem Zentrum in der Argolis) die Peloponnes und einen Teil Mittelgriechenlands umfaßte, im großzügigen Ausbau der dortigen Herrensitze (unter anderen Mykene, Tiryns; s. Abb. 1). Diese Paläste, die zugleich Heiligtümer und Verwaltungszentren waren[1], erhielten ihre uns heute faßbare Form erst in spätmykenischer Zeit; sie zeigen trotz mancher Übereinstimmung mit kretischen Palästen durchaus eigene Prägung: Hauptraum war das seit Mitte des 3. Jtsds. im ägäischen Raum heimische Megaron[2], das mit seiner Vorhalle und dem vorgelagerten Hof in ein straffes axiales Konzept eingebunden scheint, während die rundum agglomerierten, durch lange Gänge erschlossenen Nebenräume an minoische Pläne erinnern. Anfänglich unbefestigt (wie der sogenannte Palast des Nestor in Pylos[3]) wurden diese Paläste seit etwa 1370/50 mit gewaltigen Ringmauern umschlossen, bei denen Zugänge und Lage der Tore ein hohes Maß an fortifikatorischer Erfahrung verraten. Es ist sehr wahrscheinlich, daß bei Bau und Ausschmückung dieser Paläste ebenso wie auch bei vielen anderen Bauvorhaben (Brücken, Dämmen u. a.) Baumeister und Künstler aus Kreta beteiligt waren, wie neben stilistischen Einzelheiten die hochentwickelten Handwerkstechniken verraten; andererseits aber unterscheiden sich die aus oft riesigen Steinblöcken errichteten Bauten im mykenischen Kernland deutlich von denen auf Kreta[4]. Den ausgedehnten Palastkomplexen entsprachen die zugehörigen Grabanlagen – vor allem die auf die älteren und einfacheren Schachtgräber der Frühzeit folgenden Tholosgräber[5] mit ihren in konzentrischen Ringen geschichteten „falschen Gewölben", ihren den Eingang zierenden reichen Fassaden und ihrer eindrucksvollen Großquadertechnik (s. Abb. 2): am sogenannten Atreusgrab in Mykene wiegt der Türsturz etwa 100 t. Die noch den heutigen Besucher beeindrukkende Monumentalität der Gräber, der Paläste und ihrer Ringmauern wurde für den Zeitgenossen noch gesteigert durch eine reiche und sorgfältig gearbeitete Detailausstattung mit Malereien, Holz- und Metall-Appliken sowie feinsten Steinhauerarbeiten, die Motive der kretischen Spätzeit in stärkerer Verhärtung wiederholten.

Einzelformen aus diesem Bereich – so das Megaron und die auf eigener Basis stehende und von einem polsterförmigen Kapitell gekrönte Säule[6] (s. Abb. 2, 3) – haben über den Einschnitt der dorischen Wanderung und eine anschließende, mehr als 300 Jahre währende Dunkelphase (12.–10. Jh.) hinweg ihren Weg in die griechische Architektur gefunden und sind dort – im Naos und in der Ringhalle des griechischen Tempels verbunden – zu konstituierenden Elementen geworden, wobei allerdings ihr Weg dorthin noch weitgehend unklar ist. Während das Megaron als landschaftlich gebundene Bauform eine alte Tradition hatte, die auch diesen Einschnitt überdauerte, kann bei der späteren Aufnahme von Säulen- und Kapitellformen sehr wohl eine neue, heute gelegentlich als „*greek renaissance*"[7] bezeichnete Grundstimmung mitgewirkt haben – wie das vielleicht auch für die in archaischer Zeit hier und da auftauchenden spiralig kannelierten Säulen gilt[8]. Wenn sich daneben auch manche der in mykenischer Zeit üblichen Konstruktionsformen wie z. B. die Kombination von Lehmziegel und Steinbau mit verankernden Holzbalken in späterer Zeit wiederfinden, so wird der Grund dafür eher in der Kontinuität des alltäglichen Bauens einer seßhaften Bevölkerung liegen, die auch nach dem Ende der Paläste im 12. Jh. in ihren einfachen Dörfern verblieb – wenngleich in verringerter Zahl und auf einem erheblich niedrigeren kulturellen Niveau. Ein gewisser Teil der Bevölkerung scheint allerdings den sich über einen längeren Zeitraum hinziehenden Wirren dieser Niedergangsphase entflohen zu sein und in Kreta und Zypern in abgelegenen Gebieten neue Siedlungen angelegt zu haben – u. a. Vrokastro, Kavousi, Dreros und Karphi (Abb. 4)[9], in denen die alten agglomerierenden Bauweisen und Haustypen weiterlebten. Aber auch in Griechenland selbst haben an vielen Stellen ältere Siedlungen, vor allem jedoch zahlreiche Kultstätten das Ende der mykenischen Kultur überlebt – unter ihnen Delphi, Olympia und Delos, was häufig mit dem

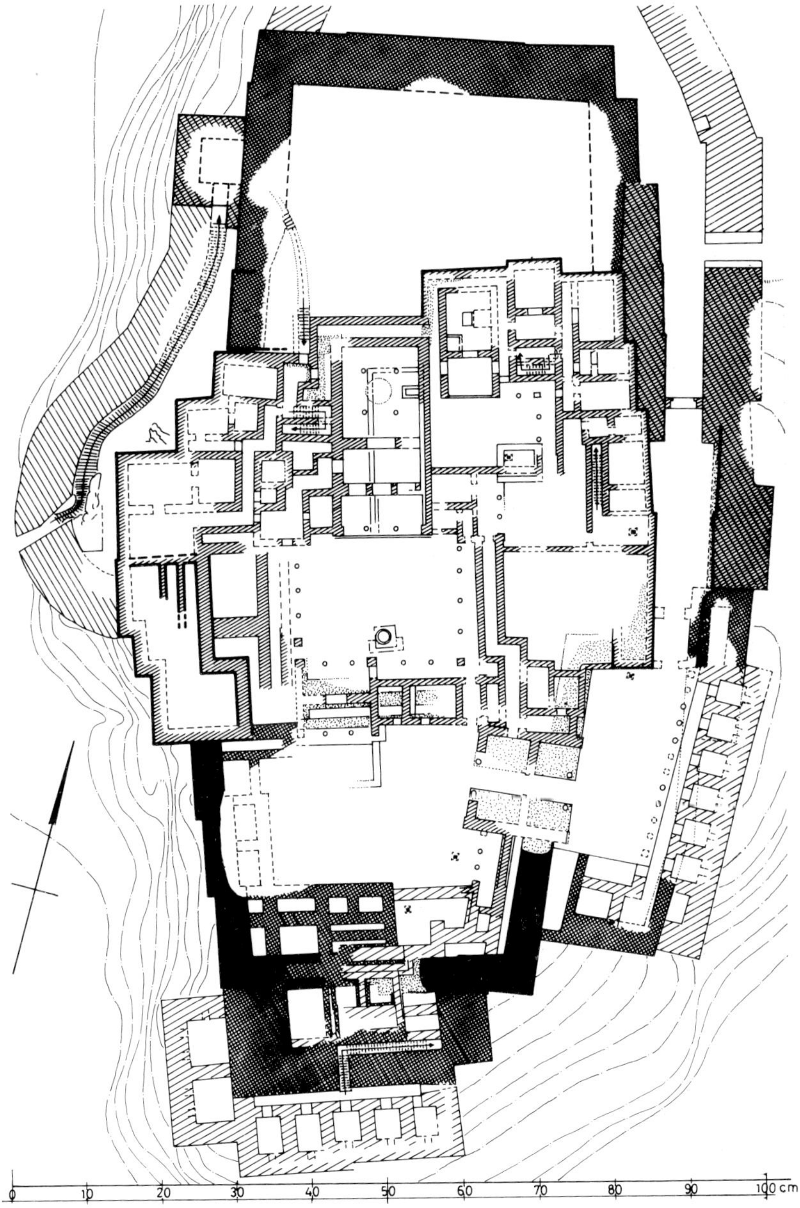

1 Tiryns, Plan der Oberburg mit den Palästen im letzten Ausbauzustand (SH III B 2 = 13. Jh. v. Chr.; Mstb. ca. 1 : 1000)

2 Mykenai, Fassade des sog. Atreusgrabes

3 Mykenai, Außenfront des Löwentores

Wechsel von einer dort zuvor verehrten weiblichen Gottheit zu einer männlichen Göttergestalt verbunden war – so unter anderem in Delphi, Delos und Keos[10]; gelegentlich scheinen auch die noch zugänglichen alten Fürstengräber kultische Bedeutung gewonnen zu haben. Trotz solcher Kontinuitäten aber bedeutete die mit dem Begriff der dorischen Wanderung verbundene Dunkelphase vom 12. bis 10. Jh. einen tiefen Einschnitt vor allem im Bauen; erst seit dem 10. Jh. finden sich ganz allmählich wieder Beispiele in zunächst sehr bescheidenen Dimensionen[11], wobei sicher zu berücksichtigen ist, daß hier manche Lücke nur eine Lücke in der archäologischen Forschung ist.

Einflüsse aus dem Orient und Ägypten

Während man sich über die Einwirkungen der ja im gleichen Landschaftsraum beheimateten mykenischen Architektur auf das sich sehr allmählich entwickelnde Bauen frühgeometrischer Zeit (trotz mancher Unklarheiten über die Art der Überlieferung) im wesentlichen einig ist, sind die aus dem Orient kommenden Einflüsse nicht in gleicher Deutlichkeit faßbar. Sicher ist, daß die griechische Kunst im 9./8. Jh. in nicht geringem Umfang Motive und Techniken aus dem Orient aufgenommen und verarbeitet hat; sicher ist auch, daß aus dem Orient kommende Handwerker zeitweilig in griechischen Orten tätig waren und andererseits griechische Handelsleute manches an Anregungen von ihren Reisen zum syrischen al-Mina oder anderen östlichen Handelsplätzen mitgebracht haben – wie überhaupt der im 9. Jh. allmählich wiederauflebende Fernhandel die Entwicklung einer eigenen griechischen Kunst in hohem Maß beflügelt hat[12]. Doch – was aus dem Orient kam, waren überwiegend kleinformatige, transportable Dinge: Schmuck oder Geräte und keine Bauglieder; Marmortransporte über See sind erst ab etwa der Mitte des 6. Jhs. bekannt[13]. Jedoch ist zu bedenken, daß Elemente der Monumentalarchitektur im Orient sowohl an Bauten wie auch in entsprechend verkleinerter Form an Geräten und Möbeln zu finden sind, wie zahlreiche Beispiele zeigen – um aus der großen Menge nur die vielen Elfenbeinreliefs aus Nimrud, Megiddo und Samaria oder Möbelteile und -beschläge aus Zincirli zu nennen. Man konnte also solche „Miniaturarchitekturen" als Vorbilder für Bauwerke nutzen. Was von solchen Importen ins eigene Schaffen übernommen wurde, waren überwiegend einzelne Motive, die ins griechische Gestaltungskonzept paßten und dessen Absichten gemäß abgewandelt wurden[14]; dabei vermochte man vermutlich die Kleinform ebenso in eine größere umzusetzen wie man zuvor im Herkunftsland die monumentale Form ins Geräteformat reduziert hatte. Übernahmen aus

4 Karphi (Kreta), Lageplan der Siedlung (Mstb. 1 : 1000)

dem Formenschatz des Ostens finden sich im dorischen Raum weniger häufig als in ostgriechischer Architektur, die erheblich mehr gliedernde und schmückende Elemente kannte und sich dabei gerne der vielgestaltigen Formen des Ostens bediente.

Wie weit man für konstruktiv-handwerkliche Probleme, die sich mit den seit dem 7. Jh. rasch wachsenden Dimensionen des Sakralbaues stellten, auf Anregungen aus der Levante oder Ägypten angewiesen war oder sich um solche bemühte, wird sicher noch lange eine offene Frage bleiben. Daß mündliche Berichte von den in jenen Ländern gesehenen Riesenbauten eine gewisse Wirkung hatten, vielleicht sogar dort beobachtete Bauvorgänge später daheim „kopiert" wurden[15], ist nicht unmöglich; vielleicht hat man auch durch Vermittlung der oft zitierten griechischen Niederlassung in Naukratis[16] seit Mitte des 7. Jhs. praktische Erfahrungen im Quaderbau gewonnen. Zu bedenken ist allerdings, daß man in den Ruinen aus mykenischer Vorzeit auch im eigenen Land noch sehr eindrucksvolles Anschauungsmaterial hatte.

Wie immer die vielen hier noch offenen Fragen einmal gelöst werden – Tatsache ist, daß der seit dem Zusammenbruch der mykenischen Welt ablaufende Entwicklungsprozeß einer spezifisch griechischen Kultur um die Mitte des 8. Jhs. einen Höhepunkt erreichte, in dem erste Ansätze bedeutender künstlerischer und sozialer Leistungen sichtbar werden: die Entstehung der großen panhellenischen Heiligtümer sowie der die Polis vorbereitenden staatlichen Organisationsformen, die Ausprägung einer eigenen Bildkunst und der epischen Literatur mit einer neuen Schrift sowie schließlich das Ausgreifen nach Ost und West im Rahmen von Kolonisation und Handel. Wie sich auf diesen Grundlagen die griechische Baukunst entwickelte, wird im folgenden genauer zu betrachten sein.

II. Bauplanung und Bauorganisation

Während technisch-handwerkliche, auch stilgeschichtliche Fragen antiken Bauens dank einer relativ breiten Materialbasis einigermaßen beantwortet werden können, sind Antworten aus Bereichen, in denen es um die hier tätigen Menschen geht, sehr viel schwieriger: es gibt nur eine begrenzte und bedingt aussagefähige Zahl schriftlicher Zeugnisse über die einzelnen im Bauwesen tätigen Personengruppen – über die Bauherren (oder entsprechende Gremien), über die Architekten und die Handwerker und ihr Verhältnis zueinander, über ihre Arbeits- und Ausbildungsbedingungen. Zudem waren die Zustände von Ort zu Ort verschieden, in Städten anders als in den großen Heiligtümern, so daß Verallgemeinerungen über den jeweiligen Ort hinaus kaum möglich sind – zumal sich auch noch an jedem Ort über längere Zeiträume hinweg Veränderungen zeigen, wie z. B. in Epidauros zu sehen. Unsere Kenntnisse hierzu kommen aus der antiken Literatur, überwiegend aber aus den uns überlieferten, leider recht lückenhaften Inschriften, deren eingehende Analyse allerdings zeigte, daß sie eher dazu dienten, die am Bau Beteiligten zu nennen und so zu ehren, als detaillierte Fakten zu bewahren[1] (vgl. Abb. 5).

1. Bauherren und Bauleute

Baubehörden und -kommissionen

In der Rolle des „Bauherrn" finden sich in dem langen hier behandelten Zeitraum je nach Art des geplanten Bauwerks recht unterschiedliche Personen oder Institutionen, die sich aber nur selten ganz klar fassen lassen. Die häufigste, zugleich auch am wenigsten bekannte Form war der private Bauherr, der sein Haus oder seine Werkstatt – sicher nicht ohne Berücksichtigung städtischer Verordnungen – ohne großen Aufwand zusammen mit einigen Handwerkern errichtete; die Aufwendungen für die Innenausstattung stiegen allerdings seit dem 4. Jh. deutlich. Sobald es sich jedoch um größere, über den individuellen Rahmen hinausgehende Bauaufgaben handelte, erscheinen in der Frühzeit im Regelfall die jeweils Herrschenden (Tyrann, Basileus oder Angehörige der städtischen Aristokratie) als Bauherren wie am Beispiel des Periander in Korinth und Korkyra, des Polykrates in Samos, des Lygdamis in Naxos oder der Peisistratiden in Athen zu sehen[2]; ihre Rollen als Bauherren ebenso wie ihre politischen Motive sind aber nur aus den jeweiligen Biographien heraus zu fassen. Mit dem im 5. Jh. einsetzenden Übergang zu demokratischen Polis-Verfassungen trat an die Stelle Einzelner die Gesamtheit der Bürger als Bauherr, vertreten durch den Rat oder die städtischen Beamtenkollegien, die für Bauvorhaben der Polis bestimmte Baukommissionen einsetzten; bei Tempeln waren es die Tempelverwaltung oder die zuständigen Priesterkollegien, die ähnliche Kommissionen wählten[3]. Solche in ihrer Amtszeit befristeten Kommissionen beaufsichtigten in örtlich variierender Zusammensetzung Planung und Bauablauf, hatten aber auch Entscheidungsbefugnis über Umfang und Gestaltung des jeweiligen Vorhabens und waren in gewissem Rahmen für die Beschaffung bestimmter Baumaterialien sowie für eine ordnungsgemäße Finanzwirtschaft zuständig, dazu natürlich für die Auswahl geeigneter Lie-

5 Didyma, Bauinschrift aus den Jahren 165/164 v. Chr.

feranten und Handwerker. Anstelle solcher, nach der jeweiligen Aufgabe (*teichopoioi, naopoioi, thymelepoioi* o. ä.) berufenen oder gewählten Kommissionen waren mancherorts auch Einzelpersonen als Epimeleten oder Epistatai tätig (z. B. in Didyma); daneben gab es gelegentlich (z. B. in Delos und Epidauros) Finanzkommissionen, die – aus Priestern und Angehörigen der städtischen Oberschicht *(hieropoioi)* bestehend – über der Baukommission standen. Auch die Mitglieder von Baukommissionen scheinen im allgemeinen aus derselben Schicht mit umfänglichen geschäftlichen Verbindungen und politischen Erfahrungen zu stammen wie das z. B. die Mitgliedschaft des Demosthenes bei den *teichopoioi* von Athen bezeugt, doch sind – abgesehen von einem Mindestalter von 30 Jahren in Tanagra – Auswahlkriterien für diese Gremien nicht näher bekannt. Unbekannt ist auch, ob von einem Mitglied einer Baukommission fachliche Kompetenz erwartet wurde oder ob allgemeine Erfahrungen im Bauwesen ausreichten (wobei im übrigen die Einstellung der griechischen Öffentlichkeit zu Bauvorhaben in vorhellenistischer Zeit ziemlich unklar ist).

Als Fachmann war ohnehin der leitende Architekt Mitglied der Kommission oder ihr beigeordnet und sorgte für die notwendige Kontinuität. Es scheint, als ob bis ins 4. Jh. hinein Mitgliedschaft in mehreren am gleichen Vorhaben tätigen Gremien möglich war und daß – zumal in kleineren Orten wie z. B. in Epidauros – aktive Mitwirkung bei einem Bauvorhaben als Unternehmer oder Bürger die Mitgliedschaft in einer der Planungskommissionen nicht ausschloß. Zeugnisse aus Epidauros zeigen aber, daß seit Ende des 4. Jhs. – vielleicht infolge aufgetretener Interessenkonflikte – eine deutlichere Trennung zwischen Aufsichtsorganen und Ausführenden angestrebt wurde. Etwa gleichzeitig wurde auch in Athen das bisherige Nebeneinander von Baukommission und Architekt durch eine klarere Zuweisung der Kompetenzen abgelöst: beim Mauerbau seit 307 blieb die technische Leitung beim Architekten, während die Polis durch die tatsächlich zuständigen Magistrate vertreten wurde. In einzelnen Fällen scheint sich die Ratsversammlung aber noch eine abschließende Entscheidungskompetenz vorbehalten zu haben[4]. Im übrigen führten stärkere Verdichtung der Städte und zunehmende Verwaltungsaufgaben zur Bildung fester städtischer Institutionen (z. B. Astynomen, Agoranomen u. ä.), denen seit hellenistischer Zeit die laufende Überwachung des städtischen und privaten Bauwesens, der Wasserversorgung, der Häfen und anderer Bereiche des innerstädtischen Alltags oblag.

Bauherren und Stifter

Im gleichen Maße, in dem in dieser Zeit weiträumige Königsherrschaften die alte Polisordnung ablösten oder überlagerten, veränderte sich auch das Bild des Bauherrn erneut: statt der autonomen Bürgerschaft traten nun die hellenistischen Könige zumindest in den Städten ihrer Herrschaftsbereiche als Bauherren auf, vielfach aber auch in befreundeten Poleis oder berühmten Heiligtümern als Stifter bedeutender Bauten wie z. B. die Seleukiden im 3./2. Jh. in Milet (s. Abb. 6), die Attaliden in Delphi und Athen und die Ptolemäer ebenfalls in Athen und in Samothrake[5]. Auch ihre Philoi und kleinere Dynasten, ja, selbst reiche Privatleute finden sich seit dem 4. Jh. zunehmend häufiger als Stifter größerer Bauwerke wie z. B. Orophernes von Kappadokien in Priene, wie Leonidas von Naxos in Olympia oder Andronikos von Kyrrhos als Stifter und zugleich Entwerfer des Turms der Winde in Athen, wobei unklar bleibt, wie weit auch in anderen Fällen hochgestellte Bauherren (etwa Maussollos?) oder private Stifter Einfluß auf den Entwurf nahmen? Dagegen werden in zahlreichen Bauinschriften, oft auch in langen Epigrammen die Stifterpersönlichkeiten und ihre mit dem Bau verbundenen Absichten recht deutlich dargestellt, worin sich eine im Hellenismus gegenüber früher grundlegend veränderte Auffassung von Architektur spiegelt – die ebenso natürlich auch in Anlage und Größe der Bauten selbst zum Ausdruck kam. Daß derlei Stiftungen – so weit sie dem Allgemeinwohl dienten – auf breite Zustimmung in den begünstigten Städten stießen, daß hier und da aber auch kritische Stimmen zu hören waren, sei nur am Rande vermerkt[6].

Architekten und Handwerker

Von seiner Berufsbezeichnung *architektōn* her dem Zimmermannshandwerk *(tektosyne)* verbunden, bei seinen späteren Aufgaben aber überwiegend auf den Umgang mit dem Stein verwiesen, hat sich das Berufsbild des Architekten durch rund sechs Jahrhunderte griechischen Bauens hindurch deutlich gewandelt, ist aber infolge der mageren Quellenlage weder in diesem Wandel noch in einzelnen Stufen mit ausreichender Sicherheit zu fassen, auch wenn wir heute weit über 100 Namen griechischer Architekten kennen[7]. In den „*Decem libri de architectura*“ des gegen Ende des 1. Jhs. v. Chr. schreibenden römischen Architekten Vitruvius wird der Architekt als vielseitig gebildeter Fachmann dargestellt, möglichst in allen Zweigen des praktischen Bauens erfahren, zugleich aber auch bewandert in anderen Gebieten, in Mathematik, Musik, Physik und nicht zuletzt auch der Philosophie. Über diese Forderungen waren sich aber schon die Fachkollegen in der Antike nicht einig[8], und in der Tat hat es nur eine ganz kleine Zahl von Architekten gegeben, die eine so breite Qualifikation besaßen. Dafür aber gab es eine Menge jeweils in Teilbereichen erfahrener Spezialisten, eine große Zahl qualifizierter Praktiker, und eine sicher nur kleine Gruppe bauender und schreibender Architekten. Und es gab eine fast unermeßliche Zahl vorzüglicher Handwerker und Künstler, die – bei fließendem Übergang zwischen den beiden Gruppen – mit ihrer Arbeit sowohl dem einen

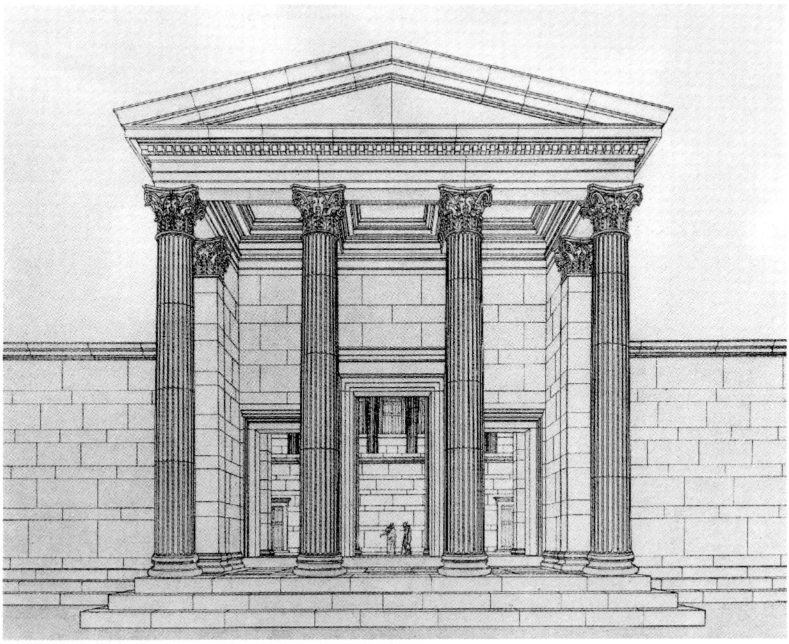

6 Milet, Propylon des Buleuterions

wie dem anderen Kreis zuzurechnen wären: der Gruppe der Architekten ebenso wie dem Handwerkerstand. So lange das „Künstlerische“ an den Begriff der *„technē“* gebunden war, hat es sich offenbar nicht prinzipiell vom Boden des Handwerks gelöst[9]. Eine Entscheidung für die soziale Einordnung „des Architekten“ – im Urteil der Zeitgenossen klar zur Gruppe der Banausen gehörig – will so für die Antike ebensowenig gelingen wie eine klare Definition des Berufsstandes in späteren Phasen der Kunstgeschichte bis in die Gegenwart hinein, zumal sich dieses Bild innerhalb des hier behandelten Zeitraumes erheblich veränderte.

Obwohl wir die Namen zahlreicher griechischer Baumeister kennen und sich mit einigen Namen auch genauere Kenntnisse einzelner Werke verbinden lassen, haben wir doch nur in sehr wenigen Fällen mehr als punktuelle Daten zu ihrem Lebenslauf und in keinem Fall eine wirkliche Biographie mit Einzelheiten über Ausbildung und spätere Tätigkeiten: somit sind unserer Beurteilung sehr enge Grenzen gesetzt. Am wenigsten wissen wir über Herkunft und Ausbildung – vielleicht weil es wie im mittelalterlichen und neuzeitlichen Europa recht unterschiedliche Wege zu diesem Beruf gab: überwiegend wohl den über das Handwerk mit unterschiedlich hohem Grad der dabei erreichbaren Perfektion und begrenzter künstlerischer Qualifikation, wobei – wie wir an einzelnen Viten sehen – dieses Handwerk keineswegs immer das des Steinmetzen oder Zimmermanns gewesen sein muß. Daneben mag es sicher Wege mit stärkerer Betonung künstlerisch-planerischer Fähigkeiten gegeben haben; in einzelnen Fällen ist auch – wie in späteren Zeiten – mit einer Weitergabe der erworbenen Kenntnisse und Erfahrungen vom Vater auf den Sohn zu rechnen: Beispiele bieten sich in Ephesos mit Chersiphron und seinem Sohn Metagenes oder in Delphi mit der Abfolge vom Architekten Agathon (Mitte 4. Jh.) über dessen Sohn Agasikrates zum Enkel Agathokles (um 230)[10].

Zu den Aufgaben des Architekten als verantwortlicher Leiter eines Baues und zugleich Vertreter des Bauherrn gehörte die Beherrschung alles dessen, was auf den folgenden Seiten dargestellt und hier nicht nochmals im Einzelnen aufgeführt wird; erforderlich waren Erfahrungen in allen auf den Bau bezogenen Handwerken, dazu aber auch umfängliche theoretische Kenntnisse. Schon früh haben sich Architekten auch schriftlich zu ihren Bauten äußern müssen, obwohl uns das nur durch Vitruv überliefert und Einzelheiten des Inhalts daher unbekannt sind. Ursprünglich vielleicht nur Baubeschreibungen in Art der im Planungsvorgang notwendigen Syngraphai (vgl. S. 28), kamen seit dem 4. Jh. auch eher theoretische Erörterungen *(praecepta symmetriarum:* Vitruv VII praef. 14) hinzu[11]. Mit fortschreitender Zeit traten allerdings die anfangs überwiegenden handwerklichen Anteile mehr und mehr zugunsten von Entwurfs- und Leitungsaufgaben, von Verwaltungs- und Abrechnungsarbeiten sowie von organisatorischen und Koordinationspflichten zurück. Das zwang gelegentlich dazu, ursprünglich in einer Person vereinte Aufgabenbereiche auf eine Gruppe unterschiedlich qualifizierter Mitarbeiter zu verteilen; so finden sich seit dem 4. Jh. neben dem leitenden Architekten auch ein „Unterarchitekt *(hyparchitektōn)*" oder Bauaufseher *(ergepistates)*. Freilich bedeutete das keine im modernen Sinne einseitige Spezialisierung, hören wir doch, daß schon in archaischer Zeit Rhoikos, der Architekt des samischen Heraion, zugleich Bronzegießer war, daß Kallikrates, Mitarbeiter am Parthenon, Architekt des Niketempels und damit Auftragnehmer (μισθοφορῶν) der Stadt Athen zugleich Vorrichtungen für den Verschluß der Burgtore machte, oder daß Nikodamos von Argos neben dem Entwurf der Löwenkopf-Sima des Apollontempels von Delphi auch hölzerne Baumaschinen herstellte und Steinbrucharbeiten durchführte. Auch darf die gelegentlich erwähnte Trennung zwischen Architekt und Ingenieur nicht zu sehr betont werden, da ein Baumeister im allgemeinen alle Sparten seines Faches beherrschen sollte und somit auch für Kanal- und Dammbauten zuständig war. Eher schon mag es eine gewisse Scheidung von Praktikern und Theoretikern gegeben haben; die Grenzen zwischen den verschiedenen „banausischen" Tätigkeiten waren aber sicher fließend und nicht selten waren Architekten zugleich auch Inhaber kleiner Bau- oder Zuliefer-Betriebe, was allein schon deswegen notwendig scheint, da es nicht ständig langdauernde Staatsaufträge gab und zumindest vor dem 4. Jh. kaum mit lukrativen Privataufgaben zu rechnen war. Das wird in einzelnen Fällen auch der Grund dafür gewesen sein, daß neben Handwerkergruppen auch Architekten außerhalb ihrer Heimatorte tätig wurden, wie wir aus den größeren Heiligtümern hören. Ein anderer Grund hierfür war natürlich häufiger ihr individuelles Können, das sich auswärtige Bauherren sichern wollten, wie u. a. beim Bau des Maussolleion.

In hellenistischer Zeit scheinen Architekten häufig in Städten oder an den Königshöfen fest angestellt gewesen zu sein, wie sich daraus zeigt, daß z. B. für Milet, Kyzikos und Messene Stadtarchitekten überliefert sind, die gelegentlich sogar an befreundete Städte „ausgeliehen" wurden. Ähnliches ist auch für einzelne Architekten im Hofdienst überliefert, die bei besonders engen Verbindungen zum Herrscher auch bis dahin nicht gekannte Ehrungen empfingen wie das u. a. für Sostratos von Knidos, den Erbauer des Pharos, überliefert ist, der mit Ptolemaios II. befreundet war und Ehrungen in Delphi und Delos erhielt; die Reihe solcher Namen ließe sich noch verlängern[12]. Wenn sich in diesen – sicher Ausnahmen gebliebenen – hohen Ehrungen und in anderen literarischen Äußerungen eine gewisse Wertschätzung des Architekten als Künstler auszudrücken scheint, so entsprechen die harten materiellen Fakten der Entlohnung kaum diesem Bild: in den Lohnlisten griechischer Bauinschriften werden die Architekten zumindest bei staatlichen Aufträgen nur insoweit besser behandelt als die Handwerker als sie als Mitglieder der jeweiligen Baukommission über die ganze Kontraktzeit hinweg fortlaufende Tagegelder erhielten, während Handwerkern nur die tatsächlichen Arbeitstage bezahlt wurden; im übrigen scheinen Architekten nie für die bei Handwerkern üblichen Strafzahlungen bei Fristüberschreitung herangezogen worden zu sein. Die Höhe ihrer Bezahlung entsprach – so weit Urkunden dies überhaupt belegen – in Athen bis ins 4. Jh. hinein dem dort üblichen Hoplitensold von einer Drachme pro Tag und galt für Architekten wie für alle anderen Handwerker; derselbe Betrag läßt sich gegen Anfang des 4. Jhs. für Epidauros errechnen. Im 4. Jh. schwankten die Tagelöhne von Ort zu Ort erheblich: von 2 Dr./Tag in Eleusis und Delphi über 3 ½ Dr./Tag in Delos bis zu 4 Dr./Tag in Delphi. Eine zusätzliche oder bessere Bezahlung für künstlerische Entwurfsleistungen läßt sich anhand der vorliegenden Urkunden nicht beweisen[13]. Gelegentlich wird man zu den inschriftlich verzeichneten Löhnen Naturalleistungen hinzurechnen können, doch fehlen hierzu wie auch zur Einordnung der obigen Lohnsummen in das gesamte Lohn-Preisgefüge der jeweiligen Zeit noch ausreichende Daten (vgl. S. 25f.).

War der Architekt zwar kraft seines Amtes Vertreter des Bauherrn, so kam er doch durch seine Ausbildung aus dem Kreis der Handwerker (τεχνῖται)[14], der – obwohl in der sozialen Ordnung generell der βαναυσία zugehörig – in sich alles andere als einheitlich war und vom einfachen Steinhauer bis zum erfahrenen Facharbeiter und zum wohlbekannten Künstler oder vom freien Bürger über den Metoiken bis zum Sklaven Menschen unterschiedlicher Herkunft umfaßte. Neben Landwirtschaft, Handel und einzelnen Gewerben (Keramik-, Woll-, Purpur-Produktion u. ä.) hatte das Bauhandwerk mit seinen verschiedenen Neben- und Zulieferbetrieben einen erheblichen Anteil an der Polis-Wirtschaft (ähnlich wie noch heute in wenig entwickelten Ländern), doch erfahren wir über Organisation, Arbeits- und Ausbildungsbedingungen der hier Tätigen aus den heute verfügbaren Quellen nicht allzu viel, so weit es die Frühzeit bis zum 5. Jh. betrifft[15]. Dagegen liefern die Erechtheion-Inschriften (409–406), die Urkunden aus Tegea (4. Jh.), aus Epidauros und Delos (ab Mitte 4. Jh.) sowie die umfangreichen Texte aus Didyma (3./2. Jh.) einiges, was gerade wegen der örtlichen Unterschiede von großem Interesse ist, hier aber natürlich nur andeutungsweise behandelt werden kann[16].

In Athen ging es um die Fertigstellung des letzten größeren Bauvorhabens auf der Akropolis, des wohl 421 begonnenen, dann aber zeitweilig liegengebliebenen Erechtheion (s. Abb. 7). Die Rechnungen beginnen 409/8 mit einer Bestandsaufnahme, die zeigt, daß noch die Feinüberarbeitung des schon stehenden Quaderbaues, das Dach und der Innenausbau ausstanden. Danach richtete sich auch die Aufteilung der insgesamt 107 am Bau Beschäftigten: neben 44 Steinmetzen, 19 Zimmerleuten und 9 Bildhauern waren es vor allem Facharbeiter verschiedener Handwerke, jedoch nur 9 einfache Arbeiter. Unter ihnen waren – so weit aus den Inschriften erkennbar – 23 Bürger, 42 Metoiken und 20 Sklaven, letztere Facharbeiter im Besitz von Bürgern, die zusammen mit ihnen und den Metoiken dieselben Arbeiten ausführten; der größte Teil war in Athen oder Umgebung ansässig. Die Bezahlung war – soweit nicht Stücklohn vereinbart war – ziemlich einheitlich eine Drachme (gelegentlich nur 5 Obolen) pro Tag, wobei der Lohn für die Sklaven wohl an deren (meist mitarbeitende) Besitzer ging; bei Stücklohn – der beim Kannelieren von Säulen üblich war – kamen bis 5 Drachmen pro Tag zusammen[17].

Deutlich anders waren die Verhältnisse in der Kleinstadt Epidauros, die um 380/70 den Ausbau des Asklepiosheiligtumes unternahm, der sich bis zum Ende des Jahrhunderts hinzog; hier zeigt sich, wie sehr ein kleinerer Ort sowohl für qualifizierte Handwerker wie für höherwertiges Material auf Verbindung zu größeren Städten angewiesen war. Während die Fundamente aus lokalem Stein von örtlichen Meistern verlegt werden konnten, mußte man für den Oberbau des Asklepiostempels Steine und Handwerker aus Korinth und Argos heranholen und auch später beim Bau der Tholos Marmor aus Athen und auswärtige Meister beibringen; ebenso war man auch für Feinarbeit und für den Innenausbau auf Meister aus bekannten Kunstzentren (Paros, Athen) angewiesen. Als Kontraktpartner traten hier Inhaber kleinerer oder größerer Handwerksbetriebe mit ihren Gesellen und

7 *Athen, Erechtheion von Westen*

Hilfsarbeitern auf, in einem Falle sogar ein echter Familienbetrieb mit Vater und Söhnen. Die Zahl der insgesamt hier Tätigen mag bei rund 200 Mann gelegen haben[18].

Wieder anders war das Bild in der über Jahrhunderte tätigen Bauhütte des Apollontempels in Didyma (Abb. 8), wo von Steingewinnung und -transport bis hin zum Versetzen der fertigen Werkstücke alle Arbeiten von ständig dort tätigen Handwerkern oder Tempelsklaven ausgeführt wurden. Die in zwei Gruppen zu je 14 Mann unter einem Aufseher tätigen Arbeiter werden in den Urkunden als λευκουργοί = Steinmetze für feinere Arbeiten und λατόμοι = Steinhauer (zum Herrichten und Verlegen der Quader) geführt; ihnen waren einige Tempelsklaven sowie mehrere Maultiertreiber samt ihren Tieren zugeteilt. Für besondere Arbeiten (Gerüstbau, Herrichten der Werkzeuge u. ä.) wurden offenbar von Zeit zu Zeit zusätzliche Kräfte herangezogen[19].

Diese drei Beispiele, die durch Belege aus Delos und Delphi noch ergänzt werden könnten[20], zeigen, daß die Verhältnisse an verschiedenen Baustellen im Hinblick auf Arbeiterzahl, Arbeitstempo und technische Anforderungen erheblich voneinander abweichen konnten, daß auch die ältere Tradition des Einzel-Handwerkers mit zunehmendem Umfang der Aufgaben seit dem 4. Jh. allmählich durch Werkstätten mit einer gewissen Zahl von Mitarbeitern abgelöst wurde. Freilich kann es sich auch hier nur um Mittelbetriebe gehandelt haben, da nach den Urkunden selbst begrenzte Aufträge auf mehrere Unternehmer aufgeteilt wurden. Daß es hierbei gelegentlich zu Streitigkeiten zwischen den Beteiligten kam, lassen die aus Tegea überlieferten Regelungen erkennen[21], wie überhaupt das Verhältnis zwischen Unternehmern und Bauherren oder Baukommissionen zunehmend deutlicher formalisiert wurde. Andererseits wuchs die Reichweite einiger Firmen, wie aus Nennungen derselben Namen an verschiedenen Plätzen ersichtlich: der Athener Molossos ist sowohl beim Neubau des Tempels in Delphi wie beim Bau der Tholos in Epidauros dabei; ähnlich werden auch Chremon und Nikostratos aus Argos als Unternehmer in Epidauros und Delphi genannt[22].

Damit taucht zugleich die Frage nach der Mobilität antiker Handwerker auf, die bei bestimmten Gruppen schon früh recht groß war – vor allem bei Spitzenkräften unter Bildhauern, Architekten, aber auch bei Fachhandwerkern; das geht aus den Biographien zahlreicher Künstler hervor. Dazu haben – wie die Inschriften zeigen – größere Bauvorhaben zusätzliche Kräfte angezogen wie z. B. die Arbeiten in Persepolis. Umgekehrt hat Mangel an geeigneten Aufgaben auch gute Kräfte zum Abwandern veranlaßt, wie das Beispiel des Nereidenmonuments in Xanthos andeutet[23], wo offensichtlich in Attika geschulte Steinmetzen tätig waren in einer Phase, als es in Athen nach dem sizilischen Abenteuer während des Peloponnesischen Krieges (413) nicht viel zu tun gab. Neben solchen wandernden Kräften muß es aber an jedem großen Ort und auch in den meisten Mittelstädten einen festen Handwerkerstamm gegeben haben, der zumindest in hellenistischer Zeit durch längerfristig laufende Vorhaben ausreichend beschäftigt wurde (s. Abb. 8). Darüber hinaus erwartete man auch in der Antike vom Bauhandwerker ein gewisses Maß an Vielseitigkeit, wie das am Beispiel des Theophanes aus Karystos in Delos zu sehen, der nicht nur als Zimmermann und Tischler, sondern auch als Maurer arbeitete. Ähnliche Fälle gab es auch andernorts, und der einfache Handwerker in kleineren Orten mußte ohnehin vom Häuserbauen über das Herstellen von Türen und Stühlen bis zum Anfertigen von Pflügen eine breite Skala von Handfertigkeiten beherrschen (so Xenophon, Kyrupädia VIII 2,5). Nicht viel anders war es bei allen den Gewerken, die ohnehin nur zeitweilig am Bau, sonst aber in ihrem Bereich tätig waren: Tischler, Holzschnitzer, Wachs- und Lederarbeiter (die uns die Inschriften vom Erechtheion nennen) arbeiteten in ihren eigenen Werkstätten vielleicht ohnehin unter ganz anderen Bedingungen als am Bau.

Zu bedenken ist schließlich noch, daß zeitweilig – vor allem in der Frühzeit – mit dem Einsatz größerer Mengen von Sklaven zu rechnen ist, wie eine Nachricht bei Diodor zeigt (XIII, 82,4), wonach in Akragas nach dem Sieg von 480 über die Karthager Gefangene in den Steinbrüchen eingesetzt wurden, um Steine für den riesigen Zeus-Tempel zu brechen. Neben den echten Handwerkern und den aus dem Handwerk stammenden ,,Kleinun-

8 Didyma, Frontansicht des Apollontempels

ternehmern" tauchen in den Kontrakten auch Leute auf, die man als Lieferanten von Baumaterial gleichfalls der Gruppe der Unternehmer zurechnen könnte: Besitzer von Steinbrüchen oder Ziegelbrennereien, vielleicht auch nur als »Großhändler« oder Vermittler auswärtiger Händler am jeweiligen Ort? Wie weit diese unter den Kontraktpartnern der Baukommissionen auftretenden Personen zugleich handwerkliche Qualifikationen besaßen, ist kaum festzustellen; immerhin erscheinen in Epidauros solche Lieferanten auch in anderen Funktionen des Bauvorhabens – als Priester oder Mitglieder der Baukommission[24].

Nicht einwandfrei zu klären ist bisher auch die Frage der Löhne, die zwar in mehreren Verträgen mit gleichmäßig 1 Drachme/Tag angegeben werden (in einigen Fällen nur 5 Obolen/Tag), obwohl man sich kaum vorstellen mag, daß ein Tagelöhner im Steinbruch und ein hochqualifizierter Facharbeiter überall denselben Lohn bekamen; freilich ,,verschwinden" bei diesen die Tagelöhne oft im Stücklohn. Schwierig ist, es angesichts unserer heutigen Kenntnisse vom Alltagsleben in der griechischen Polis diese Lohnangaben in zuverlässige Beziehungen zu den Lebenshaltungskosten der Zeit zu bringen, doch scheint es, als habe ,,der bildende Künstler und Handwerker ausreichendes Einkommen und eine freie und sichere Stellung in der Gesellschaft" gehabt[25].

2. Planen und Entwerfen

Baupolitik

Bauen war zu allen Zeiten nur zu einem Teil eine künstlerisch-handwerkliche Aufgabe; in nicht geringem Umfang mußten auch in der Antike in der Planungsphase sowohl politische Ziele wie wirtschaftliche Überlegungen mitberücksichtigt werden. Das bedeutete aber zugleich, daß sich hier ganz unterschiedliche Interessen artikulierten, die mit dem Wechsel der politischen Ordnungssysteme – Tyrannis, Demokratie, Königsherrschaft und zuletzt Einbindung in den römischen Staatsverband – an ganz unterschiedliche Personen oder Personengruppen gebunden waren: Baupolitik war mithin ein äußerst komplexer Bereich, in dem zu den oben genannten vielschichtigen Gesichtspunkten als zusätzliches Problem noch hinzukommt, daß hier ähnlich wie in anderen nur durch Inschriften oder Texte dokumentierten Bereichen antiken Lebens erhebliche Lücken in der Überlieferung klaffen und somit nur selten eindeutige Aussagen möglich sind, warum dieses oder jenes Vorhaben in der damals gewählten Form durchgeführt wurde: Man betrachtet allein die Fülle an divergierenden Meinungen zu der ja noch relativ ausführlich dokumentierten Akropolisbebauung des 5. Jhs.[26]! Bei allen von Einzelnen bestimmten Bauvorhaben – sei es von einem Tyrannen archaischer Zeit, sei es von einem hellenistischen König – sind die Anlässe nur aus der individuellen Situation heraus zu erklären: sie reichten von vorausschauender Fürsorge für das eigene Staatswesen bis zu berechnender Machtpolitik oder waren einfach nur Selbstdarstellung. Bauen in der freien Polis dagegen war stets eine Gemeinschaftsaufgabe mit Beteiligung aller Bürger am Planungs- und Finanzierungsprozeß, wobei die Bürgerschaft ihre Kontrollrechte auch im Falle einer so kraftvollen Leitung wie zur Zeit des Perikles recht aufmerksam wahrnahm. Eine ganz besondere Rolle spielten Entscheidungen über städtische Befestigungsbauten, die als Zeichen städtischer Autonomie galten und daher von der freien Polis eifersüchtig gehütet und nach Übergang in irgendein Abhängigkeitsverhältnis von dem neuen Herren ebenso eifersüchtig beansprucht wurden – wie das Beispiele aus der Zeit des zweiten attischen Seebundes oder später aus Zeiten hellenistischer Königsherrschaft oder römischer Hegemonie zeigen[27].

Mit zunehmendem individuellem Einfluß veränderten sich aber seit dem 4. Jh. nicht allein die Planungskriterien, sondern es verschoben sich ebenso die traditionelle Rangordnung zwischen Sakral- und Profanbauten sowie die Beurteilungsmaßstäbe von Architektur so weit, daß es dem Historiker schwer fällt, die jeweils geltenden Überlegungen zu analysieren. Es ist dies die Zeit, in der allein schon übernormale Größe als Qualität gelten konnte, in der aber auch mancherlei phantastische Entwürfe auftauchten, die man gewiß nie für realisierbar ansah[28], obwohl durchaus Bauten in bisher ungekannten Dimensionen errichtet wurden wie etwa der ein Stadion lange Altar des Hieron II. (1 Stadion = ca. 180–210 m; hier 195 m) oder ähnlich langen Hallen; allerdings sind nicht wenige dieser zu groß geplanten Vorhaben später aus Mangel an Geld liegengeblieben.

Planung und Entwurf

In welchem Umfang und in welchen Formen Finanzierungsüberlegungen bei der Planung von Bauten mit-einbezogen wurden, entzieht sich selbst bei sonst gut dokumentierten Abläufen unserer Kenntnis: obwohl zum Beispiel in Epidauros über mehrere Jahrzehnte laufende Inschriften einen vollständigen Überblick über die Entstehung des dortigen Asklepieions zu geben scheinen, ist eine exakte Berechnung des gesamten Finanzvolumens nicht möglich[29]. Immerhin sind aber aus der Summe zahlreicher Bauinschriften doch gewisse Vorstellungen von den – örtlich und zeitlich natürlich stark wechselnden – Finanzierungs- und Abrechnungsmethoden zu gewinnen, beginnend allerdings erst im 5. Jh.

Für die Finanzierung von Bauvorhaben gab es drei verschiedene Wege: Bezahlung aus den laufenden staatlichen Einnahmen, aus außerordentlichen Mitteln sowie aus Stiftungen oder Schenkungen; bei größeren Vorhaben wurden im allgemeinen mehrere Möglichkeiten nebeneinander genutzt[30]. Bei Bauvorhaben der Polis oder von größeren Tempeln bildeten die laufenden Einnahmen aus Steuern, Zöllen, aus Bergwerken oder Landbesitz die Grundlage; daneben waren Sammlungen *(epidoseis)* und Anleihen weithin gebräuchlich, deren meist sehr unterschiedliche Konditionen durch Volksbeschluß geregelt und danach samt einer genauen Gläubigerliste auf Stein aufgezeichnet wurden[31]. Solche Gelder mußte man sich angesichts der in hellenistischer Zeit oft schwierigen wirtschaftlichen Lage vieler Städte nicht selten auch aus anderen Städten beschaffen, wobei es offenbar häufiger längere Dispute um die Höhe des Zinssatzes gegeben zu haben scheint. Zur Sicherstellung solcher Anleihen traten entweder reiche Bürger als Bürgen ein oder man verpfändete staatliche Einkünfte oder Grundstücke. Im Gegensatz zu den eher patriotischen Sinn verratenden *epidoseis* waren Anleihen reine Notbehelfe und damit zugleich Zeichen wirtschaftlicher Notlage. Eine große Rolle haben durch alle Jahrhunderte hindurch Stiftungen reicher Bürger gespielt, in hellenistischer Zeit auch solche fremder Herrscher, die freilich nicht selten mit politischen Absichten gekoppelt waren[32]. Derartige Beiträge wurden fast immer mit einer an gut sichtbarer Stelle angebrachten inschriftlichen Ehrung des Stifters honoriert. Ein bei längerfristigen Bauvorhaben gelegentlich beobachtetes Verfahren war auch, durch die Stiftung von Ländereien oder von Bauten mit Mieteinkünften (zum Beispiel in Milet für den Tempelbau in Didyma) regelmäßige Einnahmequellen für das Projekt zu schaffen; bei kleineren Vorhaben forderte man auch zur Stiftung von Baumaterial oder anderen Sachspenden auf, wie selbst aus Athen und Rhodos überliefert ist (Polybios V 88f.)[33].

In den Planungszeitraum gehörten auch Überlegungen in der Volksversammlung oder anderen zuständigen Gremien zur Fixierung des Bauplatzes, soweit dieser nicht infolge alter Kultbindungen oder städtischer Vorgaben ohnehin festlag; Diskussionen um genauere Bezirksabgrenzungen (wie zum Beispiel bei Anlage der Propyläen in Athen) oder um die Ansiedlung neuer Kulte (wie unter anderem im Falle des Asklepios-Kultes in Athen) sind uns überliefert[34]. Bei innerstädtischen Bauten werden der Rat oder – falls vorhanden – der Stadtarchitekt zu entscheiden gehabt haben wie das beispielsweise für den Bau der Großen Halle am Südmarkt von Milet überliefert ist, die Antiochos I. um 299 stiftete[35].

Sicher hat es von Fall zu Fall noch weitere Planungsüberlegungen gegeben, doch wissen wir wenig davon; bekannt sind dagegen vielfach die Ergebnisse der Beratungen in der Ekklesia, die nach ihrer Billigung durch den Demos als Volksbeschlüsse Gesetzeskraft erlangten und daher häufig auf Stein niedergelegt wurden: die Baubeschlüsse, in denen neben Art und Umfang des Vorhabens oft schon Regelungen des weiteren Vorgehens enthalten waren, wie das zum Beispiel die Baubeschlüsse 337/6 und 307/6 für den Ausbau der Befestigungen Athens zeigen[36]. Im Detail variierten solche Baubeschlüsse erheblich; in allen Fällen wurden sie durch weitere, nun auf Einzelheiten der technischen und finanziellen Durchführung eingehende Beschlüsse ergänzt – im allgemeinen als συγγραφαί, seltener als διαγραφαί, διάγραμμαι bezeichnet. Parallel dazu war durch die Volksversammlung auch die für die weitere Durchführung zuständige Baukommission zu wählen, die für alle aus dem Baubeschluß resultierenden Einzelaufgaben zuständig blieb (vgl. S. 16f.)[37], desgleichen ein Architekt, dem die technische Planung oblag, die die Grundlage für die *Syngraphai* bildete. Den Hauptteil derartiger *Syngraphai* machten bis in Einzelheiten gehende, auf Berechnungen und Skizzen aufbauende Beschreibungen aller anfallenden Arbeiten aus mit Angabe von Abmessungen und zu verwendenden Materialien, wie sie zum Beispiel in der berühmten Skeuothek-Inschrift von 347/6 aus Athen (IG II^2 1668), in Inschriften aus Eleusis, Delos und anderen Orten vorliegen[38]. Diese Beschreibung aller Arbeiten mußte von der Baukommission, gelegentlich auch vom Rat, nochmals überprüft werden; in einzelnen Fällen war zwischen mehreren Entwürfen zu entscheiden. Nach dieser Prüfung wurden dann auf der Grundlage der bewilligten *Syngraphai* die Ausschreibungen der einzelnen Positionen oder Werkabschnitte vorgenommen, die wiederum die Basis für die dann folgende Vergabe der Arbeiten bildeten (vgl. S. 32ff.).

In diesem Zeitraum lag eine der Hauptarbeitsphasen des beteiligten Architekten: die konstruktive und formale Gestaltung eines in seinen Funktionen und Dimensionen bereits weitgehend festgelegten Baues. In welcher Entwicklungsstufe griechischer Architektur bewußtes Entwerfen begann, wie sich die Methoden ausbildeten, die wir jedenfalls seit der Klassik aufgrund verschiedenster Indizien als vorhanden ansehen dürfen, wird sich wohl nie ganz klären lassen; allerdings kann man in einzelnen Fällen aus genauer Analyse der Baureste und der schriftlichen Überlieferung einzelne Entwurfsschritte erkennen (so unter anderen bei den Tempeln in Akragas, Segesta, Didyma). Alle im Laufe von 800 Jahren in allen Regionen der griechischen Welt angewendeten Entwurfsverfahren lassen sich ganz sicher nicht in einem oder auch mehreren allgemeingültigen Rezepten zusammenfassen; bei jedem Entwurf mußten auf der Basis der zuvor in der Ekklesia beschlossenen Grundform zwischen einander widersprechenden gestalterischen Absichten Kompromisse geschlossen und dabei auch noch die technischen und finanziellen Möglichkeiten berücksichtigt werden. Solche Kompromisse entstanden auf der Grundlage örtlicher Bautraditionen und in Bindung an einen festen Formenkanon, was die in der neueren Kunstgeschichte so hoch geschätzten Möglichkeiten der ,,Innovation" stark einschränkte: die sorgfältige Analyse der Tempel von Akragas und Segesta hat die Abhängigkeit des Entwurfs der lokalen Bauhütte von dem jeweils vorangehenden Bau deutlich gezeigt[39]. Dabei wurden auf dem in klaren Zahlenverhältnissen entworfenen Grundriß nacheinander der Aufriß der Frontseite und von da aus weiterschreitend der Langseitenaufriß entwickelt. Im Gegensatz zu diesem abschnittsweisen Vorgehen zog man im Mutterland zur gleichen Zeit bereits bei den Grundrißüberlegungen die Gebälkzone mit ein wie das am Zeustempel in Olympia zu sehen ist (s. Abb. 9): hier bestimmte darüber hinaus das für den Grundriß und die Gebälkzone maßgebende Normaljoch von 16 pheidonischen Fuß auch die Höhenentwick-

9 *Olympia, Maßschema des Zeustempels*

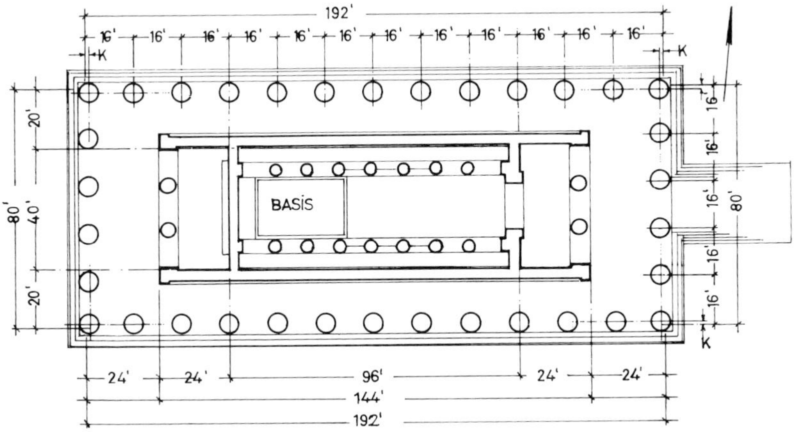

lung mit (wie aus der Antenhöhe von 32' zu sehen); im übrigen aber blieben trotz einzelner Proportionsbindungen (Gebälkhöhe = ⅓ der Säulenhöhe) dem Architekten noch erhebliche Freiheiten[40]. Ähnlich klare Zahlenbeziehungen finden sich bei einer ganzen Reihe attischer Bauten des 5. Jhs., wobei sich eine zunehmende Verschränkung zwischen Grund- und Aufrißproportionierung sowie eine Tendenz zur Wahl verwandter Zahlenverhältnisse in beiden Entwurfsebenen beobachten lassen mit dem Ziel, möglichst viele Einzelmaße miteinander in faßbare Bezüge zu bringen. Ein Beispiel einer fortgeschrittenen Verklammerung verschiedener Bau- und Entwurfsmaße nach durchgehenden Zahlenverhältnissen bietet der Parthenon in Athen, bei dem sich – als Grundbeziehung – Säulenachsmaß : Säulendurchmesser (4,296 : 1,905 m) wie 9 : 4 verhalten; dieselben Bezüge finden sich in den Außenmaßen des Stylobats (69,50 : 30,88 m = 9 : 4), im Rechteck des Naos sowie in den Längenverhältnissen der beiden Innenräume. Ebenso wurden auch Grund- und Aufriß miteinander verkoppelt: Breite : Höhe (bis zum Horizontalgeison) = 30,88 : 13,72 m = 9 : 4. Dies Verhältnis 9 : 4 ist jedoch verschränkt mit einem zweiten Proportionssystem 3 : 5 : 8, das (neben einigen Irrationalitäten) in Bezügen mancher Bauglieder zu beobachten ist; dasselbe Zahlenverhältnis findet sich übrigens auch bei dem wenige Jahre älteren Hephaisteion in Athen[41]. Angestrebt wurde über diese komplizierten Zahlenbeziehungen ein möglichst in sich geschlossener Gesamtbaukörper, dessen Einheitlichkeit über das Proportionierungssystem hinaus zusätzlich durch eine Reihe optisch wirksamer Korrekturen (vgl. S. 135ff.) gesteigert wurde.

Diesen für den dorischen Tempel gültigen Entwurfsverfahren stand im ionischen Raum ein sehr viel weniger schematisches Vorgehen gegenüber, das dem individuellen Entwurf erheblich mehr Freiraum ließ, seit dem 4. Jh. aber abgelöst wurde durch ein ähnlich systemgebundenes Entwerfen, das – von Pytheos in Priene erstmals angewendet – im 2. Jh. durch Hermogenes in einen weitergehenden theoretischen Rahmen eingebaut wurde, den uns später Vitruv übermittelte[42]. Freilich war das nicht mehr das alte komplizierte Proportionsgefüge, sondern ein eher additives Modularsystem, das auch im dorischen Bereich im 4. Jh. zunehmend an Bedeutung gewann (vgl. S. 32). Auch in dieser eigentlichen Entwurfsphase, in der die für die ästhetische Wirkung des Gesamtbauwerks wesentlichen Entscheidungen fielen, haben also einfache Schemaskizzen und Zahlenreihen – von einfachen Additionen bis hin zu komplizierten Proportionsstudien – für die Planung ausgereicht, wobei im einen oder anderen Falle Verbindungen zu philosophisch-mathematischen Denksystemen wahrscheinlich sind. Maßstäbliche Vorentwürfe oder gar Modelle sind mit hoher Wahrscheinlichkeit auszuschließen[43]; die Übermittlung wird wohl – ähnlich wie im europäischen Mittelalter – während der Lehrzeit mündlich vor sich gegangen sein. Daneben wird man seit hellenistischer Zeit mit Musterbüchern rechnen können, deren Daten von Fall zu Fall variiert und den lokalen Erfordernissen gemäß abgewandelt wurden[44].

Maßsysteme und Zeichnung

Grundlage aller dieser Rechnungen und vor allem der Übertragung auf den Bau waren die einzelnen örtlichen Maßsysteme, deren Erforschung in den letzten Jahren bedeutende Fortschritte gemacht hat, obwohl die Diskussion noch keineswegs abgeschlossen und die Metrologie weiterhin ein beliebtes Feld eifriger Spekulation ist; die Betrachtung wird sich hier jedoch auf die Bauwesen gebräuchlichen Längenmaße beschränken. Grundmaße waren (ursprünglich einmal von menschlichen Maßen ausgehend) der Fuß (πούς) und die Elle (πῆχυς), das Anderthalbfache des Fußes; auch Teilmaße des Fußes (1 Fuß = 16 Daktylen/Finger) waren im Bauwesen durchaus übliche, allerdings im allgemeinen in geraden Teilungen (½, ¼, ⅛ usw.); Drittelungen sind aber bei Zeichnungen nachweisbar[45]. Bei manchen größeren Anlagen und bei städtebaulichen Planungen wurden auch das Stadion (1 Stadion = 6 Plethren = 100 Orgyien/Klafter = 600 Fuß) sowie andere, weniger gebräuchliche Längenmaße verwendet. In den verschiedenen griechischen Landschaften waren zu unterschiedlicher Zeit drei verschiedene Maßsysteme in Gebrauch, deren Ableitung zum Teil legendär ist: im deutschen Sprachraum werden sie heute als das ionische, dorisch-pheidonische und das attische System bezeichnet, die jeweils unterschiedliche metrische Äquivalente besitzen; dabei gab es von Ort zu Ort und von Region zu Region innerhalb des Systems in Grenzen schwankende Werte. Aufgrund jahrelanger Messungen an Bauwerken in allen Teilen der alten Welt ergaben sich die folgenden Zahlenwerte für den Fuß bei den einzelnen Systemen:

ionisches System (samisch-ionisch, basierend auf ägyptischer Königselle = 0,5236 m)	dorisch-pheidonisches System (älteres Maßsystem)	attisches System (durch Solon 594 eingeführt)
0,3475–0,350 m	0,325–0,3278 m	0,293–0,2955 m

Die einzelnen Maßsysteme stehen zueinander in klaren Zahlenbeziehungen: ionisch : dorisch : attisch = 32 :30 : 27, was zugleich bedeutet: ionisch : dorisch = 16 : 15 oder dorisch : attisch = 10 : 9. Diese Bezüge dienten wohl schon in der Antike als offizielle Umrechnungswerte. Die Schwankungen bei den Fußmaßen lassen sich ohne Schwierigkeiten mit Differenzen zwischen den örtlichen Richtmaßen (κανόνες) erklären: römische Eichtische in Nordafrika zeigten am gleichen Ort Differenzen bis zu 8 mm pro Meter[46]. Darüber hinaus war es durchaus möglich, daß an einem

Ort zwei verschiedene Fußmaße gleichzeitig (oder kurz hintereinander) verwendet wurden – wie etwa in Athen im 5. Jh. der dorisch-pheidonische und der attische Fuß[47].

Neben diesen heute unumstrittenen Systemen habe einzelne Forscher weitere, an Einzelbauten entwickelte Fußmaße vorgebracht, die aber in keinem Fall ein in sich geschlossenes Maßsystem darstellen, sondern entweder auf (nicht seltenen) lokalen Ungenauigkeiten beruhen oder ein nur an diesem betreffenden Bau verwendetes Modulsystem widerspiegeln. Solche Modulsysteme (bei Vitruv I 2,4 und IV 3,3 auch *Embater* genannt) mögen zur Vereinfachung des Entwurfsprozesses ebenso wie der Umsetzung der Skizze oder der Rechnung in den Bauplan häufiger angewendet worden sein – und das durchaus nicht immer im Hinblick auf den Bau als Ganzes, sondern ebenso auch auf Teilbereiche (so daß etwa der Grundriß in normalen Fußmaßen, der Aufriß aber in einem ad hoc entwickelten Modulsystem gestaltet wurde)[48].

Wie weit Entwürfe bei Baubeginn fertig vorzuliegen hatten, ist unbekannt; Beobachtungen am Naiskos des Didymaion lassen darauf schließen, daß es auch bei schon fortgeschrittenem Rohbau noch die Möglichkeit zu weitgehenden Veränderungen gab. Unbekannt ist auch, wie genau ein Bau in dieser Entwurfsphase durchgearbeitet wurde: Syngraphai wie die für das Arsenal in Piräus oder Steinbestellungen für Eleusis, in denen schon bei Baubeginn Maße für erst Monate später zu versetzende Bauglieder gegeben wurden, sprechen für die Fähigkeit griechischer Architekten, auch nicht ganz konventionelle Bauwerke bis in Einzelheiten zu planen und diese Planung auch für andere Beteiligte und sogar Laien verständlich zu halten; freilich gibt es andererseits auch genügend Anzeichen, daß nicht immer und überall mit konsequenter Planung gerechnet werden darf[49].

3. *Bauorganisation*

Ausschreibung und Vergabe

Baubeschluß und Syngraphai, Berechnungen und Zeichnungen des Architekten waren Grundlage für den nächsten Schritt in Richtung „Bauen" – für die Vergabe der Bauarbeiten an die ausführenden Handwerker. Auch für diesen Abschnitt gilt, was bereits oben (s. S. 22ff.) zu bemerken war: trotz einer nicht geringen Zahl uns überlieferter Einzelverträge ergibt sich kein über längere Zeit hin gültiges Bild des Vergabewesens, sondern es zeigt sich im Gegenteil eine Vielfalt möglicher Formen und Formeln, die sich aus unterschiedlichen örtlichen Erfahrungen und jeweils wechselnden Absichten heraus ergab[50]. Der älteste uns bekannte Vertrag betraf den Neubau des Apollontempels in Delphi, bei dem die Amphiktyonen als Partner eines auf 300 Talente bemessenen Vertrages den Alkmäoniden gegenüberstanden (Herodot II 180, 1; V 62, 2); der erste inschriftlich erhaltene Vertrag stammt aus dem 5. Jh.. Seit dem 4. Jh. mehrt sich ihre Zahl und vom 3. Jh. an bürgerten sich feste Textbestandteile ein, wie zum Beispiel Vergleiche zwischen den Verträgen in Delos (297) und denen aus Lebadeia aus der 1. Hälfte 2. Jhs. zeigen. Mit zunehmender Differenzierung der Aufgaben zeichnet sich eine Tendenz zu komplizierteren Vertragsformulierungen ab; zugleich scheinen früher geübte Verfahren freihändiger Vergabe an einzelne Handwerker allmählich zu verschwinden: auch kleinere Aufträge wurden vertraglich fixiert. Kontrakte finden sich überwiegend dort, wo langfristige Arbeiten anstanden oder am Ort geeignete Handwerker fehlten, man also mit Auswärtigen zu arbeiten gezwungen war.

Aus einer Ausschreibung sich ergebende Verträge umfaßten im allgemeinen mehrere Einzelkomplexe: 1. eine genaue Darstellung des Auftrages (für die unter Umständen die Angaben der vorhergehenden Syngraphai ausreichten); 2. Angabe der Mengen und der vereinbarten Preise und 3. die Nominierung von Bürgen sowie von Verzugsstrafen; dazu kamen oft noch Abmachungen über die Zahlungsweisen, über Arbeiterzahlen sowie über die Regelung von Streitigkeiten zwischen den Vertragsparteien und Ersatzleistung beim Ausfall von Leistungen, ebenso aber auch über Strafzahlungen des Bauherrn beim Ausbleiben vertraglicher Zahlungen. In Delos wurde darüberhinaus mit auswärtigen Unternehmern auch Zollfreiheit für Ein- und Ausfuhren vereinbart, zugleich auch die schriftliche Niederlegung des Vertrages auf Steinen bestimmter Größe auf Kosten des Unternehmers. Im übrigen gab es hier und da weitere Sonderbedingungen; auch Fälle „höherer Gewalt“ wurden berücksichtigt. Handwerker konnten mancherorts nur jeweils einen Vertrag abschließen (zum Beispiel in Tegea); auch der Bauherr schloß im allgemeinen mit einem Partner ab, doch findet sich in Delos ein Vertrag mit zwei Namen für denselben Bauauftrag. In Epidauros und Delphi – Orten ohne eigenen Arbeiterstamm – wurden statt mehreren kleineren Aufträgen an Einzelne größere Posten an auswärtige Unternehmer vergeben[51].

Ein wichtiger Partner in allen Verträgen waren seit dem 5. Jh. die Bürgen – meist wohlhabende Bürger der bauenden Stadt, gelegentlich (Epidauros) sogar selbst am Vorhaben als Unternehmer oder Lieferanten beteiligt. Diese Bürgen hatten gegenüber dem Bauherrn für die von ihm an den Handwerker gezahlten Vorschüsse zu haften, aber auch bei Fehlern oder Verzögerungen für den Handwerker zu bürgen, doch gibt es keine Unterlagen darüber, wie sich die Bürgen ihrerseits gegenüber den Handwerkern absicherten[52].

Sinn des ganzen Ausschreibungs- und Vertrags-Systems war – wie etwa bei Plutarch zu lesen[53] – im Wettbewerb verschiedener Anbieter günstige Preise aushandeln zu können, die man dann inschriftlich für alle Beteiligten sichtbar dokumentierte, um später Streit zu verhindern. Wir kennen so eine recht große Zahl von Einzelpreisen, doch ist es schwierig, sie in Relation zu gängigen Marktpreisen und zu allgemeinen Lebenshaltungskosten zu setzen, da darüber zu wenig bekannt ist und man nicht weiß, ob Bauvorhaben eines Tempels oder der Polis nicht etwa Sonderkonditionen zugestanden wurden; auf alle Fälle läßt sich sehen, daß Preise für einzelne Materialgruppen oft aus unverständlichen Ursachen innerhalb kurzer Zeitspannen recht erheblich variierten[54].

Aufriß und Ausführungsplanung

Mit der Vergabe der Aufträge an die Handwerker begann die Arbeit am Bau, die in ihrem handwerklichen Teil weiter unten näher behandelt wird; zuvor waren aber die Zufahrtswege und die Baustelle herzurichten. Allerdings hatte der bauleitende Architekt neben der Aufsicht über laufende Arbeiten und Lieferungen auch nach Baubeginn noch weitere Entwurfsarbeiten zu leisten: Angaben für die Ausführung von Einzelheiten in Zeichnung, Modell *(paradeigma)* oder Schablone (s. S. 110). Zunächst jedoch war es seine Aufgabe, für den vorliegenden Entwurf den genauen Ort am vorgesehenen und entsprechend hergerichteten Bauplatz zu fixieren. Daß bei Kultbauten auch die Priesterschaft an der Festlegung von Platz und Orientierung beteiligt war, läßt sich nur vermuten; oft hatte man in Vorgänger- oder Nachbarbauten, in Wegekanten oder natürlichen Richtpunkten feste Vorgaben, soweit nicht überhaupt eine Orientierung nach Himmelsrichtungen (bei Tempeln meist nach Osten) zwingend war, oder im Inneren von Städten festliegende Straßenfluchten die Lage bestimmten[55]. Nach Festlegung der Orientierung sowie der Hauptabmessungen mit weißer Erde, Kreidepulver oder Kalkstaub waren zunächst die Fundamentgräben abzustecken. Mit welchen Geräten und Methoden das geschah, ist nicht sicher bekannt: Meßschnüre und -latten (κανόνες) dürften ähnlich wie in Ägypten auch im griechischen Raum bekannt gewesen sein, ebenso auch Verfahren zum Abstecken rechter Winkel – vermutlich auf der Grundlage des aus dem pythagoräischen Lehrsatz entwickelten Verhältnisses 3 : 4 : 5; die bei griechischen Steinmetzen bekannten Anschlagwinkel reichten für solche Einmessungen sicher nicht aus.

Waren einmal Hauptachse und Gesamtabmessungen im Gelände (mit Steinen oder Pflöcken?) fixiert, mußte eine einigermaßen dauerhafte Vorrichtung (ähnlich dem heute üblichen Schnurgerüst) gebaut werden, die sicher oft nur aus Pflöcken und Brettern zusammengenagelt wurde, gelegentlich aber auch wie zum Beispiel beim Heraion in Samos und in Segesta aus Stein bestand: hier sind auf „Schnürböcken“ die Außenfluchten der Sockelschicht der Cellamauern angerissen; zugleich war mit der Schräge der Böcke auch die Verbreiterung der Fundamente nach unten angegeben[56].

Nach der Fixierung der genauen Lage folgten der Erdaushub für die Baugrube oder bei Felsboden die Planierung der Felsfläche und danach die Verlegung der Fundamentschichten (vgl. S. 61ff.); für die Reihenfolge des Vorgehens scheint es dabei keine festen Regeln gegeben zu haben: man begann an einigen Orten (unter anderem Delphi) mit der Cella, andernorts (so in Segesta, Epidauros) mit der Peristasis. Ebenso variabel scheint man es mit dem Beginn des Verlegens der Steine gehalten zu haben: in Segesta fing man in den Mitten aller Seiten an und arbeitete zu den Ecken hin; an anderen Orten begann man an einer Ecke[57]. War mit der Verlegung der Fundamente der Platz grob fixiert, folgte die eigentliche und für den ganzen Oberbau im wörtlichen Sinne „maßgebende“ Aufschnürung erst auf der obersten Fundamentschicht, der sogenannten Euthynterie, die dafür eigens geglättet wurde und somit als Schnürboden für die weitere Planung genutzt werden konnte – wie übrigens auch die Seitenkanten dieser Schicht für die Horizontalvermessung und eventuelle Vermarkung einer Kurvatur dienten[58].

Neben diesen für den Grundriß des Baues und seine planmäßige Ausführung maßgeblichen Markierungen und Einritzungen, die dem Baufortgang entsprechend verändert und ergänzt wurden (s. Abb. 10), gab es noch eine weitere Gruppe von Zeichnungen, die mit dem Beginn des Oberbaues vorliegen mußten: Detailzeichnungen für bestimmte Bauglieder, die Modelle, skizzenhafte Entwürfe oder Angaben aus Musterbüchern (?) in den Originalmaßstab umsetzten. Obwohl Bauzeichnungen aus Mesopotamien und Ägypten erhalten sind, hat man die Existenz solcher Pläne im griechischen Bauwesen trotz inschriftlicher Zeugnisse lange bestritten: in Delos wurde zum Beispiel für 12 Drachmen eine hölzerne *pinax* mit weißem Anstrich

10 Priene, Euthynterie des Athena-Altares mit Ritzmarkierungen, Dübel-, Klammer- und Stemmlöchern

(Kreidegrund?) für ein *paradeigma* des Propylon bestellt. Es gab also Zeichnungsträger – gleich ob Papyrusrollen, Holztafeln (mit und ohne Wachsüberzug oder Ähnliches) oder Pergament; freilich waren deren Abmessungen begrenzt. Inzwischen haben Neufunde im Sekos des Didymaion gezeigt, daß es auch großmaßstäbliche Planzeichnungen gab, für die sich Parallelen in Ägina, Sardes und Priene fanden[59]: dabei dienten sorgfältig geglättete Wandflächen als „Reißbretter“, die in Didyma im Sekos den Handwerkern gut zugänglich, trotzdem aber über Jahrhunderte hin geschützt waren. Besonders wichtig ist, daß es sich nicht nur um Werkzeichnungen für einzelne Bauglieder (Säulenbasen und Entasis der Säulen) handelt, sondern auch um eine Entwurfszeichnung des Naiskosgiebels (s. Abb. 11), die mit einer feinen Reißnadel auf die vorher mit Rötel eingefärbte Wandfläche aufgetragen wurden und Spuren von Korrekturen zeigen. Die Verbindung unterschiedlicher Maßstäbe beweist ferner, daß hier um die Mitte des 3. Jhs. schon weit-entwickelte Erfahrungen in „darstellender Geometrie“ vorlagen. Neben den dauerhafteren Ritzzeichnungen und -marken gab es aber auch Vorzeichnungen mit „Blei“-Stiften, wie sie sich in größerer Zahl im Schutt des Aphaiatempels in Ägina gefunden haben[60].

Parallel zu diesen Werkzeichnungen wurden für einzelne besonders wichtige, aber schwierig darstellbare Bauglieder wie Kapitelle, Triglyphen, Simen oder dekorative Einzelelemente Modelle *(paradeigmata)* hergestellt – nicht selten im Originalmaßstab mit der Absicht, sie später am Bau auch neben den danach gefertigten Stücken zu verwenden (z. B. in Delos); für Profile verwendete man originalgroße Schablonen (ἀναγραφεύς; vgl. S. 110)[61].

Bauaufsicht und Bauleitung

War ein Bau nach allen Vorarbeiten einmal im Gang, stand neben den eben genannten restlichen Entwurfsarbeiten vor allem die laufende Überwachung der Baustelle an, die Abnahme des gelieferten Materials, die Kontrolle der sachgemäßen weiteren Verarbeitung oder Verlegung, die Überprüfung der Maße und Termine sowie die Zahlung der in den Kontrakten vereinbarten Abschläge an die Handwerker. Diese Arbeiten oblagen überwiegend dem Architekten und seinen Hilfskräften, doch waren gelegentlich auch Mitglieder der Baukommissionen mit diesen Aufgaben befaßt wie zum Beispiel bei den Mauerbauten in Athen oder bei Arbeiten in Delos nach 315[62].

Im Baustellenbereich gab es für einzelne Handwerkergruppen, die mit feineren Arbeiten betraut waren – vor allem für Bildhauer und Bronzegießer – eigene Werkstattbauten von oft recht beachtlichen Abmessungen wie in Olympia die Phidiaswerkstatt; daneben hatten aber auch die Aufsichtsorgane eigene Bauten – zumal an Orten, an denen ständig gebaut wurde wie in den großen Heiligtümern[63].

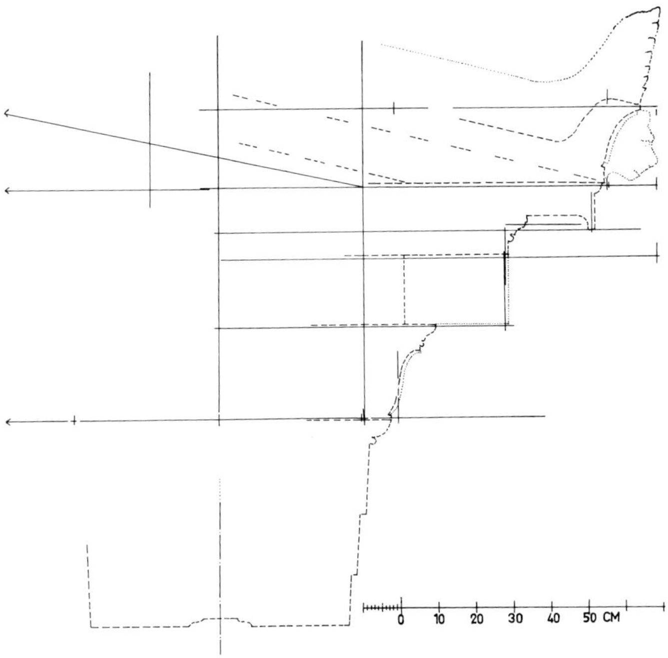

11 Didyma, Ritzzeichnung mit Sekos des Apollontempels (Vorentwurf der Naiskos-Front?)

Finanzierung

Am deutlichsten aus dem gesamten Komplex der Bauleitungsaufgaben werden uns dank zahlreicher Inschriften die Methoden der Abrechnung, wenngleich die hier beobachteten Buchführungsmethoden in keinem Fall eine vollständige Kontrolle aller Ausgaben und Einnahmen erlauben (und das nicht nur wegen Lücken in den Inschriften)[64]. Die Aufsicht über das gesamte Finanzwesen eines Bauvorhabens lag bei den städtischen Finanzbehörden, in Heiligtümern bei den Priestern oder gelegentlich einer eigens eingesetzten Finanzkommission – in Epidauros den *hiaramnamones:* Sie zahlten gemäß dem Baufortschritt Abschläge an die Baukommission und hatten Differenzen bei den verschiedenen vorkommenden Währungen auszugleichen, waren aber nicht für die laufende Einzelabrechnung mit den Unternehmern und für deren weitere Kontrolle zuständig, die der Baukommission überlassen blieb. Die Art der Bezahlung wurde im allgemeinen in den zwischen Kommission und Handwerkern geschlossenen Verträgen vereinbart; anfänglich wurde nach Abschluß der Arbeit gezahlt, später zunehmend häufiger in einzelnen Abschlägen, um dem Handwerker die zum Materialeinkauf nötigen Gelder vorzustrecken. In Delos wurde um 340 vereinbart, daß die Hälfte nach Vertragsabschluß und Festlegung des Bürgen gezahlt wurde, ein Viertel bei Erfüllung des Vertrages zur Hälfte und das letzte Viertel nach endgültiger Ablieferung. Diese Zahlungsweise blieb mit geringen Änderungen auch weiterhin üblich; in anderen Fällen (Delphi, Lebadaia unter anderen) erhielten die einzelnen Vertragspartner laufende Abschläge bis auf eine Restzahlung von 10% (τὸ ἐπιδέκατον), die erst nach Abnahme fällig war, wobei auch für diese Abnahme Fristen vereinbart wurden. Bei länger laufenden Projekten waren Jahresabrechnungen die Regel, bei denen die jährlichen Bauleistungen sowie die Zahlungen in entsprechenden Urkunden fixiert wurden – wie beispielsweise aus den Baurechnungen der Akropolisbauten oder den Abrechnungen in Delphi oder Didyma zu ersehen. Einzelleistungen der Handwerker waren hier durch entsprechende Markierungen an ihren Werkstücken zu kontrollieren[65].

Mängel in jenen Abrechnungsverfahren und Lücken in der Überlieferung erlauben daher auch kaum eindeutige Angaben über Gesamtkosten von antiken Bauten; doch mögen die folgenden Zahlen einen Anhalt geben[66]:

im 6. Jh.	Apollontempel Delphi (mit hohen Transportkosten; Herodot II 180)	300 Talente
2. Hälfte 5. Jh.	Parthenon Athen	460–500 (700?) Talente
	Propyläen Athen	240–290 Talente
um 370	Asklepiostempel Epidauros	ca. 23 Talente
4.–3. Jh.	Gesamtanlage Epidauros in etwa 100 Jahren	200–240 Talente
307	Reparatur der Mauern Athens	40–60 Talente
4.–3. Jh.	ein Turm der Mauer Kyzikos	ca. 1,5 Talente

Diodor (18, 4, 4) überliefert, daß Alexander in Griechenland Tempel zum Preis von je 1500 Talenten habe bauen wollen, was als überaus teuer galt; als Vergleichszahl sei angemerkt, daß der gesamte Staatshaushalt Athens im späten 5. Jh. etwa 400 Talente im Jahr betrug[67].

Bauunterhaltung

Wie zu allen Zeiten, so gehörte natürlich auch in der Antike der Unterhalt der Bauwerke in den Bereich der Bauorganisation, wobei jeweils die auch für Neubauten zuständigen Institutionen oder Beamten für Pflege und etwaige Reparaturen in ihrem Amtsbezirk verantwortlich waren – in den Heiligtümern die *Naopoioi,* in den Städten die Astynomen oder andere städtische Beamte (*Odopoioi,* Stadtarchitekten o. ä.), in der attischen Chora auch die Kommandanten der Grenzforts[68]. Daneben hatten selbstverständlich auch die Einwohner der Städte für Einigung und Instandhaltung bestimmter Bereiche zu sorgen, gelegentlich auch für den Unterhalt der Zisternen, wie aus einigen uns überlieferten gesetzlichen Regelungen hervorgeht. Wie bei Neubauarbeiten wurden auch für Reparaturen Kostenaufstellungen oder abschließende Bauberichte auf Stein aufgezeichnet, aus denen Art und Umfang solcher Arbeiten ersichtlich wurden – in Delphi zum Beispiel Reinigen und Ebnen der Laufbahn im Stadion und Erneuerung der hölzernen Einbauten –; derlei Aufzeichnungen sind aus zahlreichen Orten erhalten[69]. Angesichts solcher über Jahrhunderte laufender und sicher auch entsprechende Archive erfordernder Aufgaben ist es verständlich, wenn die hiermit betrauten Beamten eigene Gebäude hatten – wie das etwa für Delphi und das Heraion in Samos überliefert ist, wo die *Naopoioi* ein eigenes Haus hatten, von dem aus sie im übrigen auch noch die rund um das Heiligtum herum errichteten Läden und Buden kontrollierten[70].

III. Baumaterial – Werkzeuge – Baukonstruktion

1. Baumaterialien

Steine

Seit frühesten Zeiten beruht das Bauen der Menschen auf den ihnen in ihrer natürlichen Umgebung verfügbaren Materialien, auf Steinen, Erden und Hölzern. Unter ihnen hat der Naturstein unser Bild von griechischer Baukunst am nachhaltigsten geprägt und steht daher hier am Anfang. Aus der großen Zahl vorhandener Gesteine sind fast alle vorkommenden und einigermaßen verwendbaren Arten auch tatsächlich benutzt worden – bei einfachen Gebäuden oft allerdings nur als Feld- oder Lesesteine; bei größeren Bauten war die Zahl der in Frage kommenden Gesteine immer begrenzt durch die lokalen Vorkommen, die Qualität des Steines (Festigkeit, Bearbeitkeit, Dauerhaftigkeit usw.) und nicht zuletzt auch durch den Rang der Bauaufgabe. Die größte Bedeutung hatten zweifellos die Sedimentgesteine – die verschiedenen Kalksteinarten (Poros, Kalktuffe, Muschelkalke, Kalksandsteine sowie grobe und dichte Kalksteine) und Sandsteine, daneben auch die auf Kalksteinbasis entstandenen metamorphen Gesteine, d. h. die verschiedenen Marmore samt den in den Randzonen dieser Vorkommen auftretenden Konglomeraten und Breccien. Andere metamorphe Gesteine wie Gneis und Glimmerschiefer sowie die harten Tiefen- und Ergußgesteine (Granite, Porphyr- und Basaltarten) wurden im allgemeinen nur in der Nähe ihrer Lagerstellen und auch da nur in begrenztem Umfang für Fundamente und einfaches Mauerwerk verwendet, Granite gelegentlich auch für Säulen. Ebenso blieben auch die weicheren Eruptivgesteine (Andesite oder Ähnliches) sowie die daraus entstandenen Sedimente (Tuffe verschiedener Art) auf regionale Anwendung beschränkt.

Unter den Begriff Poros (πῶρος) fallen in den einzelnen Landschaften ganz unterschiedliche Gesteinsqualitäten – vom weichen gelb-rötlichen, mit der Hacke bearbeitbaren Material über die Tuffe bis zu Muschelkalken meist grauer Färbung, deren Härte mit der Zeit an der Luft zunimmt. Diese Gesteine finden sich in fast ganz Hellas, in der Ägäis, Sizilien und in West-Kleinasien in örtlich sehr unterschiedlichen Formen. Sie wurden je nach ihrer Qualität oft nur für Fundamente, oft aber auch für alle Arten von Mauerwerk sowie – mit Stucküberzügen – selbst für feiner ausgebildete Bauglieder verwendet. Für untergeordnete Bauteile wurden auch die verschiedenen Breccia-Arten (ἀρουραῖος) verwendet – abgesehen von den sogenannten Breccienmarmoren, die dank ihrer Farbigkeit in späterer Zeit im Innenausbau sehr beliebt waren.

Bei weiten am häufigsten verwendete man den harten grauen Kalkstein (λίθος πέτρινος), der unter verschiedenen Bezeichnungen allerorts für Befestigungen, Fundamente und vielfach auch für einfachere Monumentalbauten genutzt wurde. In lokalen Material-Chronologien finden sich oft mehrere, geringfügig unterschiedene Arten, da der Übergang vom dichten Kalkstein zum Marmor fließend ist. Ebenso wie beim Kalkstein gab es auch viele verschiedene Bezeichnungen für Herkunft oder Farbe des Marmors, der zweifellos das beliebteste Material war und in der Wertschätzung um so höher rangierte, wenn er importiert werden mußte[1]. Die ältesten und noch lange wichtigsten Vorkommen waren die auf den Kykladen (Paros, Naxos), die seit früharchaischer Zeit auch für den Export ausgebeutet wurden; etwas später begann die Nutzung der attischen Brüche des Hymettos und Pentelikon sowie der auf anderen ägäischen Inseln (Thasos, Andros, Tenos usw.). Auch in Kleinasien wurde Marmor seit archaischer Zeit gewonnen (unter anderem in Ephesos, Milet). Die Zahl der (oft nur kleinen) Marmorbrüche nahm in hellenistischer Zeit erheblich zu, wobei man neben örtlichem Marmor für wichtige Aufträge auch importierte Marmorsorten verwendete, seit klassischer Zeit und besonders im Hellenismus auch verschiedene, farbig unterschiedliche Marmorarten am gleichen Bau (wie zum Beispiel am Erechtheion in Athen).

Gegenüber dem Marmor traten die übrigen Hartgesteine stark zurück: von lokaler Bedeutung waren Gneis, der in Delos, Thasos und Milet für Fundamente und einfachereres Mauerwerk verwendet wurde, daneben Granit, der im ägäischen Raum ohnehin weder in größeren Mengen noch in besonderer Qualität vorhanden war und nur an einzelnen Orten verbaut wurde (z. B. in Delos, Naxos und in einzelnen Orten Mysiens und Makedoniens). Basalt, Porphyr und andere farbige Hartgesteine – im frühen Ägypten sehr beliebt – fanden unter ptolemäischem Einfluß im Hellenismus zögernd Eingang, wurden aber nur in geringen Quantitäten im Innenausbau verwendet[2]. Regional begrenzt blieben auch die Verwendung von Andesit in NW-Kleinasien und Zypern; hier findet sich auch gelegentlich Gipsstein als Baumaterial – ebenso wie auf der Peloponnes der dort anstehende Kalksandstein (Olympia) oder Sandstein (Samothrake, Kalydon).

Nachdem mit dem Ende der mykenischen Kultur auch die Verwendung großformatiger Blöcke aufhörte, genügten für die kleineren Bauten der Frühzeit die überall ausreichend vorhandenen Lese- und Feldsteine. Erst mit dem Übergang zu größeren Bauten mußten seit dem 6. Jh. die nun erforderlichen großformatigen Steine aus jeweils örtlich zu erschließenden Steinbrüchen (λατομία o. ä.) gewonnen werden[3]. Die Steinbruchtechniken und die hier verwendeten Werkzeuge haben sich seit der Antike bis in die beginnende Neuzeit hinein kaum wesentlich verändert. In Kalkstein- und

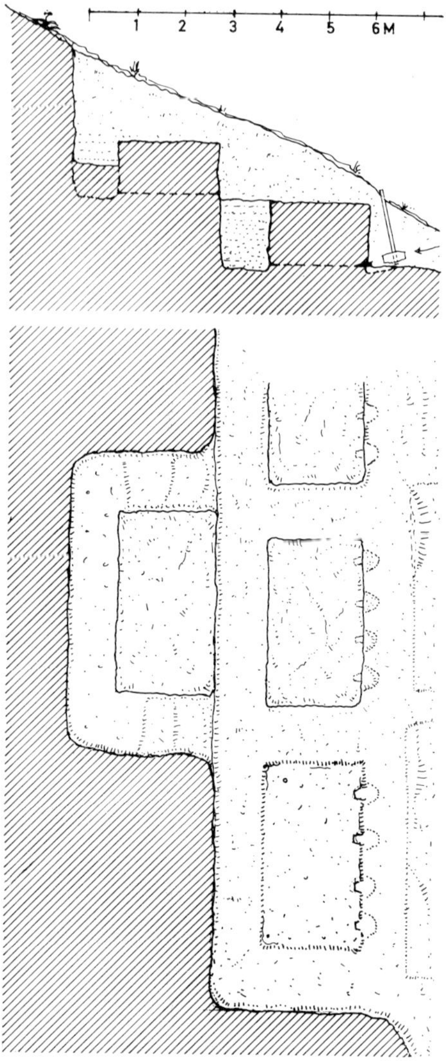

b) Milet-Didyma, Unfertiger Quader im Bruch

12 *a) Schema eines Steinbruchs* *c) Naxos-Apollona, Archaischer Steinbruch*

Marmorbrüchen wurden nach dem Abarbeiten der verwitterten obersten Schichten die in bestimmten Maßen bestellten Steine durch 40–60 cm breite, bei weichem Gestein auch 10–20 cm breite Schrotgräben auf 3–4 Seiten aus dem anstehenden Fels herausgearbeitet und dann durch Keilspaltung abgelöst – entweder mit trockenen Holzkeilen, die man durch Wasser zum Aufquellen brachte oder bei kleineren Blöcken durch eingeschlagene Eisenkeile (s. Abb. 12). Auf diese Weise ließen sich auch große Werkstücke gewinnen, wofür es bereits aus archaischer Zeit eindrucksvolle Zeugnisse gibt: in Syrakus (um 570/550) monolithe Säulen von 6–8 m Länge mit einem Durchmesser von 1,8–2 m (= 35 t), in Delos (Ende 7. Jhs.) die 9 m hohe Apollostatue oder in Naxos die riesigen Blöcke (bei ca. 8 m Länge rd. 22 t) des Apollontempels des Lygdamis (um 530)[4].

In Tuff- und Porosbrüchen scheint man gelegentlich mit der Säge gearbeitet zu haben; solche Brüche lagen in der Frühzeit oft in unmittelbarer Nähe der Baustelle, so daß – wie zum Beispiel in Korinth – die Stadt später über die Bruchgebiete hinauswuchs. Die Bruchgebiete selbst wurden im allgemeinen nicht in zusammenhängenden Flächen ausgebeutet, sondern in relativ kleinen, vielleicht individuell betriebenen Einzelbrüchen, die man nach der hier zu gewinnenden Steinqualität auswählte (wie in Ephesos, Thasos-Aliki, Ägina unter anderen). Der Abbau geschah meist unter freiem Himmel, doch gab es in Syrakus und bei Ephesos, auf Paros und in Ägypten auch unterirdische Brüche. Abfallmaterial wurde an den Ausgängen der einzelnen Brüche abgelagert und gibt heute häufig Hinweise auf die Lage alter Steinbrüche, die nach dem Ende des örtlichen Abbaues oft als Nekropolen genutzt werden (so in Syrakus und in Akrai in Sizilien)[5]. Die im

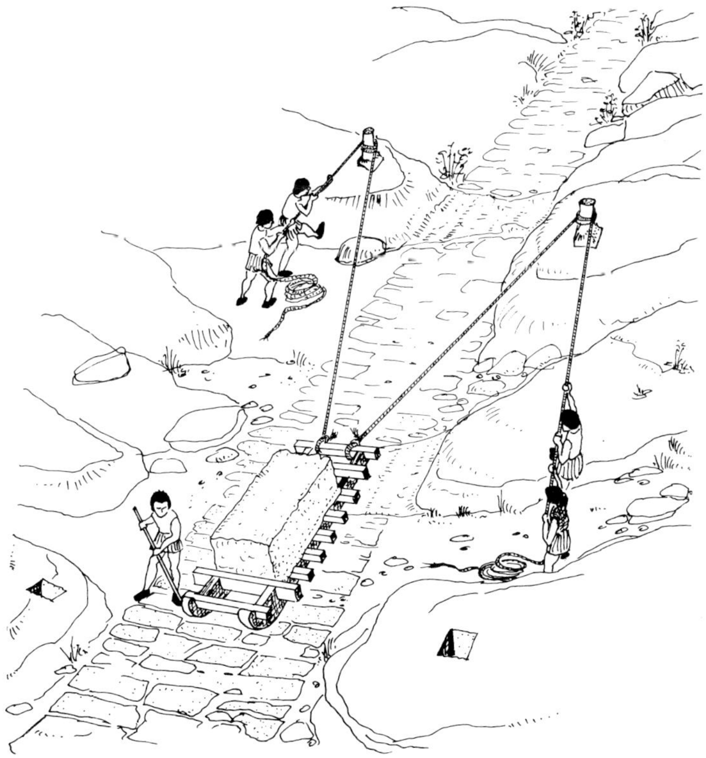

13 Ablassen eines Quaders im Steinbruch

Steinbruch durch die τομή gewonnenen Rohblöcke erhielten im allgemeinen auch dort bereits mit dem groben Spitzeisen oder dem Spitzhammer ihre erste Bearbeitung, wobei man neben den ständig im Steinbruch tätigen Arbeitern (λάτομοι, λιθότομοι) gelegentlich auch Steinmetze von der Baustelle einsetzte[6]. Hierbei blieben häufig einzelne Bossen am Werkstück stehen, die als Hebebossen oder Abrechnungsmarken dienten[7]. Die vorgearbeiteten Werkstücke waren zunächst aus dem meist an Hängen oder in unwegsamen Gebiet liegenden Brüchen zu Fahrwegen und von dort zur Baustelle zu bringen, was bei den oft recht erheblichen Abmessungen und Gewichten einzelner Werkstücke einige Anforderungen an die hier Tätigen stellte; als noch „normal" müssen Werkstücke von 10–15 t gelten, doch waren Gewichte bis zu 50–70 t möglich. Für das Herabschaffen aus den Brüchen (s. Abb. 13) gab es in den meisten Bruchgebieten grob ausgebaute Schleifwege, auf denen die Blöcke auf Rollen oder auf hölzernen Schlitten abgelassen wurden. Solche Wege sind oft noch heute im Gelände erkennbar[8]; in ihrer Nähe sind in den Fels Einlaßlöcher für Holzpfosten zur Verankerung der Seilzüge eingearbeitet. In einigen Bruchgebieten finden sich noch Reste der aus Bruchstein geschichteten Arbeiterhütten – sogenannte Drakospitia. Je nach Lage der Brüche waren die herausgeschafften Blöcke danach mit schweren Steinwagen über einen Fahrweg entweder bis zur Baustelle oder bis zu einer nahegelegenen Schiffslände zu transportieren; hierbei müssen je nach Gewicht des Steines und Beschaffenheit des Fahrweges zwischen 50–150 Ochsen als Zugtiere eingesetzt worden sein: Um 327 wurden beispielsweise für den Transport von Säulentrommeln von je etwa 5–6 t Gewicht vom Pentelikon nach Eleusis 27 bzw. 40 Paar Zugochsen eingesetzt, die für die rund 41 km lange Strecke 3 Tage benötigten (IG II^2 1673).

Neben Ochsen werden auch Maultiere als Vorspann erwähnt. Die Wagen müssen nach Radspuren im Mons Claudianus-Gebiet etwa 2–2,5 m breit gewesen sein und hatten massive Räder mit breiten Felgen. Bei Verladung auf Schiffe gab es in den jeweiligen Häfen besondere Hebegeräte (μαχανώματα), wie die delphischen Urkunden zeigen[9]. Die Preise solcher Transporte sind in mehreren Bauinschriften überliefert (in Athen gegen Ende des 4. Jhs. 4 Dr. pro Gespann und pro Tag); sie machten hier und auch andernorts – vor allem aber in Delphi (Diodor IV 80, 5) einen erheblichen Teil der Baukosten aus. Unvorhergesehene Schwierigkeiten beim Transport haben mehrfach zu Verlusten für die beauftragten Unternehmer geführt oder gar zum Aufgeben gezwungen, da sie ihren Kontrakt nicht erfüllen konnten[10].

Transporte erfolgten nicht nur zwischen den städtischen Brüchen und innerstädtischen Baustellen, sondern vielfach auch über weite Distanzen hin, wie wir aus Inschriften erfahren: beim Tempelbau in Epidauros wurde z. B. pentelischer Marmor, bei der Tholos Steinmaterial aus Korinth und Argos verwendet. Exporte aus günstig in Meeresnähe gelegenen Brüchen mit gutem Steinmaterial wie zum Beispiel auf den Kykladen und in Thasos waren schon frühzeitig üblich, soweit sie zu Schiff erfolgten. Für besonders große Werkstücke wurden über die normalen Transportmittel hinaus Sonderkonstruktionen entwickelt[11].

Eine nicht geringe Rolle bei der Beschaffung von Steinmaterial für Neubauten spielten von der Antike bis ins 19. Jh. hinein Spolien, also bereits zuvor in anderem Zusammenhang verwendete Steine, die man in mehr oder minder stark veränderter Form erneut benutzte. An nicht sichtbarer Stelle in Fundamenten oder Füllungen verbaut sind solche Steine heute oft wichtige Zeugnisse für baugeschichtliche Untersuchungen[12] – so zum Beispiel in Metapont in den Fundamenten der Tempel A und B II, in Eleusis, Philae, Milet, Bassai, Samos –, um nur einige Beispiele für diesen weit verbreiteten Brauch herauszugreifen, der durchaus nicht immer nur auf die Gewinnung billigen Baumaterials zielte: der von ferne sichtbare Einbau von 29 Säulentrommeln des Vor-Parthenon und von Gebälkteilen des 479 zerstörten alten Athena-Tempels in der Akropolis-Nordmauer Athens darf sehr wohl als mahnende Erinnerung an die Perserzerstörung gesehen werden. Selbst Nekropolen waren vor derartigen Zugriffen nicht sicher wie die Verwendung von Grabsteinen in der themistokleischen Stadtmauer Athens und zahlreiche andere Funde und Berichte zeigen[13].

Ziegel- und Terrakotta-Werkteile

Zugleich mit dem Stein traten auch Lehm und Ton als Baumaterial oder als Grundstoff für künstlich hergestellte Baumaterialien auf: Lehm als Mörtel, in lufttrockenen Lehmziegeln oder als Füll- und Dichtungsmasse, Lehm und Ton als Grundstoff auch für eine ganze Reihe verschiedenartiger Bauelemente (Ziegel, Dachziegel und -terrakotten, Rohre und andere Formstücke). Lehmziegel (γηίναι) sind im Bauen Griechenlands ebenso wie dem der Frühkulturen schon seit frühen Anfängen nachweisbar und wurden zunächst unterschiedslos im Sakral- wie im Profanbau verwendet (zum Beispiel am Heraion in Olympia, bei Tempeln in Kombothekra und Kalapodi oder auch in den Stadtmauern von Alt-Smyrna[14]). Sie wurden zwar allmählich, aber nie ganz aus der monumentalen Architektur verdrängt und bis in hellenistische Zeit hinein sogar auf Marmorsockeln für den Oberbau von Wänden verwendet – so unter anderen am Pompeion in Athen, in der Palästra in Olympia und am Palast von Vergina; beliebt waren Lehmziegel wegen ihrer geringeren Kosten (ca. ⅓ der Steinkonstruktion) bis ins 4. Jh. hinein vor allem bei Stadtmauern[15]. Ihre Herstellung aus gemagertem und geschlämmtem Lehm in Holzformen mit anschließender Trocknung in der Sonne ist manchenorts noch heute zu sehen; in der Antike wurden sie entweder von Lieferanten gekauft oder an der Baustelle selbst hergestellt. Ihre Formate sind – zeitlich und örtlich unterschiedlich – rechteckig oder quadratisch mit Seitenlängen von 25–52 cm und Dicken von 7–12 cm; Vitruv (II 3,1–4) überliefert drei Größen – den lydischen Ziegel (1' × 1,5'), den Tetradoron und den Pentadoron mit 4 bis 5 Spannen (= ca. 27–37 cm) Seitenlänge. Lehmziegel wurden in einem durch Häcksel gemagerten und geschlämmten Lehmmörtel verlegt (πλινθοβολεῖν), den man auch als Bindemittel bei Bruchsteinmauerwerk, als Wandputz und für die Abdichtung von Flachdächern sowie bei der Verlegung von Terrakotta-Dachziegeln auf hölzerner Unterkonstruktion verwendete. Nicht selten finden sich auch Fundamentpackungen und einfache Mauern aus Bruchsteinen in Lehmmörtel.

Erst relativ spät tauchte im griechischen Bauwesen neben dem Lehmziegel der gebrannte Ziegel auf[16], den man im Orient bereits seit der 2. Hälfte des 4. Jtsds. kannte (unter anderen in Ur und Khafadja); die frühesten Beispiele für πλίνθοι κεραμεαί lieferten Olynth (gegen Ende des 5.–Anfang des 4. Jhs.), Gortys (ca. 2. Hälfte des 3. Jhs.) sowie mehrere Orte in Süd-Italien. Allgemein gebräuchlich wurden gebrannte Ziegel erst in hellenistischer Zeit (unter anderem bekannt aus dem „Katagogeion“ in Kassope, aus Lykosura und aus dem Bad IV in Olympia mit Seitenlängen von 30–49 cm bei Dicken von 5–10 cm); Vitruv (II 8,9f.) kennt daneben noch eine ganze Reihe bedeutender Bauten aus Ziegeln: Paläste in Sardes und Hali-

14 Profile von Wasserleitungsrohren (Mstb. 1 : 20) 1. Tylissos (wohl mittelminoisch); 2. Heraion Samos: Rohrleitung mit Sandfang; 3: Olynth (4. Jh.); 4: Athen, Agora (Bau F; 2. H. 6. Jh.); 5: Samos, Eupalinostunnel (2. H. 6. Jh.); 6: Athen, Agora (Tholos; um 470); 7: Athen, Agora (Propylon der Tholos; Ende 3. Jh.)

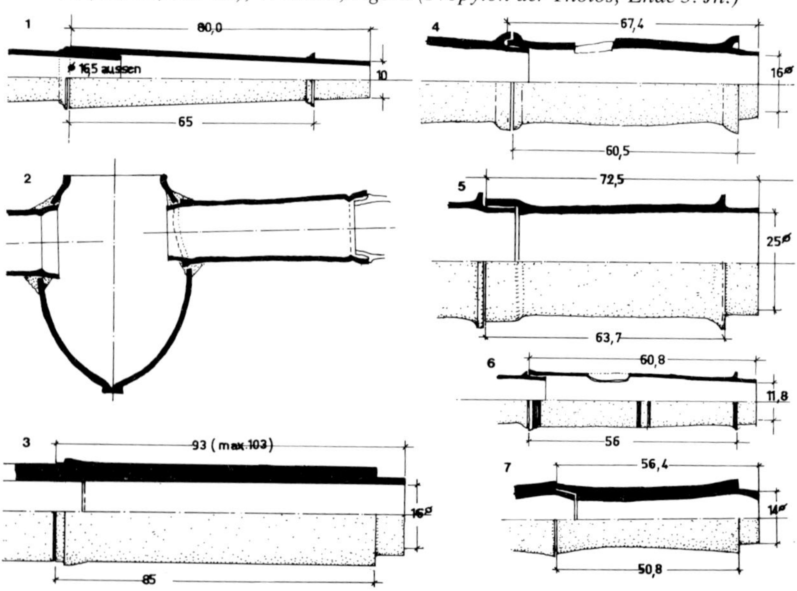

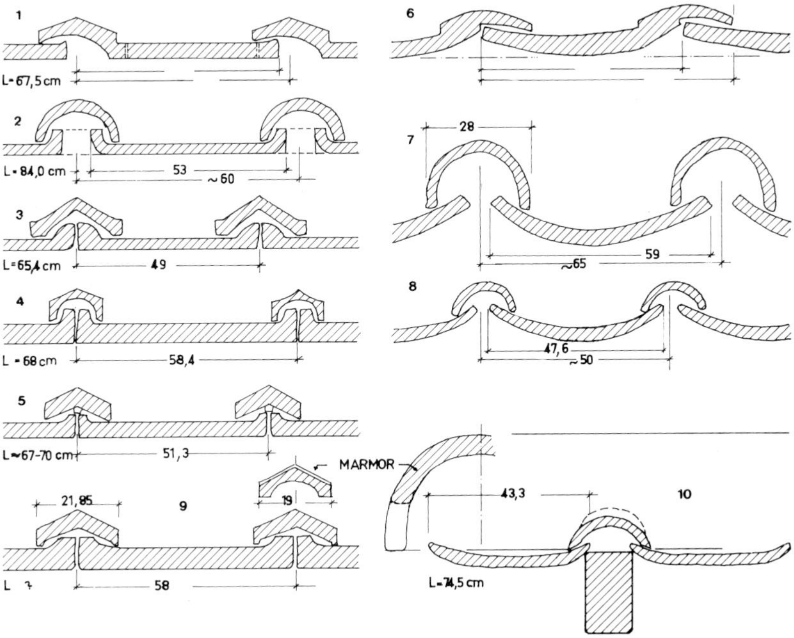

15 Profile von Dachziegeln (Mstb. 1 : 20): 1: Ägina-Apollontempel; 2: Neandria (6. Jh.); 3 – Olympia, Altsizilisches Dach; 4: Larisa/Hermos (6./5. Jh.); 5: Athen, Pompeion (4. Jh.); 6: Isthmia, Alter Tempel; 7: Olympia, Heraion; 8: Kalydon; 9: Paros, Marmorziegel (3. V. 6. Jh.); 10: Delos, Naxieroikos (um 575)

karnassos, Tempel in Paros sowie Bauten in Sparta – und wendet sich entschieden gegen eine Geringschätzung dieses Materials.

Neben Mauerziegeln gehörten zu der breiten Palette von Baumaterial aus gebranntem Lehm (Ton) zahlreiche verschiedene Formstücke, deren Herstellung bereits in minoisch-mykenischer Zeit geläufig war: Ziegelplatten, Tonrohre für Wasserleitungen, die bei zylindrischer Form mit Muffen aneinandergefügt werden konnten (s. Abb. 14; vgl. S. 174) sowie Schalen und Badewannen für Bäder und Wohnhäuser. Darüberhinaus fanden sich hier und da Einzelstücke aus Terrakotta – so in Olympia ein wohl als Weihgeschenkträger genutztes Kapitell und Perirrhanterien, die aber – ähnlich wie der im italischen Bereich beliebte Terrakotta-Dachschmuck – in den Bereich bildhauerischen Dekors zu zählen sind[17]; hierzu gehören auch Akrotere und Metopenplatten aus Ton.

Die bei weitem wichtigsten Terrakottaprodukte waren jedoch die verschiedenen Teile der Dachhaut: Ziegel unterschiedlichster Form samt Sima- und Firstelementen, von denen sich in vielen Ausgrabungen so große Mengen gefunden haben, daß die diese Baukeramik betreffende Literatur kaum überschaubar ist und hier nur ein allgemeiner Überblick mit Verweisen auf weiterführende Literatur gegeben werden kann[18]. Flache Ziegelplatten kannte man bereits in der Frühbronzezeit (Lerna, Tiryns), doch ist ihre Verwendung zur Dachdeckung hier ebenso wie in mykenischer Zeit umstritten[19]. Aus der Zeit vom 12.–8. Jh. fehlen Funde, doch setzte gegen Ende des 8. Jhs. im Raum um Korinth eine rasche Entwicklung ein, die im Laufe des 7. Jhs. zu zwei verschiedenen Grundformen von Dachziegeln führte – der flachen Plattenform des sogenannten korinthischen Typus – und dem leicht gerundeten lakonischen Ziegel, beide kombiniert mit Deckziegeln mit dreieckigem oder halbrundem Querschnitt – anfangs gelegentlich auch aus einem Stück gearbeitet (s. Abb. 15); das mag dazu geführt haben, daß später Ziegel stets paarweise verkauft wurden, wie die Kontrakte in Delos und Delphi lehren.

Die frühesten Beispiele lakonischer Ziegel (λακωνικὸς κέραμος) aus der Zeit um 700 kommen aus Korinth und Isthmia[20] (s. Abb. 15.6); es sind bereits recht entwickelte Formen, die aus einer flachgewölbten Platte (in Korinth 67 × 67 cm) bestehen, an die rechts oder links ein 21 cm breiter konvexer Deckziegel angearbeitet ist. Die eigentliche lakonische Ziegelform mit selbständigem halbrundem Deckziegel verbreitete sich seit dem Ende des 7. Jhs. über ganz Griechenland. Nach einer in Athen gefundenen Musterform aus Marmor war hier das Standardmaß dieser Ziegel 50 × 98,5 cm, der Deckziegel 21 × 98,5 cm; ähnliche Musterformen fanden sich in Messene und Assos[21]. Die Größen von in Grabungen gefundenen Ziegeln schwanken zwischen Längen von 68–98 cm und Breiten von 45–70 cm; besonders große lakonische Ziegel (59 × 110 cm) hatte das Heraion in Olympia. Neben den Standardziegeln für die großen Dachflächen gab es für Traufe, First und Giebel Sonderformen, oft mit angeformten Schmuckelementen (Korinth, Isthmia, Nemea unter anderen).

Der flache korinthische Ziegel (κέραμος κορίνθιος[22]; s. Abb. 15, 3–5) findet sich seit dem Ende des 6. Jhs. mit geringen lokalen Varianten im gesamten griechischen Siedlungsbereich und wird im Hellenismus der überwiegend gebrauchte Typus. Die meist rechteckigen Platten (στεγαστῆρες) mit aufgebogenen Längsseiten und oft einer als Tropfnase verstärkten unteren Schmalseite (Geison) messen in der Länge zwischen 64–82 cm bei Breiten von 53–64 cm; dazu gehörten giebelförmige Deckziegel (καλυπτῆρες). Auch für diese Ziegel gab es Musterformen, doch variierten selbst aus einem einzigen Werkstattbereich kommende Ziegelformate (in Nemea im 4. Jh.), so daß anzunehmen ist, daß neben dem für den allgemeinen Verkauf vorgesehenen Standardziegel auch nach Maß hergestellte Sonderanfertigungen üblich waren. Daneben gab es natürlich auch hier sehr unterschiedliche Formstücke für Traufen und Giebel sowie Sonderformen für Rundbauten wie zum Beispiel rautenförmige Platten für die Tholoi in Athen und Delphi[23].

Eine Zwischenform zwischen dem flachen und dem leicht konkaven Zie-

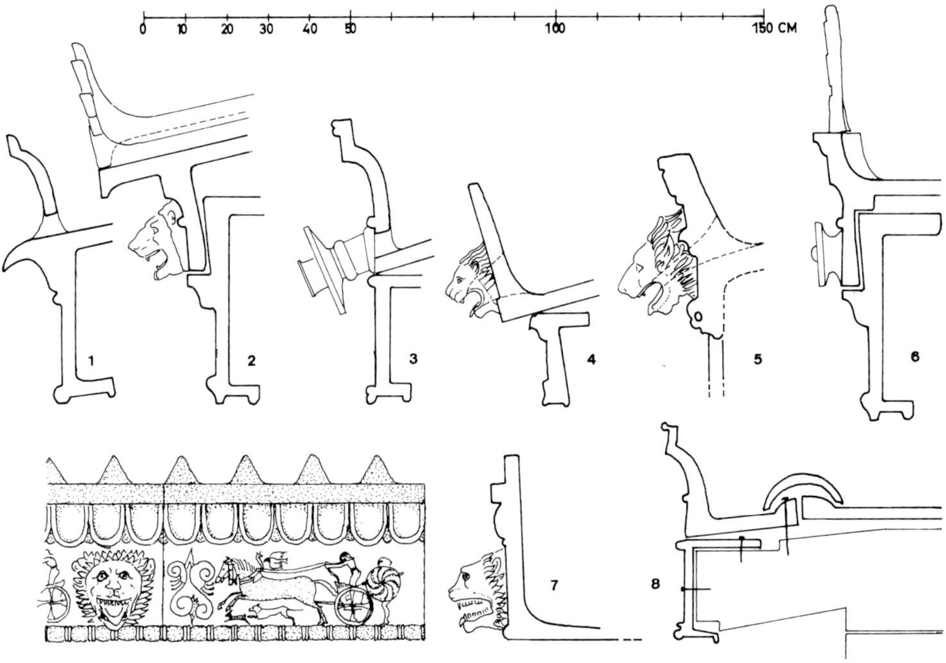

16 Profile archaischer Dachterrakotten (Mstb. 1 : 20) 1: Metapont, Dach F (1. H. 6. Jh.); 2: Paestum, Basilika (3. V. 6. Jh.); 3: Gela, Athenatempel (M. 6. Jh.); 4: Metapont, S. Biagio (1. H. 6. Jh.); 5: Metapont, Dach H; 6: Paestum, Basilika (Frontseite 3. V. 6. Jh.); 7: Larisa/Hermos (Traufe); 8: Olympia, Schatzhaus von Gela (Giebel, 6. Jh.)

gel gehört in die Frühzeit: vom älteren Aphaiatempel in Ägina (2. V. 6. Jh.) stammten 55,5 × 65,0 cm große Platten, die an ihrer Unterseite fast eben, oben aber zu den Rändern hin leicht aufgewölbt sind; Hörnerattaschen und antefix-ähnliche Bildungen an den Elementen des unteren Dachrandes zeigen eine von Korinth abhängige Gestaltung, die vielleicht dem korinthischen Dach mit Palmettenantefixen vorausging[24]? Die zugehörigen dreieckigen Deckziegel sind getrennt gearbeitet; bei einigen Dächern fanden sich aber auch Ziegel, bei denen Platte und Deckziegel in einem Stück gearbeitet sind (zum Beispiel in Korfu, Kalydon, Delphi, Sardes; s. Abb. 15.1).

Gelegentlich finden sich Platten mit eingearbeiteten Öffnungen, die mit einem Wulstrand eingefaßt sind (Priene, Korfu, Athen-Agora); diese Platten sollten vielleicht bei größeren Dachräumen eine Belichtung ermöglichen. Weiterhin gibt es noch Platten für die Ausbildung der Traufe *(hegemônes):* einfache Platten mit Bemalung der Front und eines Teiles der Unterseite sowie Platten mit angearbeiteter Regenrinne (beispielsweise in Priene, Delos, Larissa, Pergamon[25]).

17 Metapont, Dach A vom Tempel B: Terrakotta-Giebelsima

Zu jedem Dach gehören außer den obengenannten flächendeckenden Platten und Deckziegeln noch besondere Formstücke für den First und die Giebel- und Traufseiten, die hier einen dichten und zugleich ästhetisch befriedigenden Abschluß der gesamten Dachhaut bewirken sollten: Geison – und Sima-Teile, Firstziegel sowie von Fall zu Fall noch besondere Verkleidungsplatten; dazu kamen als schmückende Elemente noch Antefixe und Akrotere, deren bevorzugter Ort am Bau ihnen eine besondere Bedeutung zuwies[26]. Durch Pindar und Plinius (NH 35, 152) ist Korinth als Ursprungsort der gesamten, später so vielfältigen Baukeramik überliefert, was sich mit den bisherigen archäologischen Daten deckt; es haben sich jedoch mit dem Ausgreifen der Griechen nach West und Ost bald lokale Schulen entwickelt, die im Laufe des 7./6. Jhs. in Bindung an das jeweilige System (lakonisch oder korinthisch) ihre eigenen Sonderformen ausbildeten. Besonders vielfältig war das Repertoire an reichdekorierten Formstücken für das in Sizilien und Süditalien beheimatete Traufsimendach (s. Abb. 16–17; vgl. S. 102ff.)[27].

Eine ganz eigene Gruppe entstand im 6. Jh. in Etrurien und Latium und hielt sich hier bis in späthellenistische Zeit hinein; hier zeigen sich in archaischer Zeit gewisse Bezüge zu kleinasiatischen Formen. Auch in Kleinasien hatte sich auf der Basis der korinthischen Grundform im 6. Jh. eine eigenständige Formenwelt entwickelt, in der sich wechselseitige Kontakte zwischen den griechischen Küstenstädten und dem lydisch-phrygischen Binnenland spiegeln[28]; in den figürlichen Friesen auf relativ hohen Simaplatten und an den sogenannten Metopensimen zeigen sich Eigenheiten des Ostens, die im Mutterland und im Westen nicht ihresgleichen haben. Hier wie dort wurden diese Bauglieder mit Nägeln an der hölzernen Unterkonstruktion befestigt, wie überall erhaltene Nagellöcher zeigen (vgl. unten S. 102ff. und Abb. 54).

In diese bunte archaische Vielfalt trat im frühen 6. Jh. das Marmordach, das bereits in seinen ersten Beispielen (unter anderen Zeustempel und Schatzhaus von Sikyon in Olympia) auf die bisher üblichen Terrakottaelemente verzichtete und diese allmählich in Stein übersetzte. Dessen in der Klassik durchgestaltete Formen wurden im 4. Jh. wieder auf Terrakotta-Elemente zurück-übertragen: der an Marmorsimen entwickelte Rankendekor der Traufen trat nun auch an Tonsimen zunehmend häufiger und in immer kräftigerem Relief auf; ebenso wurden die im 6. Jh. erstmals beobachteten und vor allem in Sizilien besonders schönen Löwenkopf-Wasserspeier im Laufe des 5. Jhs. zur festen Regel bei allen Dächern[29]. Zwischen ihnen standen nun statt der in archaischer Zeit üblichen Antefixe mit Löwen- oder Gorgonenköpfen solche mit vegetabilem Dekor (Palmetten- und Rankenwerk in verschiedenen Formen); in späthellenistischer Zeit waren auch Antefixe mit Götterköpfen in ornamentalem Rahmen beliebt (Olympia unter anderen). Daß Ziegel neben ihrer ,,normalen" Nutzung auf Dächern auch vielfach bei Grabeinfassungen und -abdeckungen sowie für mancherlei andere Zwecke benutzt wurden, sei nur am Rande erwähnt.

Auf wenige früh- und hocharchaische Beispiele begrenzt blieben unter den Terrakottabauteilen die Metopen: in Thermos und Kalydon fanden sich Platten von ca. 82–99 cm Seitenlänge (ca. 6 cm dick), die mit Klammern oder Zapfen im hölzernen Gebälk befestigt wurden und an den Frontseiten reiche Bemalung trugen[30].

Zur Herstellung von Dachterrakotten verwendete man nicht den sorgfältig gereinigten Ton, der für Gefäße notwendig war, sondern ein durch feine

18 Olympia, Ziegelofen aus dem 4. Jh. v. Chr.

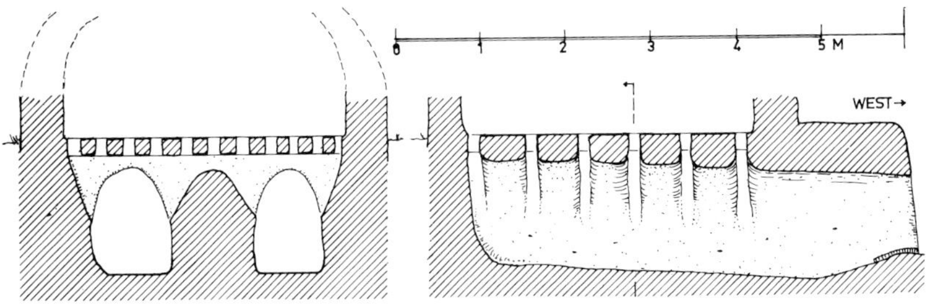

Zusätze (Ziegelmehl oder -splitt, Kalksteingrus, Sand o. ä.) gemagertes Material, das beim Brand weniger stark schwindet. Neben den zur Herstellung aller Ziegel nötigen Formen gab es für reliefierte Teile noch eigene Matrizen; die einzeln geformten Stücke wurden dann vor dem Brand zusammengeknetet. Der Brand erfolgte in besonderen Werkstätten mit größeren Öfen (s. Abb. 18), für die unter anderem Beispiele aus Korinth, Elis, Olympia, Pella, Nemea bekannt sind[31]; sie waren Privatbesitz oder auch Unternehmen einer Stadt oder eines Heiligtums. Die fertig-gebrannten Ziegel erhielten bereits in der Frühzeit einen Firnisüberzug in schwarz- bis rotbraunen und gelblichen Tönen zum Schutz gegen die Witterung und sicher auch in dekorativer Absicht; reliefierte Bauteile wurden auch bunt bemalt (weiß, gelb, schwarz und rot). Die Produkte einzelner Werkstätten wurden teilweise durch Stempel gekennzeichnet – darunter in archaischer Zeit figürliche und ornamentale Stempel (so in Böotien, Attika, Ägina), später häufiger Namen in abgekürzter Form, aber auch andere Zeichen; möglicherweise stempelten Töpfer und Maler getrennt[32]. Produkte einzelner Werkstätten wurden auch über größere Distanzen hinweg verfrachtet wie zum Beispiel Funde sizilischer Dachterrakotten in Delphi oder Olympia oder böotischer Ziegel in Ägina und Phokis zeigen. Abfälle aus den Werkstätten oder sonstiger Ziegelbruch wurde häufig als Schotter für Füllungen und in Aufschüttungen verwendet, später auch in Form von Fein- und Grobsplitt als Zuschlag zu Mörtel oder neuen Terrakottaprodukten.

Mörtel und andere Bindemittel

Die Grundstoffe Stein, Lehm und Ton fanden am Bau noch weitere Verwendung: Lehm als Bindemittel in Mauerwerk, gebrannter Kalk- und Gipsstein mit Sand vermischt zur Herstellung von Putz- und Stuckmörteln, seltener als Mauermörtel[33]. Einfachstes und ältestes Material war dabei der Lehm (πηλός), der entsprechend aufbereitet als Bindemittel in Lehmziegel- und Bruchsteinmauern vielfache Anwendung fand; vermischt mit Häcksel wurde Lehm auch für Innen- und Außenputze genutzt.

Mörtel auf Kalk- oder Gips-Basis setzen bereits ein künstlich, d. h. durch einen Brennprozeß gewonnenes Matrial voraus, wobei Gips (γύψος) infolge seiner einfacheren Herstellung bei geringeren Brenntemperaturen schon im 2. Jtsd. sowohl in Ägypten wie im minoisch-mykenischen Raum, später auch in Zypern und Syrien für Mauer- und Putzmörtel vielfach verwendet wurde. Bei klassischen und hellenistischen Quaderbauten waren Mauermörtel nicht üblich; dagegen spielte Gips im Innenausbau eine große Rolle[34]: erhebliche Teile des stuckierten Innendekors wurden aus Gipsmörteln hergestellt, doch warnte Vitruv (VII 3, 3) vor der Kombination von Kalk und Gips bei Stuckarbeiten, obwohl beide Materialien offenbar weitgehend parallel und von den gleichen Handwerkern verarbeitet wurden. Kalk – aus

Kalksteinen der Marmor in Öfen gebrannt (ἄσβεστος; τίτανος; κονία; evtl. χάλιξ) – wurde in gelöschter Form mit Wasser und Sand angemacht und ebenfalls für Wandputze verwendet, wobei der Putz in mehreren Lagen aufgetragen wurde, die von Schicht zu Schicht feiner wurden und zuletzt oft einen Zusatz aus Marmormehl erhielten[35]. Seltener dagegen findet sich Kalk bei Mauermörteln, obwohl Philon ihn für Wehrbauten empfahl; hier und da wurde Kalk Lehmmörteln zugesetzt. Häufiger wurden feine, harte Kalkmörtel als Kleber bei Ausflickungen von Fehlstellen in Marmorbaugliedern (vgl. Abb. 49) sowie zur Reparatur von Erosionen verwendet wie zum Beispiel an älteren Bauten in Delos und Korinth zu sehen; weiterhin dichtete man Stöße bei Tonrohrleitungen damit ab.

Bei der Herstellung wasserdichter Putzmörtel, gelegentlich auch im Hafenbau, verwendete man neben Kalk als Zuschlagstoff auch die in Thera und Puteoli vorkommenden vulkanischen (Puzzolan-) Erden – unter anderem im 6. Jh. im Asklepieion von Korinth, später auch bei Hafenbauten in Delos, im Piräus und natürlich in Thera selbst[36]. Auch die bei römischen hydraulischen Mörteln übliche Beigabe von feinem Ziegelsplitt scheint schon in hellenistischer Zeit bekannt gewesen zu sein (so zum Beispiel in Gortys/Arkadien, in Delos und Pergamon[37]).

Eine besondere Rolle spielten feine Stuck-Überzüge bei den (meist frühen) Bauten aus Muschelkalkstein, Poros oder anderen grobspurigen Steinarten; hier wurde der gewünschte monolithe Effekt durch Überziehen der Oberflächen mit 0,5–6 mm starken Stuckschichten erreicht (z. B. in Delphi-Marmaria, in Selinunt, Paestum, Syrakus, Akragas). Diese Stucke wurden aus Kalk, feinem Sand und Marmormehl hergestellt und ähnlich wie Wandputz in mehreren dünnen Lagen aufgetragen. Gelegentlich erhielten sogar Marmorbauten einen ganz feinen Stucküberzug – so wohl beim Parthenon in Athen als Mal-Untergrund. In hellenistischer Zeit finden sich nicht selten Bauglieder, deren feinere Details auf einer Rohform aus Stein in Stuck aufgebracht wurden – so zum Beispiel in Knidos, Kaunos, Rhodos und Gortys. In Alexandria war die Technik wohlbekannt, Stuckdekor auf einer leichten Unterkonstruktion aus Holzlatten aufzubringen; hier und in dem von Alexandria beeinflußten nordafrikanischen Küstengebiet finden sich auch späthellenistische Dekorationen aus geschnittenem Stuck. Zu erwähnen sind schließlich noch die aus Stuck gefertigten architektonischen Innendekorationen hellenistischer Wohnbauten im gesamten ägäischen Raum und im republikanischen Italien sowie die stuckierten Fassaden hellenistischer Gräber in Makedonien[38].

Holz

Obwohl es nach den erhaltenen Resten scheinen mag, daß griechische Architektur reiner Steinbau gewesen sei, hat Holz durch alle Zeiten hindurch eine wichtige Rolle gespielt: bei frühen Primitivkonstruktionen wie zum Beispiel Pfostenwänden mit Flechtwerkausfachung (s. Abb. 19, 26) und als „Bewehrung" in Lehmziegel- und Bruchsteinmauern, aber auch als Tragkonstruktion bei größeren Bauten (die später in Stein umgesetzt wurde – vgl. S. 112ff.). Holz blieb aber auch bei zunehmender Steinverwendung ein wichtiger Baustoff für alle Arten von Dach- und Tragkonstruktionen, für Brücken, Decken, Stützen- und Gerüstbauten sowie für die große Zahl von nicht auf Dauer errichteten Bauwerken, die nur durch literarische Überlieferung bekannt sind: Hallen- und Zeltkonstruktionen für Feste oder Anlagen für militärische Zwecke. Dazu kamen umfangreiche Aufgaben im Wohnbau (Fachwerkkonstruktionen für Obergeschosse, Loggien und Erker usw.) sowie schließlich der gesamte Bereich des Innenausbaues (Fenster, Türen, Treppen, Täfelungen, Unterkonstruktionen für Stuckdekorationen u.ä.; vgl. S. 179)[39]. Die im Bauwesen verwendeten Hölzer waren in der Antike im wesentlichen die noch heute in diesem Raum heimischen Arten: unter den Nadelhölzern Fichte, Tanne und Kiefer, daneben Zypresse, Zeder und – mit dieser oft verwechselt – Wacholder; unter den Laubhölzern spielten Eiche und Pappel die Hauptrolle, daneben auch in geringem Umfang Esche, Buche, Buchsbaum und Olive sowie seltener Importhölzer wie Ebenholz und Zitronenholz. Neben einzelnen Bodenfunden und inschriftlichen Zeugnissen geben die Schriften des Theophrast, des Plinius und des Vitruv einige Hinweise auf Vorkommen und Nutzung der einzelnen Holzarten.

Unter den Nadelhölzern wurden am häufigsten Fichte und Tanne (ἐλάτη; *pinus* beziehungsweise *abies* in ihren verschiedenen Spezies) für nahezu alle Arten von Baukonstruktionen verwendet: für Stützen, Dachtragwerke (zum Beispiel in Epidauros im Asklepiostempel, in Delos und Delphi) sowie für abschlagbare Bühnenbauten (IG XI 158A) und alle Aufgaben im einfachen Innenausbau. Nicht minder häufig wurde das Holz der Kiefer (πεύκη; πίτυς; *pinus* in unterschiedlichen Spezies) genutzt – auch dies vor allem für Dachkonstruktionen (unter anderem in Eleusis, am Parthenon in Athen) und stärker belastete Holzbauwerke; es galt als dauerhaft und belastbarer als Fichtenholz. Einen besonderen Ruf hatte seit altersher die Zypresse (κυπάρισσος; *cupressus),* deren Holz als besonders dauerhaft und widerstandsfähig gegen Schädlinge angesehen wurde; freilich war es teurer als die zuvor genannten Nadelhölzer. Besonders gute Stämme holte man aus Kreta, West-Kleinasien und dem Bergland der Peloponnes (so zum Beispiel für die Tempel in Delphi und Epidauros). Außer für Dachtragwerke verwendete man Zypressenholz auch für Dübel sowie für Türen, Möbel und Statuen. Noch teurer war das Holz der Zeder (κέδρος; *cedrus*), das man aus Syrien, dem Libanon und den Bergwäldern Süd-Anatoliens importierte, das antike Autoren aber offenbar gelegentlich mit dem billigeren Holz des Wacholderbaumes (ἄρκευθος; *juniperus*) verwechselten; beide

19 Neuzeitliche Flechtwerkhütte in der Umgebung von Milet

Holzarten scheinen für Decken- und Dachbalken (unter anderen im Artemision in Ephesos; in Athen im Odeion des Herodes Atticus) sowie im Innenausbau verwendet worden zu sein, Zedernholz vorzugsweise für Türen, Möbel und für Bildhauerarbeiten.

Unter den einheimischen Laubhölzern war das wichtigste Bauholz das der Eiche (δρῦς; *quercus*), das bereits in frühesten Zeiten verwendet wurde: die Säulen im Heraion in Olympia waren beispielsweise aus Eichenstämmen gehauen; daneben finden sich Erwähnungen von Eichenbalken in den Bauakten von Delos[40]. Nicht selten scheinen auch Stämme von Kastanien (καρύα εὐβοϊκή; *castanea*) und Pappel (αἴγειρος; *populus*) als Bauholz verwendet worden zu sein, obwohl sie in Inschriften nicht auftauchen; vermutlich nutzte man sie nur bei einfacheren Bauten? Nur beschränkte Nutzung im Bauwesen ergibt sich aus den Quellen für Hölzer des Nußbaums (καρύα; *iuglans*), der Olive (ἐλαία; *oliva*), der Buche (ὀξύη; *fagus*) und der Ulme (πτελέα; *ulmus*); sie wurden eher für Werkzeuge, Möbel und im Innenausbau verwendet. Als besonders wertvoll galt das aus Phönizien oder Ägypten importierte Ebenholz (ἔβενος; *ebenus*), das daher nur für Möbel und Bildhauerarbeiten in Frage kam; für ähnliche Zwecke nutzte man auch das aus Syrien und Zypern importierte Buchsbaumholz. Neben diesen allgemeinen verbreiteten oder im Handel erhältlichen Holzarten gab es in einzelnen Regionen noch lokale Hölzer, die im Bauwesen verwendet wurden – so in Ägypten Palmstämme, Akazien- und Tamariskenholz. Liefergebiete für Bauholz waren vor allem die Berggebiete Nordgriechenlands,

Makedoniens und Thrakiens, die Wälder Kleinasiens sowie für bestimmte Hölzer auch Arkadien, Kreta und Zypern (Zypressen) sowie Syrien und Libanon.

Bauhölzer wurden – wie mehrere Bauinschriften zeigen – sowohl als Rundhölzer wie zugerichtet in bestimmten Längen geliefert, wobei auffällig ist, daß es sich in den Kontrakten jeweils um nur geringe Mengen handelte; vielleicht konnte man große Stämme für Dachtragwerke und -pfetten jeweils nur einzeln direkt vom jeweiligen Besitzer bekommen? Die in den Inschriften angegebenen Preise lassen sich – da kaum Maß – und Preisangaben zusammen gegeben sind – schwer miteinander vergleichen; sicher ist nur soviel, daß Holz, zumindest seit klassischer Zeit, kein billiges Baumaterial war, zumal bei allen Lieferungen noch erhebliche Transportkosten hinzukamen und die für konstruktive Aufgaben verwendeten Hölzer durchweg sehr alt sein mußten, um die verlangten Dimensionen zu liefern: im Tumulus MM in Gordion wurden gegen Ende des 8. Jhs. Balken aus 700jährigen Stämmen verarbeitet[41].

Unter den natürlich vorhandenen Materialien spielten Schilf (κάλαμος) und verschiedene Strohsorten (z. B. λοβός = Bohnenstroh)[42] seit frühester Zeit eine untergeordnete Rolle zum Eindecken einfacher Dächer oder zusammen mit Lehm in der Unterkonstruktion von Ziegeldächern; bestimmte Schilfarten wurden auch zur Herstellung von Matten gebraucht, die im Innenbau verwendet wurden; in der Frühzeit hat man regional auch ganze Häuser aus Schilfrohr errichtet (Herodot V 104).

Zu erwähnen sind – auch wenn nur in geringem Umfang verwendet – noch Pech (πίσσα) und Asphalt (ἄσφαλτος)[43], die man in der Antike nicht klar zu scheiden wußte, deren Nutzung aber schon Herodot aus Babylon bekannt war. Nach Inschriften und kurzen Notizen bei Plinius zum Beispiel (Nat. Hist. 36, 166) nutzte man den wohl aus Holz gewonnenen Teer zur Isolierung von Dächern und zum Schutz von zu weichen Steinen.

Metalle

Unter den in der Antike bekannten Metallen sind am Bau in nennenswertem Umfang nur Eisen, Bronze, Kupfer und Blei genutzt worden; Edelmetalle finden sich fast ausschließlich bei Kultgegenständen oder Kultbildern, selten als Auflage von metallenen Baubeschlägen[44]. Während die für die Gewinnung und die Aufbereitung der einzelnen Metallarten notwendigen Einrichtungen wohl jeweils an deren Fundplätzen lagen, wie sich in Laurion, Thasos und Kleinasien zeigte, gab es Werkstätten zur Weiterverarbeitung des Rohmetalls sowohl innerhalb der Siedlungen, aber auch in unmittelbarer Nachbarschaft einiger größerer Heiligtümer[45].

Nach den Funden waren diese ,,Temenos"-Werkstätten offenbar für alle üblichen Techniken ausgerüstet, was angesichts der einfachen Installationen auch nicht übermäßig schwierig war; nach dem Abschluß der ortsgebundenen Arbeiten wurden sie wieder abgerissen. Verarbeitet wurden hier alle für Bauzwecke, aber auch für Votive und Kultgeräte gängigen Metalle (Eisen, Bronze, Blei, Gold, Silber).

Das älteste der am Bau verwendeten Metalle ist die Bronze (χαλκός), durch Zusatz von 5–10 Prozent Zinn gehärtetes Kupfer, das im östlichen Mittelmeer seit dem Ende des 4. Jtsds. für alle Arten von Geräten und Werkzeugen im Gebrauch war; am Bau wurde es für Nägel, Beschläge, Verdübelungen sowie für besonders wertvolle Einzelbauglieder (Türen samt den Laufbahnen, Gitter und zusätzliche Zierate), daneben in begrenztem Umfang bei der Innenausstattung verwendet. Kupfererz-Lager in Kreta, auf einzelnen ägäischen Inseln und bei Chalkis, in Thessalien, Makedonien und Nord-Kleinasien sowie Importe aus Sardinien, Spanien und vor allem Zypern sorgten für ausreichende Mengen des Metalls, für dessen Verarbeitung neben den Zentren Korinth und Eretria auch Athen, Samos, Sikyon und Delos von Bedeutung waren; Bronzewerkstätten sind nachgewiesen unter anderen in Eretria, Korinth und Isthmia, in Athen, Nemea und Olympia[46].

Etwa seit der Mitte des 2. Jtsd. tritt neben die Bronze allmählich das Eisen (σίδηρος), das am Bau freilich erst seit archaischer Zeit in größerem Umfang hergestellt und verwendet wurde; dabei haben in der Frühzeit die nördlichen Küstengebiete Anatoliens bis nach Transkaukasien hinein als Lieferanten wie für die technologische Entwicklung eine wichtige Rolle gespielt. Neben den Vorkommen in Kleinasien werden Eisenerzlager auf Zypern, auf einigen der ägäischen Inseln, Thasos, Skyros, in Lakonien, Böotien und Euböa erwähnt; zum Teil in Verbindung mit Kupferlagern (Thasos). Seit dem 6. Jh. konnte man Eisen in niedrigen, mit Blasebälgen ausgestatteten Schachtöfen schmelzen und in einem anschließenden Frischprozeß zu Schmiedeeisen oder Stahl (στόμωμα) aufbereiten. Verwendet wurde Eisen im Bauwesen für Werkzeuge, für alle Arten von Beschlägen, für Klammern, Dübel, Haken (s. Abb. 40, 43) sowie für einzelne Hilfskonstruktionen, eingelegt in Architrave am Olympieion in Akragas, an den Propyläen in Athen, beim Apollontempel von Bassai und in den Fundamenten des Schatzhauses von Theben in Delphi[47]. Eher skurril wirken Überlegungen, magnetisches Eisen als Halterung für ,,schwebende" Statuen zu nutzen (Plinius, Nat. Hist. XXXIV 148), die in Alexandria angestellt worden waren.

Nächst dem Eisen war das am Bau am meisten verwendete Metall das Blei (μόλυβδος)[48], das schon früh als Nebenprodukt bei der Silbergewinnung anfiel – so in Laurion (Attika), in den Pangaion-Minen in Makedonien sowie auf einigen ägäischen Inseln, dazu in Nordanatolien, Sardinien und Spanien. Wie bei anderen Metallen wurde das zerkleinerte Erz ausgeschmolzen, wobei man Silber und Blei voneinander trennte (Plinius, Nat.

Hist. 34, 156ff.); danach folgte noch ein Reinigungsprozeß, um unerwünschte Mineralbeimengungen (Antimon, Arsen, Kupfer, Zinn) auszuscheiden. Verwendet wurde Blei neben seiner Nutzung als Medikament und für unterschiedliche Geräte am Bau vor allem beim Verguß von Eisenklammern oder -dübeln, später auch für Wasserleitungsrohre und zum Abdichten von Fugen in Wasserleitungen (zum Beispiel in Delphi und Megara); Sonderfälle sind die Verwendung zum Fugenverschluß an mehreren Bauten in Athen sowie in Delos oder zum Höhenausgleich in Lagerfugen.

Eine nur sehr geringe Rolle im Bauwesen spielten die Edelmetalle Gold und Silber, die man gelegentlich als kostbare Auflagen auf metallenen Beschlagteilen, auch massiv als Beschlagteile von Möbeln oder Kultgegenständen findet[49]. Ähnliches gilt für andere kostbare Materialien wie Elfenbein, Glas und Textilien, die ebenfalls Kultbildern oder besonders zu betonenden Stellen am Bau vorbehalten blieben[50].

20 a) Äxte, Hacken und Hämmer: 1–2: Hacken aus Priene und Olympia; 3–5: Äxte aus Olympia und Herculaneum; 6: Doppelaxt; 7–9: Hacken aus Priene (z. T. nur für Landbearbeitung); 10: Hammer (Megara Hyblaea)

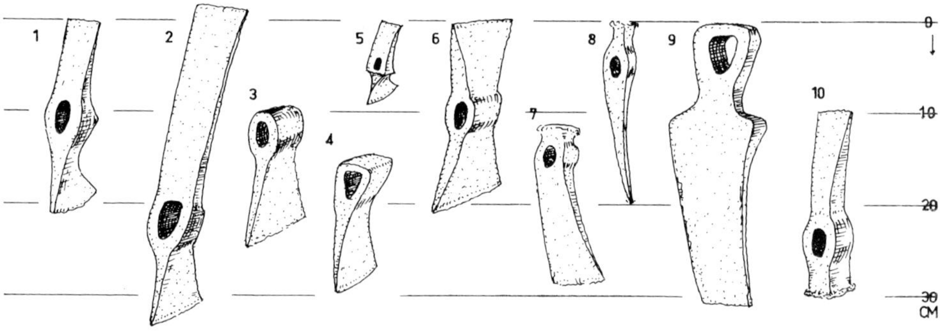

b) Steinmetzwerkzeuge: 1–6: verschiedene Meißel; 7: Doppelaxt (Olympia, E. 5. Jh.); 8: Zirkel (Pompeji); 9: Drillbohrer; 10: Lote; 11: Winkel mit Lot (Tyrus; Mus. du Louvre)

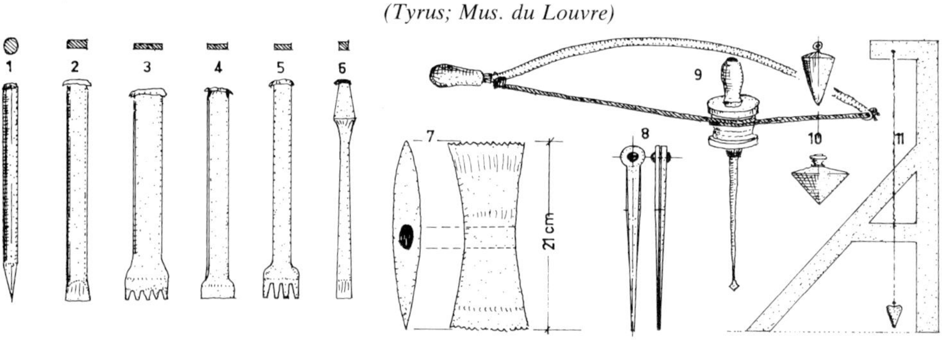

2. Werkzeuge

Während Werkzeug aus minoisch-mykenischer Zeit in ziemlich großen Mengen gefunden wurde, sind Funde aus späteren Phasen spärlich; erst aus der Kaiserzeit gibt es wieder ausreichend Beispiele, die allerdings zeigen, daß die einzelnen Arten sich in ihren spezifischen Formen kaum oder nur geringfügig verändert haben; viele Werkzeuge haben ihre Form bis ins 19. Jh. hinein bewahrt, so daß wir hier also getrost die vorhandenen Beispiele heranziehen können.

Steinbearbeitung

Als Steinbearbeitungswerkzeuge überwogen Hämmer und Hauen verschiedener Arten, dazu unterschiedliche Meißel, seltener waren Sägen; dazu kommen noch Winkel, Maßstäbe und andere Geräte zum Anreißen, Zirkel und Lot (s. Abb. 20)[51]. Hämmer (σφῦρα) mit hölzernem Griff und Eisenkopf sowie hölzerne Schlägel lassen sich aus bildlichen Darstellungen meist später Zeit rekonstruieren; es gab sie in verschiedenen Größen und leicht variierenden Formen. Daneben benutzten Steinbrucharbeiter noch doppelaxt-ähnliche Werkzeuge mit glatten oder gezahnten Schneiden (τυπίς) sowie Hacken unterschiedlicher Formen. Meißel (ξοΐδες) mit Spitzen oder flachen, bis 3–4 cm breiten, gelegentlich auch gerundeten Schneiden sind seit frühesten Zeiten unter verschiedenen Bezeichnungen gebräuchlich; Flachmeißel mit gezahnter Schneide (Zahneisen, ξοΐς τραχεῖα) finden sich im Bauwesen erst seit der Mitte des 6. Jhs.[52]), waren aber später für alle Arbeitsgänge allgemein üblich. Unterschiede in den Meißelformen waren vermutlich auch durch das jeweilige Steinmaterial und seine Härte bedingt: spitze Meißel bei harten, flache bei weicheren Gesteinen. Darüberhinaus wird man deutliche Unterschiede zwischen den Werkzeugen von Steinbrucharbeitern und Steinmetzen auf der Baustelle annehmen dürfen, doch fehlen genauere Unterlagen dazu; wahrscheinlich war die zweispitzige Doppelhaue (τύκος) ein solches nur im Steinbruch oder für die grobe Zurichtung von Quadern verwendetes Werkzeug.

Schon früh bekannt sind auch Bohrer (ἀρίς; τρύπανον), die anfangs aus Röhrenknochen gefertigt mit Sand- und Wasserzusatz für die Herstellung größerer Löcher dienten; später überwogen wohl Metallbohrer für die vielfach bei der feineren Ausarbeitung notwendigen kleinen Löcher. In beiden Formen wurden sie durch Bohrleiern oder seilgetriebene „Bohrgeigen" angetrieben und sowohl von Bauhandwerkern wie Bildhauern verwendet. Auch die Säge (πρίων), für die sich in einzelnen Grabungen Beispiele fanden, war schon in minoischer Zeit bekannt; sie wurde allerdings wohl mehr im Steinbruch eingesetzt und erst in römischer Zeit zur Herstellung von Inkrustationsplatten genutzt. Einrichtungen zum „Drechseln" runder Bau-

21 Kyrene, gedrechselter Torus mit Bearbeitungsspuren

teile sind nur aus den Bearbeitungsspuren zu erschließen – zum Beispiel im Heraion Samos und in Kyrene (s. Abb. 21 und 24); ihr Aussehen und ihre Wirkungsweise sind nicht näher bekannt.

Neben diesen auf jedem Werkplatz üblichen Werkzeugen müssen noch einige Geräte genannt werden, die ebenfalls zur Grundausstattung einer Baustelle gehörten: zum Aufreißen gerader und runder Kanten mußten Stahlnadeln und Zirkel da sein, dazu aus Holz oder Metall gefertigte Anschlagwinkel (γωνία), wie sie aus Grabreliefs bekannt sind. Die für das Ausarbeiten komplizierter Profile notwendigen Schablonen (vgl. S. 36) wurden wohl von Fall zu Fall geliefert, während die für feinere Arbeiten erforderlichen Raspeln, Schabeisen, Poliersteine und ähnliche Hilfsgeräte doch wohl in die Werkzeugkiste des einzelnen Meisters gehörten. Darin lag sicher das Lot (σταφήλη), dessen Form sich nach Grabreliefs nicht wesentlich von der heute üblicher Lote unterschied; mit einem Winkel kombiniert war es Teil der A-förmigen Setzwaage (διαβήτης), die zur Kontrolle der Horizontalen bis in jüngste Zeit hinein gebräuchlich war (s. Abb. 20).

Holzbearbeitung

Auch bei Werkzeugen zur Holzbearbeitung, von denen sich noch weniger Reste erhalten haben, da sie vielfach selbst aus Holz gefertigt waren, kann man mit Formen rechnen, die denen in Europa im Mittelalter und Neuzeit

22 *Ephesos, Belevi, Felsabarbeitung für den Tumulus*

verwendeten weitgehend ähnelten[53]; einige sind immerhin aus Bearbeitungsspuren zu erschließen. Die wichtigsten waren Säge (πρίων) und Beile verschiedener Arten: mit einfacher Schneide (ἡμιπέλεκκον, sonst πέλεκυς) sowie ein noch heute im ägäischen Raum viel genutztes Werkzeug (σκέπαρνον), eine Kombination von Hammer und Beil; dazu kamen natürlich noch Hammer, Bohrer, die verschiedenen Arten von Stecheisen, Hobel (ῥυκάνη) und unterschiedlichen Feilen und Raspeln (ῥίνη). Die Tatsache, daß die Werkzeuge sich kaum von den in jüngerer Zeit üblichen unterscheiden, spricht dafür, daß auch die handwerklichen Techniken sich nicht wesentlich von jenen unterschieden.

3. Baukonstruktion

Fundamente

Fundamente von Gebäuden (θεμέλια) haben zu allen Zeiten eine über ihre technisch-konstruktive Funktion hinausgehende, symbolische Bedeutung gehabt – wie beispielsweise Bauopfer und Fundamentbeigaben in den orientalischen Frühkulturen zeigen. Für die griechische Welt gilt das wohl nur in begrenztem Umfang, obwohl die Qualität mancher Fundierungen über das konstruktiv Notwendige hinauszugehen scheint[54] – vor allem bei den seit klassischer Zeit häufigeren Terrassenanlagen, deren monumentaler

Anspruch eindeutig ist (vgl. S. 154f.). Für Fundamente von Einzelbauten wurde anstehender Fels bevorzugt und entsprechend für das Auflager von Quadern hergerichtet (s. Abb. 22). Stand eine solche natürliche Plattform nicht zur Verfügung, griff man zu einer der drei möglichen Arten der Fundamentierung: massive Fundamentplatten, Streifen- oder Punktfundamente und Rostfundamente. Massiv durchgeschichtete Fundamente sind nicht allzu häufig; in einzelnen Fällen waren sie durch schlechte örtliche Bodenverhältnisse bedingt wie bei der Tholos in Delphi-Marmaria. Gelegentlich hat man auch unregelmäßige Felsplattformen durch massive Ausgleichsschichten eingeebnet, wobei die weniger belasteten Innenflächen mit mehr oder minder harten Porosblöcken gefüllt wurden (z.B. beim Maussolleion in Halikarnassos und beim Demetertempel in Milet).

Die weitaus häufigste Form von Fundamenten waren die Streifen- oder Punktfundamentierungen nach Maßgabe des Grundrisses des Neubaues (s. Abb. 23), wobei die Detailausführung mit Größe und Bedeutung des Objektes vom sauber gefügten Quaderbau bis zu einfachen Bruchsteinpackungen in Lehm variierte. Breite und Tiefe der Fundamentgräben waren in den Baukontrakten vorgeschrieben (z.B. IG II[2] 1666 und 1668 in Eleusis), vielfach mit dem Hinweis, daß bis auf den Felsen zu graben sei. Mauerzüge erhielten selbstverständlich durchlaufende Streifenfundamente; Säulenreihen standen ebenfalls meist auf durchlaufenden Fundamenten, seltener einzeln auf Punktfundamenten (so beim Athenatempel Sunion, beim peisistratidischen Olympieion in Athen, aber auch später noch beim Artemistempel Sardes); solche Punktfundamente überwiegen dagegen bei Säulenstellungen im Inneren von Gebäuden (zum Beispiel im Apollontempel Naxos, im Telesterion Eleusis, oder der sogenannten *salle hypostyle* in Delos). In die ausgeschachteten Gruben beziehungsweise Gräben wurden dann die Fundamentquader eingebracht – in der Frühzeit gelegentlich flache Steinplat-

23 *Fundamentkonstruktionen: 1: Foce del Sele, Heraion; 2: Argos, Heraion; 3: Delos, Athenatempel; 4: Athen, Pompeion; 5: Tegea, Athenatempel*

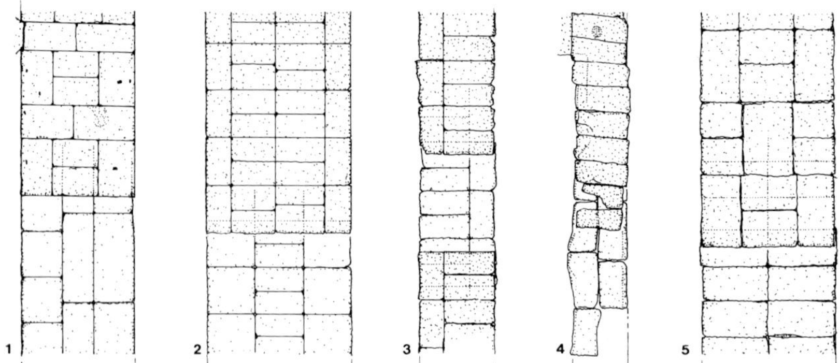

24 Samos, Heraion, Fundamente des Polykratestempels mit wiederverwendeten Bauteilen des Rhoikos-Baues

ten, deren nicht quadermäßig bearbeitete, oft sogar bruchrauhe Seitenflächen ungefähr aneinandergepaßt wurden; seit klassischer Zeit waren allerdings sauber gefügte Quaderlagen üblich (s. Abb. 23), bei denen in einigen Fällen sogar die Quaderformate vorgeschrieben waren (IG II[2] 1671 in Eleusis).

Regeln eines sauberen Verbandes und des Überdeckens von Fugen wurden im allgemeinen auch bei Fundamenten sorgfältig beachtet, obwohl das hier verwendete Steinmaterial oft von geringerer Qualität als das des Oberbaues war (Poros, Gneis und Kalkstein); nicht selten findet sich in den Fundamenten Spolienmaterial von Vorgängerbauten – so im Heraion Samos (s. Abb. 24), bei den Apollontempeln in Delphi und Didyma und beim Artemistempel in Sardes. Stoßfugen wurden nicht immer geschlossen, sondern oft nur durch eingespülten Lehm ausgefüllt, Lagerfugen dagegen meist sorgfältiger ausgeglichen und horizontiert. Klammern finden sich in Fundamenten nur in Ausnahmefällen; meist treten sie erst in der Euthynterieschicht oder den folgenden Krepis-Schichten auf, wo sie ja auch ihren konstruktiven Sinn bekommen. Der nach dem Einbringen der Quader zwischen Grabenwand und Fundament freibleibende Raum wurde mit dem beim Ebnen der Quaderlage abfallenden Steinplitt und mit lehmiger Erde aufgefüllt und ist somit bei vielen Grabungen noch deutlich im Profil erkennbar.

Weniger geläufig als die Streifenfundamentierung war die Rost-Fundamentierung mit einem mehr oder minder regelmäßigen Rastersystem rechtwinklig sich kreuzender Streifenfundamente, die im Detail ebenso wie jene hergestellt wurden, im allgemeinen mit einer Verschränkung der einzelnen Quaderschichten; bekannt sind solche Fundamente aus hellenistischer Zeit unter anderem vom Zeusaltar in Pergamon (s. Abb. 25) und vom Ptolemaion in Samothrake. Gelegentlich finden sich Rostfundamente als Unterbau des Plattenbelags von Peristasis oder Cella bei Tempeln – zum Beispiel in Mazi Ilias und den Tempeln A, E und F in Selinunt.

Ungünstige Geländebedingungen, feuchter oder sandiger Untergrund erforderten hier und da besonders breite oder tiefe Fundamentierungen wie zum Beispiel bei der Tholos in Delphi-Marmaria und beim Dionysostempel in Milet oder auch zusätzlich stützende Mauern wie an der Westseite des Apollontempels in Bassai[55]. Gelegentlich wurden in Fundamentgräben noch Materialien eingebracht, von denen man sich Nutzen erhoffte, wie etwa Asche- und Holzkohleschichten bei den Stadtmauern von Olbia und im Fundament des Baues D in Samos, vielleicht auch beim Artemision Ephesos, wo Kiesel- und Lehmlagen erkennbar waren. Auf dem Stadthügel von Ilion mit ca. 13 m hohen Schuttschichten wurden unter dem Fundament des (wohl hellenistischen) Athenatempels mehrere Lagen Sand in die mit Hölzern ausgesteifte Baugrube eingefüllt und mit Wasser eingeschlämmt; eine Sandschicht fand sich auch bei der sonst auf Felsen gegründeten Basilika in Paestum – vielleicht zur Erdbebensicherung[56]. Gegenüber diesen bei größeren Bauten, vor allem Tempeln sorgfältig ausgeführten Fundamentierungen sind die von Wohnhäusern oder kleineren Bauten meist recht bescheiden und nicht allzu tief: oft nur einfache Bruchsteinpackungen in Lehm, häufig auch Spolienmaterial.

Mauern und Mauertechniken

Mauer und Säulenfront waren in der griechischen Architektur die entscheidenden raumbildenden Elemente – beide von unverwechselbarer Individualität, beide aber durch konstruktive und gestalterische Regeln in einen festen Rahmen eingebunden. Ihre Konstruktion war durch die verwendeten Materialien wesentlich bestimmt – wenngleich nicht immer im Sinne moderner „Materialgerechtigkeit“ –, ebenso aber auch durch das handwerkliche und gestalterische Können griechischer Steinmetzen. Deren Wirken setzte freilich erst auf einer gewissen Entwicklungsstufe ein; in der Frühzeit überwogen einfachere Wandformen – darunter die verschiedensten Holzkonstruktionen oder auch Mischkonstruktionen aus Holz, Lehm und Stein.

Am einfachsten herzustellen waren Wände aus senkrechten Holzpfosten mit einer leichten Ausfachung durch Flechtwerk und vielleicht dichtendem Lehmbewurf[57] (vgl. Abb. 26); in waldreichen Gebieten wird es auch Block- und Bohlenkonstruktionen gegeben haben (so zum Beispiel im Tumulus MM in Gordion[38]). Fachwerk-Konstruktionen haben sich an frühen griechi-

25 Pergamon, Rostfundament des Zeusaltars

schen Bauten bisher nicht nachweisen lassen, sind aber bekannt aus Süd-West-Kleinasien, wo die lykischen Gräber deutlich Holzfachwerk in Stein übersetzten (vgl. S. 183): die aus Schwellen, Pfosten und oberem Rähm gebildeten Wände, in der Querrichtung durch überblattete Querschwellen und Riegel und oben durch aufgekämmte Dachbalken verbunden, lassen sich bei neuzeitlichen Speicherbauten noch klar nachweisen (s. Abb. 27)[58]. Fachwerkkonstruktionen für Obergeschosse und wohl auch innere Trennwände in Wohnbauten waren bis in hellenistische Zeit hinein durchaus üblich, sind in Details aber nur in den Vesuvstädten faßbar.

Holz findet sich dann weiterhin bei verschiedenartigen Mischkonstruktionen: als mittragende Stütze in Lehmziegelwänden zum Beispiel in Lefkandi

26 Schema einer Flechtwerk-Wand und einer Lehmziegelmauer mit Holzankern

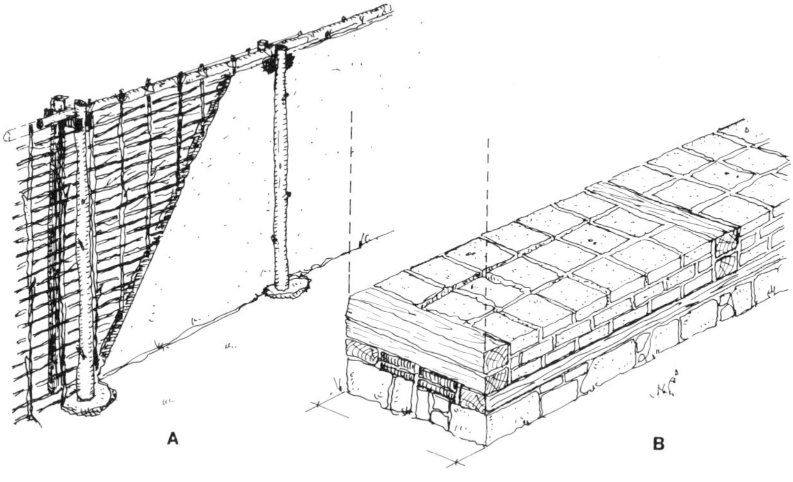

27 links: Xanthos, lykischer Sarkophag; rechts: neuzeitlicher hölzerner Speicherbau bei Fethiye (SW-Türkei)

und Eretria, am Tempel der Artemis Orthia in Sparta, dazu vielfach im frühgeschichtlichen Anatolien)[59], häufiger aber als Verankerung von selbst nicht ausreichend standfestem Material (Bruchstein, Lehmpatzen u.ä.), wobei die Holzteile als Längs- und Quer-Anker (ϑρᾶνοι bzw. ἔνδεσμοι) für eine höhere Standsicherheit der Mauern zu sorgen hatte. Solche Anker, für die Vitruv (I 5,3) das Holz wilder Oliven und Philon Eichenholz empfahl, wurden oft in Form von Rosten angelegt, gelegentlich auch mit senkrechten Pfosten verbunden (vgl. Abb. 26 B).

Lehmziegelmauern[60] – im Orient und Ägypten (s. Abb. 28) seit altersher bekannt – sind im griechischen Kulturraum dank sorgfältigerer Grabungsmethoden in neuerer Zeit in größerer Zahl zutage gekommen (unter anderem Stadtmauern in Alt-Smyrna, Athen, Alt-Paphos, Eleusis, Gela usw.), wobei sich zeigte, daß sie vom 10. bis in 3. Jh. für fast alle Bauaufgaben Anwendung fanden – vom Wehrbau über Wohn- und Nutzbauten bis zu Oberbauten von Tempeln.

Den Aufgaben entsprechend schwankten die Stärken von Lehmziegelmauern von 0,5–9 m. Ihre Konstruktion ist dagegen immer ziemlich dieselbe: unter Beachtung normaler Verbandsregeln wurden die Lehmziegel mit Lehmmörtel aufgeschichtet – oft auf Bruchstein-, seltener auf Quadersockeln; die Erinnerung an diese Konstruktionsweise hat sich in den auch bei

Marmorquader-Wänden üblichen Orthostatenschichten erhalten (vgl. S. 88). Allerdings mußten Lehmziegelmauern gut gegen Regen geschützt und ständig gepflegt werden.

Die eigentlichen Qualitäten bei Mauern aller griechischen Kunstphasen zeigen sich jedoch erst im Steinbau, den die Griechen vielleicht durch ihre Kontakte mit Ägypten im 7. Jh. in seinen dortigen monumentalen Formen kennenlernten,[61] den ihre Bauleute aber in kurzer Zeit selbst vollendet beherrschten und zwar in gleicher Weise im Hinblick auf die Konstruktion der Mauern wie auf ihre Oberflächengestaltung. Für die Beurteilung sind beide Faktoren von Bedeutung: das konstruktive Gefüge für Standfestigkeit und Dauerhaftigkeit einer Wand, die Oberfläche als Mittel, einen bestimmten ästhetischen Ausdruck zu erreichen; beide sind aber bedingt durch die in der Bauaufgabe liegenden Absichten und die finanziellen Möglichkeiten des Bauherrn. Obwohl beide Faktoren einander gegenseitig beeinflussen, sollen sie im Interesse einer systematischeren Betrachtung hier getrennt behandelt werden.

Die Schichtung der Steine innerhalb einer Mauer sowie die Qualität der Bearbeitung jedes einzelnen Steines bedingen ihre Standfestigkeit und Tragfähigkeit und mittelbar damit auch ihre Lebensdauer; das Steinmaterial selbst reicht – von einigen sehr weichen Poros-Arten abgesehen – für fast alle Belastungsfälle aus und war im allgemeinen einheitlich, doch wurde für Füllungen bei zweischaligen Mauern oft geringer-wertiges Material verwendet. Unabhängig vom Material sind bei allen Mauern bestimmte, allge-

28 Tuna el-Gebel, Lehmziegelgräber in der Nekropole

meingültige Grundregeln des Steinverbandes zu berücksichtigen[62]: Mauern können „durchgeschichtet“ sein, in sogenannter Zweischalen-Technik oder einer Mischform errichtet werden, doch muß in allen Fällen in Längs- und Querrichtung ein die einzelnen Steine zusammenhaltender „Verband“ sichergestellt sein, d.h. es müssen im Mauerkörper Läufer und Binder miteinander abwechseln und es dürfen vertikale Fugen (Stoßfugen) nicht übereinander-liegen (s. Abb. 29). Zweischalige Mauern können durchaus unterschiedlich gestaltete Innen- und Außenschalen haben – zum Beispiel eine sichtbar bleibende äußere Quaderschale und eine (später vielleicht verputzte) Innenfront aus kleineren Hausteinen. Der zwischen den beiden Schalen verbleibende Zwischenraum wurde häufig mit Splitt, kleinen Steinen und Lehmmörtel ausgefüllt; wichtig war jedoch immer eine ausreichende, über die gesamte Mauerfront verteilte Anzahl von durch die gesamte Mauerstärke durchgehenden „Bindern“.

29 Mauerwerks-Schemata: 1: einreihig-isodomes Quadermauerwerk; 2: isodome Quadermauer mit wechselnden Läufer- und Binderschichten; 3: isodome Quadermauer mit unregelmäßig verteilten Bindern; 4: pseudo-isodome Quadermauer

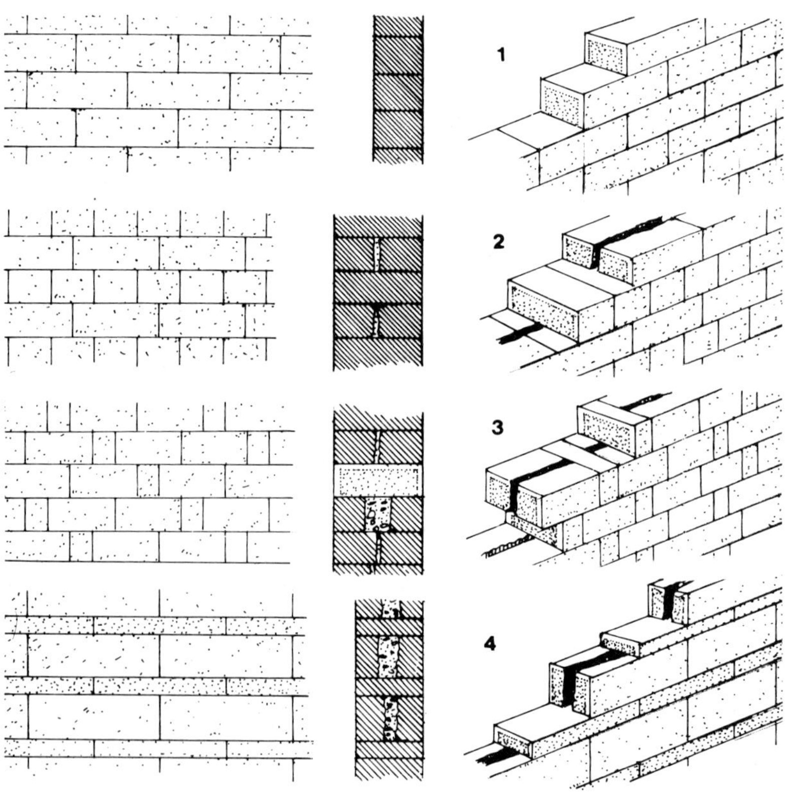

30 Bruchstein-Mauerwerk a) Oberburg von Melie; b) Stadtmauer von Halikarnassos (Bodrum)

Bei Stütz- und Terrassenmauern finden sich häufig kleinere oder größere Öffnungen, oft sogar mit wasserspeierartigen Platten, die zur Ableitung des sich hinter den Mauern sammelnden Wassers dienen sollten (s. Abb. 32b) – wie bei den Stadtmauern von Pergamon, im Poseidon-Heiligtum in Thasos, in Euromos und an anderen Orten. Diese Grundformen ließen sich mit sehr unterschiedlichen Arten der Herrichtung und der Schichtung der Steine ausführen – vom groben Bruchstein über alle Stufen bis hin zum polierten Quader; sie waren nur in sehr groben Zügen zeitlich gebunden, tauchen in diesen unterschiedlichen Formen nicht selten am gleichen Bau neben- oder übereinander auf und sollen nun im Einzelnen behandelt werden.

Die billigste, wenngleich handwerklich nicht immer einfachste Art von Steinmauern war die mit oder ohne Mörtel aufgesetzte Bruchsteinmauer (s. Abb. 30a–b), für die man das fast überall am Ort vorhandene Steinmaterial in roher Form verwendete; bei Mindestdicken von 0,6–0,8 m waren solche mit Lehmmörtel aufgesetzten Mauern für ein- bis zweigeschossige Bauten völlig ausreichend. Die Qualität von Bruchsteinmauern hängt stark von den örtlichen Gesteinsarten ab: lagerhafte, in kleinen oder größeren Platten vorhandene Steine (s. Abb. 31.6) sind leichter zu verarbeiten als amorphe Bruchsteine oder gar Flußgeröll. Bruchsteinmauern dienten überwiegend als Fundamente oder Sockel für Lehmziegelaufbau; bei höher aufgeführten Wänden wurden sie in horizontal deutlich voneinander abgesetzten Lagen errichtet, deren Fugen oft im gesamten Bau in etwa gleicher Höhe durchlaufen (s. Abb. 31.5). Zu Bruchsteinmauern zählen auch die aus mittelgroßen und größeren Steinen aufgesetzten Mauern, bei denen die Lagerflächen

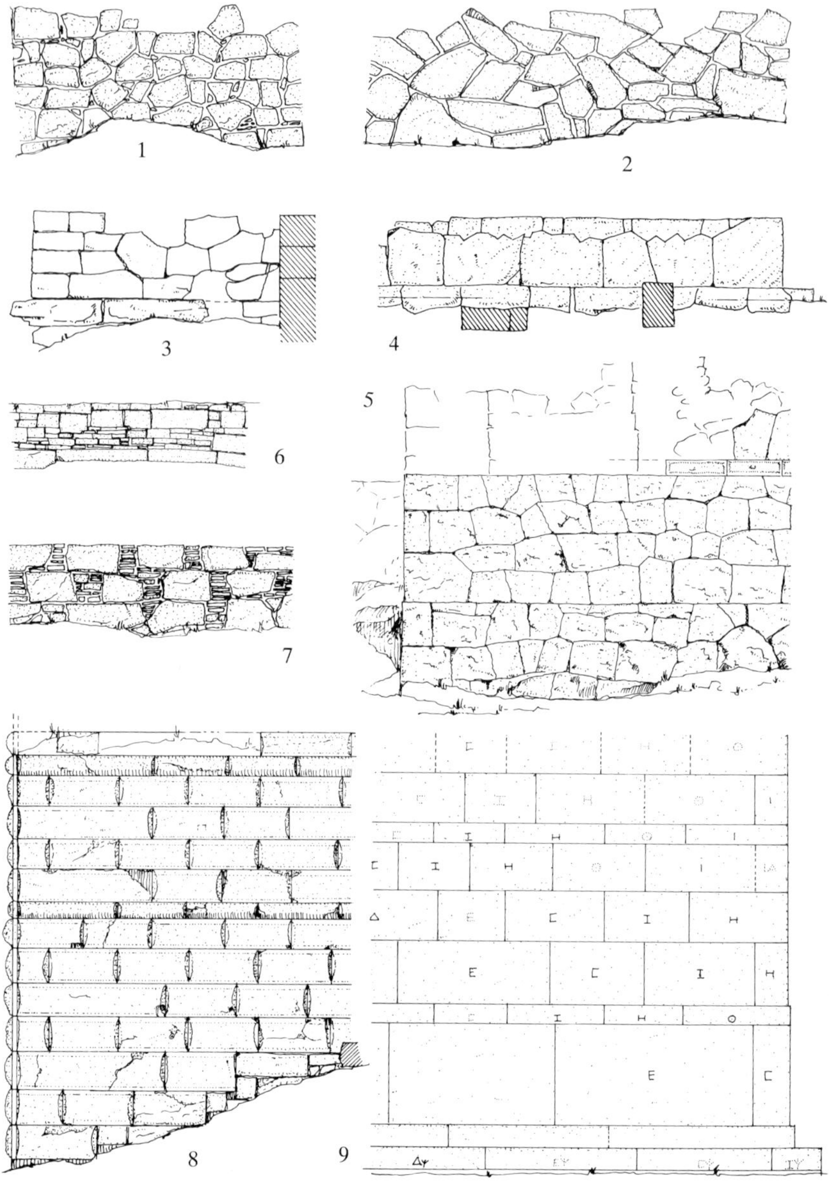

31 Mauerwerksformen (Mstb. 1 : 100): 1: Bruchsteinmauer (Alt-Smyrna); 2: Unregelmäßiges Bruchsteinmauerwerk (Teuthroni; 1. V. 4. Jh.); 3–4: Polygonal-Mauerwerk (Eleusis, Eretria) 5: Polygonalmauer mit horizontalem Schichtenabgleich (Larisa/Hermos); 6: Mauer aus flachen Bruchsteinen und Gneisquadern (Milet; 2. H. 6. Jh.); 7: Leitermauerwerk (Rhamnus); 8–9: Pseudo-isodome Quadermauern (8: Priene, Stützmauer am Athenatempel; 9: Delos, Stoa Philipps V.)

32 Polygonal, Mauerwerk a) Larisa/Hermos (spätarchaisch); b) Xanthos, Akropolis 4. Jh.)

grob mit dem Hammer zugerichtet wurden (Haustein), die Steine sonst aber ohne Fugenschluß, oft jedoch mit sorgfältigem „Auszwicken" der Fugen durch kleine Steinchen verlegt wurden (s. Abb. 31.1); solche Mauern werden häufig auch als Zyklopen- oder Leleger-Mauern bezeichnet und sind oft kaum von den Mauerformen des folgenden Abschnitts zu trennen. Mauern dieser Art sowie einfache Bruchsteinmauern finden sich nahezu überall und in allen Phasen griechischer Bautätigkeit; Datierungen sind meist nur im örtlichen Bezug und mit ziemlich großen Toleranzen möglich.

Zunehmende Größe der Bauwerke sowie steigende Ansprüche an die Qualität des Mauerwerks (vielleicht auch die vor Augen stehenden Reste mykenischer Zeit?) führten bereits in geometrischer Zeit dazu, daß man anstelle roher Bruchsteine in Steinbrüchen gewonnenes Material mit dem Hammer oder häufiger mit Hammer und Meißeln verschiedener Arten zurichtete[63]; hier spricht man von Werkstein-Mauerwerk, das sich bei fließenden Übergängen zwischen den einzelnen Gruppen in sehr unterschiedlichen Formen findet und grob in 4 Gruppen einzuteilen ist (Abb. 31): 1. Polygonalmauerwerk mit unregelmäßigem Fugenschnitt, mit geraden oder gekurvten, aber dichtschließenden Fugen; 2. Mauern aus einzelnen größeren polygonalen Blöcken, zwischen denen kleinere Steine flach geschichtet sind (sogenanntes Leiter-Mauerwerk; s. Abb. 31.7); 3. Mauern aus gleichmäßig oder ungleichmäßig horizontal geschichteten Steinen mit schrägliegenden Stoßfugen (Trapezoid-Mauern); 4. Quadermauern aus durchweg rechtwinklig behauenen Blöcken in isodomer oder pseudo-isodomer Schichtung (s. Abb. 29, 33a–d).

Polygonalmauern der einfachsten Art – mit unregelmäßigem Fugenschnitt und teilweise offenen Fugen gab es zu allen Zeiten in fast allen Regionen bei Stadt- und Burgmauern (zum Beispiel in Oiniadai, Gortys, Melie, Halikarnassos und der sogenannten Dema-Mauer bei Athen); eine deutliche Trennlinie zu einfachem Bruchsteinmauerwerk gibt es kaum.

Seltener und zeitlich besser eingrenzbar sind dagegen die echten Polygonalmauern mit exaktem Fugenschnitt (s. Abb. 31.3–4; 32), die eine entwikkelte Steintechnik voraussetzten. Etwas älter ist hierbei die Form mit kurvigen Fugen – nach einem Aristoteles-Text oft auch als lesbisches Mauerwerk bezeichnet; sie findet sich in einzelnen Gebieten seit dem 7. Jh. – zunächst an der Westküste Kleinasiens, danach auch auf den Kykladen und in Mittelgriechenland, jedoch nicht mehr nach den Perserkriegen, während Polygonalmauern mit geraden Fugen vielerorts noch bis ins 4. Jh. hinein errichtet wurden. Bei beiden Mauerformen mußten die aus dem Bruch kommenden Steine nur geringfügig abgearbeitet, die einzelnen Blöcke aber so ausgewählt und aneinandergepaßt werden, daß dichtschließende Fugen entstanden, wobei die Breite der einzelnen Paßflächen von 0,5-5 cm schwanken kann. Bei der Anordnung der einzelnen Blöcke läßt sich bei Polygonalmauern mit geraden Fugen mit fortschreitender Zeit eine Tendenz zu stärker horizontaler Schichtung erkennen; eingesetzte horizontale Quaderbänder (so in Larisa am Hermos, Abb. 31.5; 32.a) oder horizontales Abgleichen einzelner Mauerabschnitte sind jedoch schon im 6. Jh. zu beobachten (zum Beispiel Stützmauern in Eleusis; Zisterne am Süd-Hang der Akropolis Athen). Diese Entwicklung führt letztlich zu rein horizontaler Fugenbildung, d. h. zum echten Quaderbau mit schrägen oder vertikalen Fugen. Vor dem Übergang zu diesen Mauerformen sei noch eine nicht allzuweit verbreitete Gruppe erwähnt – das sogenannte Leitermauerwerk (s. Abb. 31.7), das sich für einfachere Bauaufgaben an einzelnen Orten des ägäischen Raumes findet und konstruktiv als „Ableger" der Polygonalformen angesehen werden darf, wobei man allerdings auf das mühsame Aneinanderpassen der großen Polygonalblöcke verzichtete und stattdessen die Zwischenräume mit flachen Steinplatten ausfüllte, die mit ihren horizontalen Fugen den Leiter-Charakter ergeben[64].

Parallel zum Polygonal-Mauerwerk wurde bereits im 6. Jh. an einzelnen Orten (unter anderen Alt-Smyrna, Milet, Delos) für bestimmte Aufgaben regelmäßiges Quadermauerwerk mit durchgehenden horizontalen Schichten hergestellt: die verschiedenen Techniken sind also nicht Ergebnisse

33 Quader-Mauerwerk verschiedener Typen: a) Bossenquadern in Priene; b) pseudo-isodomes Quaderwerk in Pergamon; c) Polsterquadern in Magnesia am Mäander; d) Isodomes Quadermauerwerk vor älterer Polygonalmauer in Assos

eines allgemein verbindlichen und konsequenten Entwicklungsganges, sondern spiegeln die Variationsbreite innerhalb des Bauens in den verschiedenen griechischen Landschaften wider, das in lokale Traditionen eingebunden und durch örtliche Materialvorkommen beeinflußt war. Die zunehmende Tendenz zu horizontaler Fugenbildung ist jedenfalls eindeutig und mag unter anderem mit zunehmender Erfahrung im Betrieb der Steinbrüche zusammenhängen: Blöcke mit parallelen Lagerflächen konnten dort nach zuvor bestellten Formaten gewonnen und bereits im Bruch weitgehend vorbereitet werden. Betrachtet man den Weg von Polygonal- zum Quadermauerwerk unter diesem Gesichtspunkt, so stellen die Mauern mit horizontalen Lager-, aber schrägen Stoßfugen eine „Zwischenlösung" dar, bei der sich der Anpassungsvorgang am Bau allein auf die schrägen Stoßfugen beschränkte. Ebenso wie rechtwinklig bearbeitete Quadermauern konnten diese „Trapezoid"-Mauern mit gleichhohen (isodomen) Schichten oder mit wechselnden (pseudoisodomen) Schichthöhen ausgeführt werden, oft auch mit deutlich betonten Bindern, die unter Umständen sogar über die Mauerflucht hinausragten. Mauern dieser Art finden sich in großer Zahl bei Stützmauern und bei Befestigungsanlagen des 5./4. Jhs. bis in hellenistische Zeit hinein (unter anderem in Attika, Notion, Dodona; s. Abb. 33).

„Echtes" Quader-Mauerwerk mit horizontalen Lagerfugen und rechtwinklig gehauenen Blöcken findet sich seit archaischer Zeit (zum Beispiel in Alt-Smyrna, Milet). Mit unregelmäßigen Quaderformaten und Schichthöhen sowie unterschiedlicher Oberflächenbearbeitung war dies jedoch seit dem 5. Jh. unbestritten die am weitesten verbreitete Bauweise für alle Arten von Mauern, wobei Oberflächengestaltung, Paßgenauigkeit der Fugen, Regelmäßigkeit der Schichten vom Rang der jeweiligen Bauaufgabe oder vom angestrebten ästhetischen Effekt bestimmt wurden; höchste Vollendung erreichte man bei isodomer Schichtung mit Fugenkonkordanz, wobei die fast unsichtbaren Fugen monolithen Aufbau der Wand vortäuschten. Obwohl im Regelfall genau lotrecht gearbeitet finden sich in klassischer Zeit vielfach Bauten mit leicht nach oben sich verjüngenden Wänden (vgl. S. 88), bei Wehrbauten auch Mauern mit stärker abgeschrägten Fronten[65].

Mauerwerksformen, die unter Verwendung von Kalkmörtel hergestellt wurden, finden sich in unterschiedlicher Oberflächengestalt (sogenanntes *opus reticulatum, opus quasireticulatum* u. ä.) nur im hellenistischen Italien und sollen als Vorläufer römischer Mauerwerksformen hier nicht näher behandelt werden[66].

Oberflächengestaltung

Jede dieser Arten, Steine zu einer Mauer zu schichten, blieb natürlich nicht ohne Einfluß auf die ästhetische Wirkung der gesamten Wandfläche, doch spielte neben dem konstruktiven Aufbau auch die jeweilige Oberflächenbearbeitung des einzelnen Steines eine nicht geringe Rolle – die der Sichtflächen ebenso wie die der horizontalen und vertikalen Anschlußflächen. Theoretisch könnte jede der zuvor genannten Konstruktionsweisen mit jeder Oberflächengestalt kombiniert werden; tatsächlich lassen sich aber gewisse, meist durch die Funktion der Bauten bedingte Kombinationen beobachten, wobei natürlich auch die Art des jeweils verwendeten Steinmaterials mitspricht.

Um einen Stein haltbar in einen Mauerverband einzufügen, bedarf es in erster Linie gut hergerichteter Lagerflächen, die daher auch bei sonst roher

34 Lagerfläche einer Säule mit Anathyrose und 2 Runddübel-Löchern

35 Priene, Athenatempel: Fußbodenplatten mit Anschlußflächen; bei der linken Platte Vertiefung für Schrägstellung der Säule

Fügung Hammerspuren zeigen. Die Tendenz zu dichtschließenden Fugen (mit dem Endziel eines monolithischen Effekts) nötigte jedoch zu immer sauberer Herrichtung aller Anschlußflächen mit dem Meißel, wobei statische Erfordernisse eine deutlich unterscheidbare Ausbildung von Lager- und Stoßfugen bewirkten[67]. Lagerfugen wurden im Normalfall mit dem Zahneisen an Ober- und Unterseite völlig eben geglättet. War ein besonders dichter Fugenschluß verlangt, mußte ein ca. 8–12 cm breiter Streifen an der Vorderkante geschliffen werden, während für die übrigen Teile der Lagerflächen die ebene Herrichtung mit dem Zahneisen ausreichte (s. Abb. 10; 36). Geschliffene Lagerflächen finden sich häufig bei Säulentrommeln, um den für die Standsicherheit einer Säule unerläßlichen dichten Fugenschluß zu gewährleisten. Gelegentlich wurden dabei die gesamten Lagerflächen aufeinander eingeschliffen wie zum Beispiel beim Apollontempel in Delos, beim Artemistempel Korfu und der Agora in Thasos; häufiger war jedoch eine geringe Vertiefung der inneren Lagerflächen (Anathyrose), so daß nur ein breiter Ring einzuschleifen war (s. Abb. 34). Für Stoßfugen genügte im allgemeinen ein frontaler Fugenschluß, für den bei weniger hohen Ansprüchen (bei Stadtmauern, Sockeln o. ä.) ein bis zu 5 cm breiter Paßstreifen ausreichte (s. Abb. 32). Üblicher war jedoch die sogenannte Anathyrose, bei der ein anfangs 7–10 cm, in hellenistischer Zeit 11– max. 20 cm breiter Randstreifen je nach gewünschter Dichte des Fugenschlusses glatt gezahnt, überwiegend aber sauber geschliffen wurde, während die Innenflächen der jeweiligen Quaderseite mit dem Spitzeisen um einige Millimeter tiefer abgearbeitet wurden (s. Abb. 35). Solche Anathyrosen finden

36 Didyma, Apollontempel: Wandsockel mit unterschiedlichen Bearbeitungsspuren (Fugen mit Kantenschutz; Hebebossen mit Werkmarken; unfertige Oberflächen)

sich bei den Stoßfugen aller Bauglieder – bei einfachen Wandquadern ebenso wie bei Gebälkteilen, wobei sie dem jeweiligen Umriß des Werkstückes folgen. Die Art des Fugenschlusses und der Oberflächenbearbeitung waren in vielen durch Bauinschriften überlieferten Fällen (u. a. IG VII 3073; IG II^2 1671; Inschr. Didyma Nr. 39) genauestens vorgeschrieben, zugleich damit auch die Art der Oberflächenkontrolle durch Auftragen und anschließendes Abstreichen einer roten Paste mit einem Richtscheit (μιλτολογεῖν)[68]. Nur am Rande sei erwähnt, daß seit archaischer Zeit alle bei der Herrichtung von Werkstücken erforderlichen Angaben der späteren Abmessungen durch Ritzlinien erfolgten, die der Steinmetz mit der Stahlnadel auf der Steinoberfläche einritzte (vgl. Abb. 10).

Versatztechniken

Während die Anschlußflächen natürlich beim Versetzen jedes Steins völlig fertig-gearbeitet sein mußten, galt das nicht für die Ansichtsseiten, die zwar gelegentlich ebenfalls bereits fertig waren, häufiger aber erst nach dem Versatz ihre abschließende Glättung erhielten – oft in mehreren Arbeitsabschnitten. Bei vielen Bauten (unter anderen bei Stütz- und Befestigungsmauern) wurden die einzelnen Wandquader bewußt in unfertigem Zustand als Bossenquader verlegt, d. h. mit mehr oder minder bruchrohen Außenflächen, die man nur an den Außenkanten beim Herrichten der Lagerflächen

37 Eleusis-Befestigungsmauer: Südlicher Ecktum mit dekorativem Spitzeisen-Dekor (2. H. 4. Jh.)

begradigte (s. Abb. 36); im übrigen gab es sehr unterschiedliche Arten der Bossierung: von der völlig bruchrohen Fläche über die mit dem Spitzeisen roh geebnete Bosse bis hin zu groben Zierbossierungen mit deutlich sichtbaren senkrechten oder schrägen Spitzeisenspuren (s. Abb. 37); vor allem in hellenistischer Zeit schätzte man Quader mit handwerklich fein ausgeführten Zier-Bossierungen, die sowohl auf roh bossierten Oberflächen als senkrecht oder schräg geführte Spitzeisen-Rillen (zum Beispiel in Messene, Delphi, Athen, Epidauros) ausgeführt wurden wie bei feiner gearbeiteten Oberflächen als polsterartige Wölbung mit unterschiedlichem Flächendekor (s. Abb. 33.c). Es liegt nahe, hinter diesen an Mauern des europäischen Manierismus des 16. Jhs. erinnernden Formen ähnliche ästhetische Vorstellungen des Rohen, Kraftvollen zu vermuten. Bei allen diesen vielfältigen Bossierungen wurde aber eine – gelegentlich in Ritzlinien auf den Lagerflächen sichtbare – gerade Linienführung des jeweiligen Mauerabschnittes eingehalten, wobei die gültige Außenkante jeweils in Form von Ecklehren an den ausspringenden Ecken einer solchen Mauer sichtbar ist: ein 4–8 cm breiter, sauber geglätteter Streifen, der auf beiden Seiten der Ecke von unten bis oben senkrecht (seltener schräg) durchläuft.

War jedoch eine glatte Maueroberfläche verlangt, mußten bei jedem Werkstück zugleich mit der Herrichtung der Lagerflächen alle vier, mindestens aber drei Kanten der Ansichtsseite mit einem ca. 0,5–3 cm breiten „Randschlag" geebnet und geglättet werden. Der innerhalb dieses Rahmens stehengebliebene Bossen – auch als Spiegel bezeichnet – wurde ebenfalls bis auf einen noch notwendigen „Werkzoll“ geebnet (s. Abb. 36); oft blieb aber an der oberen, gelegentlich auch an den seitlichen Kanten noch ein unterschiedlich breiter, leicht vorspringender Streifen der Bosse als Kantenschutz stehen, was vor allem bei hellenistischen Bauten oft – vielleicht sogar beabsichtigter! – Endzustand blieb: ganz offenbar hat man im Hellenismus in solchen unfertigen Zuständen einen ästhetischen Reiz gesehen (vgl. S. 37). In Fällen, in denen Quader mit eben gespitzter oder ornamentierter Oberfläche verlegt wurden, ist ein Randschlag kaum zu erkennen; solche ornamentierten Quader waren vor allem in archaischer Zeit recht beliebt und finden sich im ägäischen Bereich an mehreren Stellen (Paros, Thasos, Delos und Milet)[69] mit Waben- und Stern-Dekor über größere Flächen hinweg – vielleicht Erinnerungen an früher übliche Bemalung?

Quader oder auch andere halb- oder ganz fertige Werkstücke gegen Beschädigungen während der Bauzeit zu sichern, war eine gängige Methode; man findet Bossenreste an den oberen und seitlichen Anschlußkanten von Wandquadern (s. Abb. 36), an Abakusecken von Kapitellen und anderen Stellen. Darüberhinaus hat man aber auch oft fertig-gearbeitete Flächen oder Profile durch hölzerne Verschläge (στέγασις, καταξύλωσις)[70] oder auch Zusetzen mit Lehmziegeln gegen mögliche Schäden während der Bauzeit geschützt.

Die mit Ochsen- oder auch Maultier-Wagen aus dem Bruch angefahrenen Steine wurden auf der Baustelle in den angegebenen Abmessungen und dem notwendigen Fertigstellungsgrad hergerichtet und dann vom Werkplatz an den Bau transportiert, wozu einfache Schleifen, Rollen und Hebeleisen ausreichten. Waren die Blöcke so am Bau selbst angelangt, erfolgte ihre Verlegung (ϑέσις, σύνϑεσις), die in den Bauinschriften als eigener Posten aufgezählt wird. Diese Verlegung richtete sich nach den bereits auf dem Werkplatz auf jedem Werkstück angegebenen Zeichen sowie nach den am Bau selbst angebrachten Markierungen, die in Form von Ritzlinien, Kreuzen (vgl. Abb. 10) oder farbigen Linien vielfach überliefert sind[71]. Neben den außerhalb des Baues fixierten Markierungen (Schnurgerüste, Meßpunkte o. ä.) waren es vor allem Ritzlinien-Systeme auf der letzten Fundamentschicht, der Euthynterie, die den Grundriß des gesamten Baues im Maßstab 1:1 angaben; ihnen folgten auf den nächsten Schichten bis zur Stylobat-Plattform weitere Aufschnürungen, die die Lage von Stufenvorderkanten, von Fugen oder Säulenmittelpunkten anzeigten. Diesen Markierungen mußten die jeweiligen Werkstücke genau entsprechen, die ja – zumindest bei höher-rangigen Bauwerken – jeweils als „Individuum“ gefertigt wurden, selbst bei sich vielfach wiederholenden Baugliedern wie Stufen- oder Wandquadern. Um sicherzustellen, daß jedes Werkstück an seinen vorbestimmten Ort kam, wurden sie nach einem bestimmten System mit Zahlen- oder Buchstaben-Kombinationen gekennzeichnet, die vom Steinmetz entweder auf den Anschlußflächen eingehauen oder auf der Oberfläche mit roter Farbe aufgemalt wurden (wie zum Beispiel bei den Säulentrommeln der Propyläen in Athen); vollständige Systeme sind aber auch vom Athenerschatzhaus in Delphi, von der Portikus Philipps in Delos (s. Abb. 31.9) und vielen anderen Bauten bekannt. Freilich dürfen diese Markierungen nicht mit den ebenfalls oft auf Bauteilen erhaltenen Werkzeichen der einzelnen Handwerker verwechselt werden (s. Abb. 36)[72]; in der Regel wurden beide Zeichengruppen jedoch bei der letzten Überarbeitung der Flächen beseitigt. Solche Markierungen finden sich im allgemeinen nur in Schichten oberhalb der Euthynterie; für Fundamente wurden zwar auch oft in ihren Abmessungen genau vorgeschriebene Blockformate (zum Beispiel in Eleusis: IG I^2 1670) verwendet, doch war hier die sorgfältige Verlegung und weniger die genaue Reihenfolge von Bedeutung. Vor allem gab es hier wie auch in den Krepis- und den unteren Wandschichten kaum Probleme beim Heranschaffen und Verlegen der Werkstücke; man konnte alle Blöcke über Holzbalken oder kurze Rampen mit Rollen, Seilen und Hebeleisen bis an die gewünschte Stelle bringen und mußte sie dort nur mehr einige Dezimeter weit an die bereits zuvor verlegten Quader heranschieben. Davon zeugen die an allen antiken Bauten in großer Zahl vorhandenen Stemmlöcher, die sich auf jeder Steinlage in der Nähe einer Fuge der folgenden Schicht finden (s. Abb. 38; 42).

Auch die bei vielen Bauten des frühen 6. Jhs. nur an einer Seite der Quaderfläche vorhandenen Seilschlaufen sind Zeugnisse dieses Einpassens in den Quaderverband wie zum Beispiel am Architrav und bei Wandqua-

38 Anortbringen von Werkstücken mit in Stemmlöcher eingreifenden Hebeleisen

dern des Artemistempels in Korfu (ähnlich auch beim Heraion in Olympia): damit ließen sich größere Blöcke ohne Beschädigungen an den Unterseiten von den Rollen herunterheben und auf der künftigen Lagerfläche ausrichten, doch mußte auch hier das letzte Anschieben mit der in Stemmlöcher eingesetzten Brechstange erfolgen. War ein Werkstück so in seine endgültige Position geschoben worden, wurde es mit Dübeln und Klammern verankert (vgl. S. 82ff.) und es folgte das nächste Stück.

Hebevorrichtungen

Solange sich diese Arbeit in Bereichen unterhalb Mannshöhe abspielte, gab es kaum Schwierigkeiten; die begannen erst beim Oberbau, bei dem Hebe-Einrichtungen erforderlich waren, die vermutlich oft mit der ohnehin notwendigen teilweisen Einrüstung des Baues kombiniert wurden. Solche Geräte sind aus Beschreibungen einiger antiker Autoren (Vitruv X, 2,1–9; Hero von Alexandria und Plinius) bekannt und ließen sich in ihren Grundzügen rekonstruieren[73]; in ihrer einfachsten Form waren es hölzerne Dreibeine (ἵστοι) mit einem aus einer Rollenkombination (τροχιλεία) gebildeten Flaschenzug. Solche Flaschenzüge mußten bei größeren Lasten an entsprechend stärkeren und für die Gebälkteile an höheren Tragwerken aus Holz angebracht werden: so mußte zum Beispiel beim Versetzen der ca. 70 t schweren Türparastaden im Apollontempel zu Didyma die bisher verwendete δίκωλος durch eine τετράκωλος ersetzt werden[74]. Da eine solche Last auf der Türschwelle kaum mehr wesentlich bewegt werden konnte, mußte diese *Tetrakolos* eigens im Türbereich errichtet werden; ähnlich wurden wohl auch beim Aufsetzen der Säulentrommeln und beim Aufbringen der ca. 15 t schweren Architrave die um die Säulen herum aufgerichteten Baugerüste zugleich als Traggerüste für die Hebezeuge genutzt. Während diese in klassischer und hellenistischer Zeit verwendeten Hebezeuge aus den genannten Texten und einigen Bauinschriften einigermaßen deutlich werden, bleiben für die früheren Phasen viele Fragen offen. Nach den an Werkstücken erhaltenen Einarbeitungen hat es ab etwa 515 solche stationären Hebezeuge gegeben, deren Wirkungsweise sich wohl kaum wesentlich von der der späteren unterschieden haben wird; unbekannt sind dagegen die Methoden im 7./6. Jh., als man bereits Gewichte von 20–40 t zu bewegen wußte wie zum Beispiel die Teile des Naxierkolosses in Delos, die Architrave des Apollontempels in Korinth mit ca. 5–6 t und vor allem den über 40 t schweren Mittelarchitrav des Artemistempels von Ephesos. Dieses Bauglied soll nach Plinius (Nat. Hist. 39,19) durch den Baumeister Chersiphron mittels einer Erdrampe an seinen Platz gebracht worden sein, wie er im Zusammenhang mit Berichten über das Aufstellen und Bewegen sehr großer Werkstücke in Ägypten zu erzählen weiß. Hier waren in der Tat solche Baurampen üblich (wie Reste einer solchen Rampe in Abû Roâsh

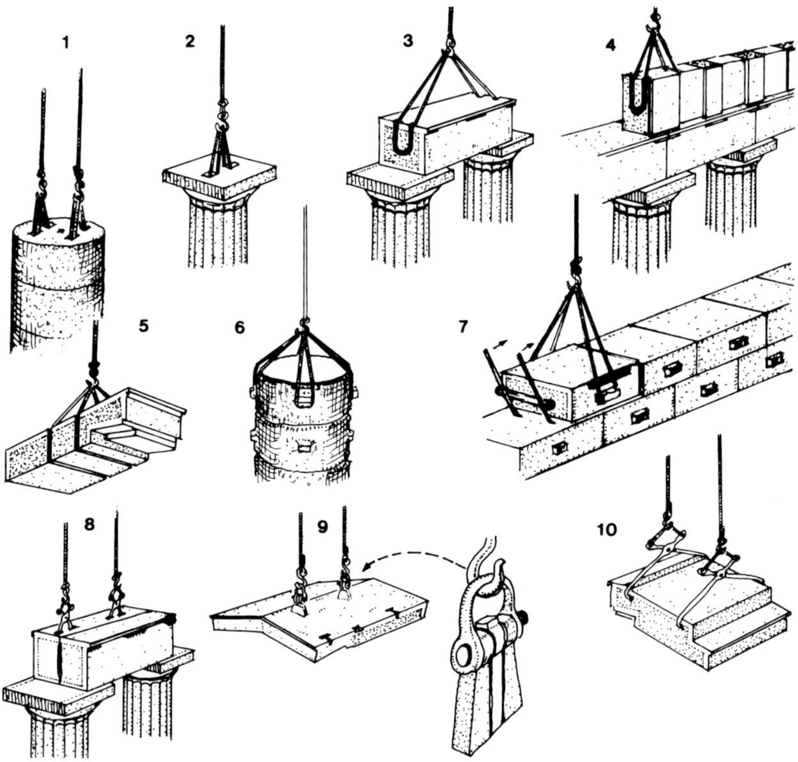

39 Antike Hebetechniken: 1–2: Hebelöcher im Werkstück; 3–5: Heben mit Seilnuten; 6–7: Heben mit Hebebossen; 8: Hebezangen; 9: Heben mit dem sog. Wolf; 10: Hebezange

bei Kairo zeigen) und es ist durchaus möglich, daß die Griechen im 7./6. Jh. das Bewegen schwerer Lasten von den Ägyptern gelernt haben. Auffällig ist, daß nach etwa 515 die bis dahin oft recht erheblichen Formate von Werkstücken – und damit die zu bewegenden Gewichte – reduziert wurden, vielleicht ein Zeichen dafür, daß man nun über neue Methoden, d. h. kranähnliche Hebegeräte, verfügte, die aber noch keine Lasten über 15 t zu heben in der Lage waren. Für solche Hebegeräte sprechen abermals Einarbeitungen an den Steinen: Seilschlaufen auf den Oberflächen (s. Abb. 39), die nun aber entweder im Schwerpunkt des Steines oder aber an den beiden Seiten angebracht waren wie z. B. beim Apollontempel in Eretria, am Athenerschatzhaus und dem Marmaria-Tempel in Delphi sowie beim jüngeren Aphaiatempel in Ägina; daneben gibt es auch U-förmige Seilkanäle an den beiden seitlichen Anschlußflächen wie beim Aphaiatempel oder durch das ganze Werkstück durchgehende Löcher wie bei der Sphinxsäule in Ägina[75].

Neben diesen einfachen Hebevorrichtungen gab es allenfalls seit dem

Ende des 6. Jhs. die etwas kompliziertere Hebezange (καρκίνος; s. Abb. 39), deren Verwendung sich an den typischen Einarbeitungen unter anderen am Schatzhaus der Megarer in Olympia, am Athenerschatzhaus und am Alkmäonidentempel in Delphi und später dann bei fast allen größeren Bauten des klassischen Athen nachweisen läßt. Alle diese Hebevorrichtungen wurden jedoch allmählich durch den „Wolf" (λύκος) ersetzt, ein bereits im 6. Jh. bekanntes, allgemein aber erst in hellenistischer Zeit übliches Gerät, das aus 2 oder 3 eisernen Formstücken bestand (s. Abb. 39.9) und in entsprechend ausgearbeitete Löcher in der Oberfläche der Werkstücke eingesetzt wurde. Auch hier war natürlich darauf zu achten, daß das Wolfsloch (im allgemeinen 3–5 × 10–15 cm groß und 10–15 cm tief) im Schwerpunkt des Werkstückes angebracht war. Unklar ist, wie weit die an zahlreichen Bauten beobachteten sogenannten Hebebossen[76] – massive Vorsprünge an Quadern und Säulentrommeln – tatsächlich und immer als solche dienten, da sie sich oft in solchen Lagen finden, daß sie kaum zum Heben, sondern eher zum Ansetzen von Hebeleisen genutzt werden konnten, wie zum Beispiel an Eckblöcken der Tempel in Assos und Segesta, an Orthostatenquadern des Mausoleums von Belevi oder an den Propyläen in Athen usw.; demgegenüber haben sie aber bei Säulentrommeln (Vorparthenon) sowie an vielen anderen Bauten ganz sicher zum Befestigen der Hebeseile gedient (s. Abb. 39.6–7).

Anzeichen einer weiteren, allerdings auf die Frühzeit begrenzten Hebetechnik sind hier und da (zum Beispiel am Athenatempel in Tegea) beobachtete halbmondförmige Einarbeitungen, die als Widerlager beim Aufrichten ganzer Säulenschäfte dienten.

Klammern und Dübel

Quaderbau ohne Mörtel erfordert neben sauberster Bearbeitung der Paßflächen Elemente, die eine vertikale und horizontale Verbindung der einzelnen Blöcke ermöglichen; dazu wurden unterschiedliche Arten von Klammern (δεσμοί) und Dübeln (γόμφοι) entwickelt[77]. Aus Holz, seltener auch

40 Klammerformen: 1: Schwalbenschwanzklammer; 2: Z-Klammer: 3: Doppel-T-Klammer; 4: breite und normale U-Klammer

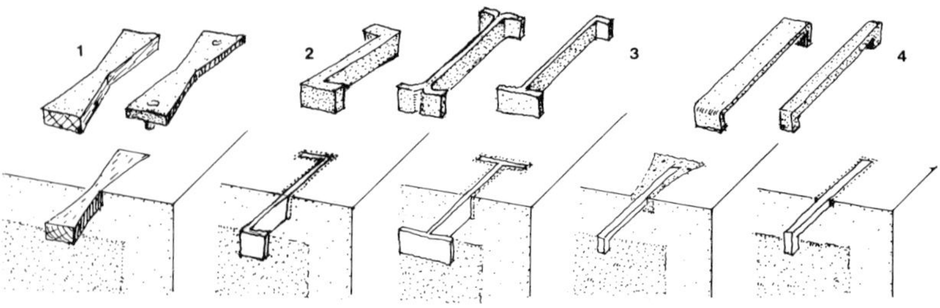

41 Didyma-Apollontempel: rechts Z-Klammerloch, links unfertiges U-Klammerloch; oben Dübelloch

aus Metall bestehende Klammern gab es bereits in Ägypten und im kretisch-mykenischen Bauen: überwiegend hölzerne Schwalbenschwanzklammern. Die systematische Anwendung und Weiterentwicklung blieb jedoch der griechischen Architektur vorbehalten, in der seit dem Übergang zum monumentalen Steinbau seit dem frühen 6. Jh. ebenfalls Schwalbenschwanzklammern aus Holz und Metall sowie oft parallel dazu Z-Klammern verwendet wurden; gegen Ende des 6. Jhs. trat neben die noch weiterhin gebrauchten älteren Klammerformen die Doppel-T-(I)-Klammer, die im 5./4. Jh. die älteren Formen weitgehend ablöste, ihrerseits aber im 4. Jh. in den sogenannten U-Klammern einen einfacher verwendbaren Ersatz fand, der allerdings in West-Kleinasien und Süd-Italien schon im späteren 6. Jh. bekannt war (s. Abb. 40). Angesichts einer gewissen zeitlichen Abfolge hat man versucht, Klammerformen zur Datierung von Bauten heranzuziehen, doch sind diese Möglichkeiten sehr begrenzt, zumal sich oft mehrere Formen am gleichen Bau finden: Klammerformen waren zwar in groben Zügen zeitgebunden, richteten sich zugleich aber nach dem Steinmaterial, nach örtlichen Bräuchen und dem Platz am jeweiligen Bau.

Schwalbenschwanzklammern (πελεκίνοι) – vielfach aus Holz, oft auch aus Blei – wurden meist bei weicherem Gestein verwendet (zum Beispiel im Artemistempel Korfu, im archaischen Aphaiatempel Ägina, in den Schatzhäusern A, D und von Siphnos in Delphi) und blieben an einzelnen Orten noch bis in hellenistische Zeit hinein im Gebrauch, waren dann aber oft aus Eisen gefertigt (wie beispielsweise in Delos).

Neben den einfachen Schwalbenschwanzklammern gab es seltener auch solche mit Dornen, die als Bronzegußstücke neben der glatten Form auftreten; hier ist freilich darauf zu achten, daß es sich nicht nur um schwalbenschwanzförmig ausgehauene Löcher für U-Klammern handelt wie sie vor allem in West-Kleinasien seit spätarchaischer Zeit häufig vorkommen (in Didyma und Umgebung; Ephesos; Labraunda; Chios und Lesbos; s. Abb. 41), sich aber auch in Athen, Delphi, Korfu und in Paestum fanden.

Etwa in der 1. H. 6. Jhs. setzte vor allem im Mutterland die Verwendung von Z-Klammern ein, die überwiegend aus Eisen hergestellt waren (in der Agora von Elis, in Kalydon, in den Schatzhäusern von Gela und Sikyon in Olympia, in Delphi, Athen und anderen) in Längen von 12–25 cm. Weiter verbreitet waren allerdings die I-Klammern, die für alle Bauten der klassischen Zeit in Athen und Eleusis, für zahlreiche Bauten in Delphi, Olympia und im Heraion von Argos sowie auf Delos charakteristisch sind. Sie wurden, soweit sie nicht aus der in der Frühzeit billigeren Bronze gegossen wurden, durch Spaltung eines Bandeisens oder aber durch Zusammenschweißen von drei Eisenstäben beziehungsweise zweier U-förmig gebogener Flacheisen hergestellt und waren bei Höhen von 2–6 cm im allgemeinen 20–40 cm lang; in einzelnen Fällen erreichten sie Längen bis zu 59 cm (unter anderen beim Zeustempel in Olympia, Parthenon, Heraion in Argos). Wie die Z- und die späteren U-Klammern wurden sie völlig mit Blei

42 Priene, Athenatempel: Klammer-, Dübel- und Stemmlöcher im Unterpflaster des Pteron

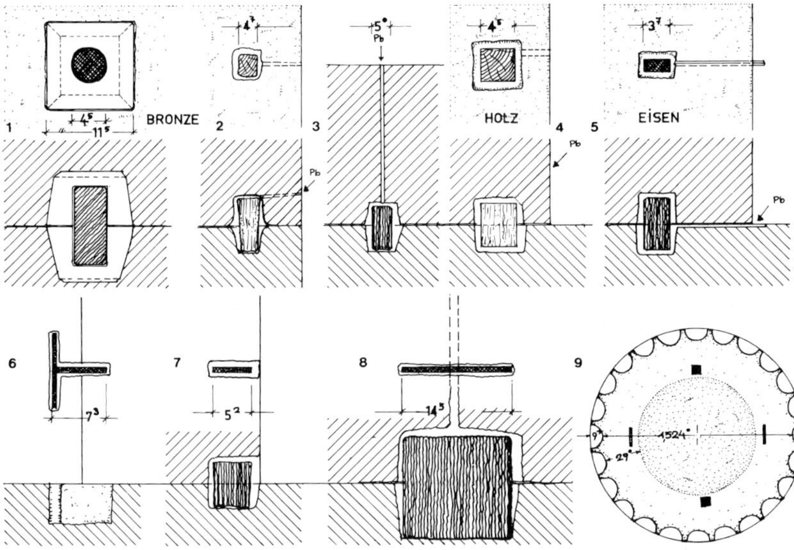

43 Antike Dübelformen (Mstb. 1 : 20): 1: Bronzedübel in hölzernem Gehäuse (Parthenon Athen); 2 und 4: Holzdübel mit seitlichem Gußkanal; 3: Eisendübel mit senkrechtem Gußkanal (vgl. Abb. 44); 5: Eisendübel mit horizontalem Gußkanal; 6: T-förmiger Kantendübel; 7–8: großer und kleiner Kantendübel aus Eisen; 9: Anordnung von Dübeln bei Säulen (vgl. Abb. 34)

vergossen, um Rosten und damit Sprengen des Steins zu verhindern; in vereinzelten Fällen hat man offenbar das teurere Eisen „gespart" und die ganze Verbindung aus Blei hergestellt (Isthmia)[78] oder aber die vorgearbeiteten Klammerlöcher nie ausgefüllt.

Die am längsten genutzte und auch am weitesten verbreitete Verbindungsform war die U- oder Hakenklammer, die im Mutterland seit Anfang des 4. Jhs. (früheste Beispiele Athenatempel und Tholos in Delphi, Athenatempel Tegea, Zeustempel Nemea; s. Abb. 42), in Ionien aber schon seit Mitte des 6. Jhs. bekannt war – hier allerdings meist in einer schwalbenschwanzförmig ausgearbeiteten Bettung und daher oft falsch beurteilt. In „reiner Form" tauchte die U-Klammer im Gefolge ionischer Bauhandwerker auch um 500 im achämenidischen Persien auf (in Längen um 30–35 cm zum Beispiel in Persepolis, Taḥt-i-Rüstem[79]); seit dem späteren 4. Jh. wurde sie im gesamten Bereich griechischen Bauens die vorherrschende Art horizontaler Quaderverbindung. Klammern dieser Art waren bei Längen von 12–25 cm meist aus Eisenstäben quadratischen Querschnitts (ca. 1–2 cm Seitenlänge), gelegentlich auch aus Flacheisen hergestellt. Im allgemeinen wurden alle Klammern so angeordnet, daß die nächste Steinlage sie überdeckte; doch finden sich im hellenistischen Kleinasien vielfach gut verbleite Klammern offen zutage liegend (so in Labraunda, Milet, Priene).

Ebenso wichtig wie die Horizontalverbindung der Quader war die in der Vertikalen von Schicht zu Schicht; hierzu dienten verschiedene Arten von Dübeln[80], die allerdings erst etwas später als die Klammer Allgemeingut griechischer Bauhandwerker wurden (s. Abb. 43). Erste Verdübelungen finden sich zwar seit der 1. Hälfte des 6. Jhs. bei einzelnen Bauten (etwa beim Artemistempel auf Korfu, am Altar von Monodendri und den Schatzhäusern von Gela und Sikyon in Olympia), doch wurden sie erst im Laufe des 5. Jhs. zur Regel. Zunächst verwendete man Holzdübel (γόμφοι), die überwiegend durch senkrecht oder schräg geführte Bohrlöcher mit Blei vergossen wurden (s. Abb. 44). Frühe Beispiele bieten der Altar von Monodendri (Dübel 6 × 6 cm, 7 cm lang) und ähnlich die Schatzhäuser von Gela und Sikyon in Olympia, etwas kleiner (3 × 3 cm) sind die Dübel am Hera-Altar in Samos; bei Säulen verwendete man auch stärkere Holzdübel – so etwa beim Artemistempel auf Korfu 50 cm lange Hölzer mit Querschnitten von 15 × 17 cm.

Üblich blieben die kleineren, meist aus dem Holz der Oliven, Zeder oder Kiefer gefertigten Dübel, die bis ins 3. Jh. vielfach auftauchen (am Apollontempel Delos, in der Palästra in Olympia und anderen). Für Säulentrommeln wurden Dübel oft aus zwei Einlaßstücken (πόλοι) und einem Verbindungsdollen (ἐμπόλιον; in Didyma τύλοι genannt; s. Abb. 43.1) hergestellt – in diesem Fall allerdings nicht mehr mit zusätzlichem Bleiverguß. Nicht selten sind auch einfache Runddübel in der Mitte oder in den seitlichen Lagerflächen der Trommeln (vgl. Abb. 34); diese waren oft auch aus Bronze oder später aus Eisen. Es gab aber auch noch einige andere Dübel-Formen – beispielsweise in Athen für Stylobat und Krepis von Tempeln seit dem 6. Jh. bis ca. 435 den sogenannten Keildübel (unter anderem am alten Athenatempel, am Olympieion und den Propyläen), bei dem ein schrägliegendes Eisenstück zwischen zwei Blöcke so eingekeilt wurde, daß es sowohl eine Horizontal- wie Vertikalverbindung herstellte.

Eine weitere, jedoch kurzlebige Form waren die T-förmigen Dübel, die an Kanten eingesetzt und dort vergossen wurden (Beispiele dafür finden sich unter anderen in Athen und Delos; s. Abb. 43.6); begrenzt blieb auch die Verwendung von Winkelhaken-Dübeln, wie sie in Segesta, Paestum und Tegea gefunden wurden[81]. Seit hellenistischer Zeit überwiegen Kantendübel in Verbindung mit einfachen Eisendübeln (mit Gußkanal), wobei normalerweise etwa 5–12 mm starke Eisenplatten von 5–10 cm Kantenlänge in Aussparungen der unteren Quaderschichten eingelegt und nach dem Verlegen der oberen Schicht durch schmale dreieckige Gußkanäle beziehungsweise von außen her mit Blei vergossen wurden; reichte diese Eisenplatte über die Fuge hinüber, spricht man vom Fugendübel. Die Verwendung horizontaler Gußkanäle begann im 5. Jh., war aber im Mutterland erst seit dem 3. Jh. allgemein üblich, wobei man anfangs auf etwas unauffällige Lage der Gußöffnung achtete; erst in späthellenistischer Zeit verwendete man Gußkanäle auch bei Säulen und an freien Wandflächen.

44 Didyma, Apollontempel: senkrechte Gußkanäle in der Sekoswand

Wandaufbau

Neben den zuvor dargestellten, konstruktiv bedingten Arten der Steinschichtung und des Mauerverbandes gab es in der griechischen Architektur bestimmte, historisch gewachsene Regeln für den Aufbau von Wänden, Säulen und Gebälken, die ihren Ursprung in den Frühformen der beiden grundlegenden Ordnungssysteme – des Dorischen und des Ionischen hatten (vgl. S. 112ff.) – und bei allen höherrangigen Bauten zu beobachten waren. Das beginnt mit dem auf die Euthynterie folgenden Stufenbau (Krepis, κρηπίς), der bei frühen Tempeln mit 1–2 Stufen kaum in Erscheinung trat, seit archaischer Zeit mit 3, seltener auch 4 Stufen (vor allem in Sizilien) zur deutlich betonten Stand-Plattform und bei den späten ionischen Dipteroi Ephesos und Didyma sogar zu einem podiumartigen Sockelbau wurde, mit dem Stylobat als letzter und im allgemeinen etwas höherer Stufe. Die übrigen Stufen wurden von oben nach unten hin etwas niedriger, im Laufe des 5./4. Jhs. zugleich auch breiter mit örtlichen Varianten; in der Spätzeit überwiegen gleiche Stufenhöhen. Dazu wurden die Ansichtsseiten der Stufen seit dem 4. Jh. zunehmend stärker profiliert, womit sich kräftige horizontale Schattenkanten ergaben[82]. Die an der Krepis am deutlichsten feststellbare Kurvatur wird weiter unten (S. 135ff.) näher dargestellt; sie hatte für die handwerkliche Ausarbeitung der dadurch leicht schiefwinkligen Stufenquadern spürbare Konsequenzen.

Der Stufenbau trug bei Bauten ohne Säulenringhalle die unterste Wandschicht, während Cellawände innerhalb einer Peristasis noch auf einer niedrigen Schwelle standen, die bei ionischen Bauten oft mit Torus- oder Kyma-Profilen betont war wie beispielsweise bei den ionischen Schatzhäusern in Olympia oder beim Didymaion. Diese sogenannten Orthostatenschicht bestand aus deutlich höheren, oft sogar hochkantstehenden Blöcken und wurde daher oft zweireihig ausgeführt; sie war Nachfolger des bei Lehmziegelmauern notwendigen Steinsockels, der in der Frühzeit als Träger von Reliefs oft besonders betont war (Beispiele finden sich unter anderen in Assur, Ninive, Zincirli). Gewisse Schwierigkeiten gab es in dieser Zone bei fast allen Tempeln, da der Cellafußboden im allgemeinen deutlich höher lag als der der Ringhalle (Pteron); man mußte also durch Innenschwellen die unterschiedliche Höhe der beiden Orthostatenreihen ausgleichen. Über der Orthostatenschicht folgte stets eine flache Deckplatte und darüber die Oberwand, die auch bei späteren Sakralbauten gelegentlich noch aus Lehmziegeln, sonst aber aus Quaderwerk in isodomer oder pseudo-isodomer Schichtung bestand. Diese Mauern waren bei einigen bedeutenderen Bauten leicht nach innen geneigt – zum Beispiel beim Parthenon auf 8,42 m Höhe um 10,05 cm[83]; bei einigen anderen ließ sich bei minimal schräger Außenfront eine leichte Verjüngung des Mauerwerks nach oben hin beobachten wie beim Athenerschatzhaus Delphi sowie bei Tempeln in Paros und Naxos. Ebenso waren bei manchen Bauten die einzelnen Teile der Außenwand nicht gleich dick – wohl Folge ungleichen Abarbeitens des Werkzolls; auch lassen sich hier und da Unterschiede in den Stärken von Seiten- und Rückwand messen wie etwa Athenerschatzhaus.

Mit besonderer Sorgfalt wurden die Verbindungen an Ecken und Maueranschlüssen ausgeführt, bei denen von Schicht zu Schicht abwechselnd von einer in die andere Mauer übergreifende Quader mit entsprechenden Klammer- und Dübelverbindungen ein Aufreißen von Fugen verhinderten und zugleich bessere Standfestigkeit bei Erdbeben gewährleisteten (s. Abb. 45). Ähnlich sorgfältige Verklammerungen und Verbindungen finden sich auch bei Anten, bei denen gelegentlich auch noch veränderte Schichtungen gegenüber den anschließenden Wänden zu beobachten sind wie zum Beispiel beim Poseidontempel Sunion und beim Apollontempel in Delos. Anten waren in Fortführung einer alten dorischen Tradition holzverkleideter Mauerzungen etwas breiter als die anschließende Wand (mit unterschiedlicher Innen- und Außenfront) und hatten eigene Basen und Kapitelle; in hellenistischer Zeit waren sie durch monolithe Ausführung gelegentlich noch deutlicher von den Wänden abgesetzt wie beim Athenatempel Tegea und den Portiken Philipps und der Antigone in Delos[84].

Über den Anten folgt bei Gebäudetypen mit Säulenfront oder Säulen *in antis* (s. S. 139) an der Frontseite ein normales Gebälk, dessen Fortsetzung an den Seiten unterschiedlich ausgebildet werden konnte: entweder setzte sich das Gebälk mit denselben Elementen wie an der Front fort – wobei dem Architrav oft noch eine normale Quaderschicht entsprach – oder es endete mit der Antenecke: erstere Form die Regel bei allen Bauten „*in antis*" und viele Prostyloi, letztere beim Pronaon von Ringhallentempeln.

Säulen und Gebälke

Nächst dem aus massiven Wänden gebildeten Naos war die aus einzelnen Säulen zusammengesetzte Peristasis das für die Erscheinung des griechischen Tempels wichtigste Bauglied, dessen formale Durchgestaltung – ob dorisch oder ionisch – weiter unten behandelt wird (S. 113ff.); hier geht es nur um konstruktive Fragen. Während die dorische Säule an vorher markierter Stelle unmittelbar auf dem Stylobat stand, erhoben sich ionische Säulen auf Basen unterschiedlicher Form, die bei größeren Bauten aus mehreren Teilen zusammengesetzt und verklammert wurden.

Eine ganz besondere Technik zeigen die bis zu 1,5 t schweren Basen des archaischen Rhoikos-Tempels in Samos: sie wurden (bei einem Durchmes-

45 Schema der Verbindung zweier aneinanderstoßenden Wände

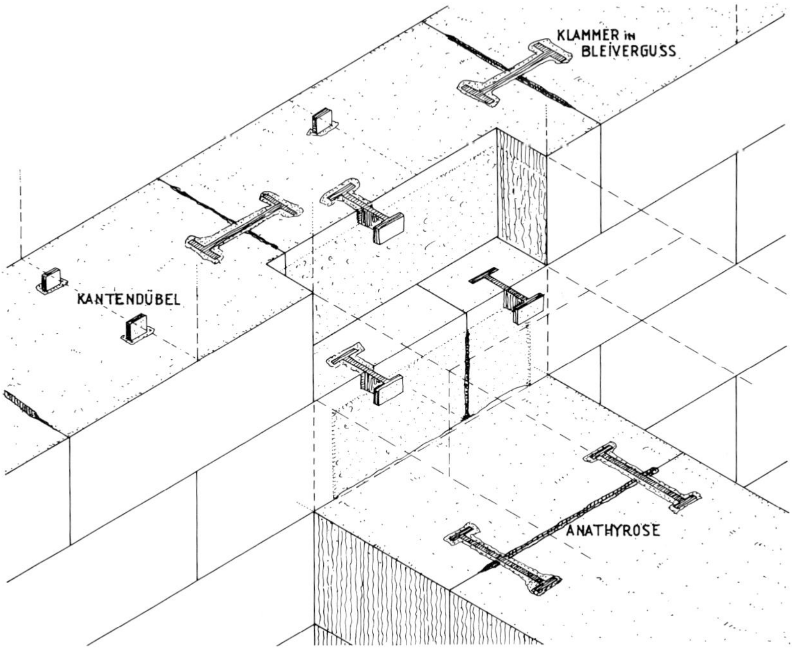

ser bis zu 1,8 m) auf der Drehscheibe hergestellt und dann versetzt (vgl. Abb. 24). Die Säulen selbst wurden – mit Ausnahme der ca. 8 m langen monolithen Schäfte der archaischen Tempel von Syrakus und der über 6 m langen Säulen des Apollon-Tempels in Korinth – im allgemeinen aus einzelnen, oft unterschiedlich hohen Trommeln aufgesetzt, die durch Anathyrose und Einschleifen (vgl. S. 75) sorgfältigst aufeinandergepaßt werden mußten, um völlige Standsicherheit zu erreichen. Die Lagerflächen der Trommeln waren im allgemeinen planparallel gearbeitet, soweit nicht Nachlässigkeiten in der Bearbeitung oder optische Korrekturabsichten dazu führten, daß – wie zum Beispiel beim Parthenon – die unteren Trommelseiten bis zu 2,4 cm Höhendifferenz zeigen, womit die gewünschte Schrägstellung der Säulen erreicht wurde[85]. Die einzelnen Trommeln waren in archaischer Zeit meist durch ziemlich lange und kräftige Holzdübel miteinander verbunden, die in die Säulenmitte eingelassen waren; in klassischer Zeit kamen die etwas komplizierteren dreiteiligen Dübelformen (zum Beispiel am Parthenon und den Propyläen, am Poseidontempel in Sunion; s. oben S. 86) mit Polos und Empolion in Gebrauch. Diese anfangs aus Holz, später auch aus Metall bestehenden Dübelformen wurden jedoch seit dem 4. Jh. durch Kombinationen meist runder Mitteldübel mit seitlich angeordneten Scheibendübeln oder Eisendornen abgelöst, wobei die Kombinationsmöglichkeiten variierten. Obwohl Säulentrommeln im allgemeinen in Bosse versetzt und erst nach dem Versetzen geglättet und kanneliert wurden, hat man – so am Aphaiatempel I in Ägina (2. V. 6. Jh.) – auch fertig kannelierte Säulen aufgerichtet; in späterer Zeit, vor allem im Hellenismus, finden sich auch als fertig angesehene Säulen in Bosse oder ohne Kannelierung[86]. Sollte eine Säule kanneliert werden, wurden oft an der untersten Trommel sowie am Kapitellhals die Kanneluren vorgearbeitet oder mindestens angerissen (s. Abb. 46), so daß danach der Schaft weiter-bearbeitet werden konnte – meist in mehreren Arbeitsgängen: Glättung, Facettierung und zuletzt Einarbeiten der Kannelur (gelegentlich in verschiedenen Stufen) sowie abschließende Glättung[87]. Dank der Inschriften vom Erechtheion läßt sich der hierbei notwendige Arbeitsaufwand deutlich fassen: für das Kannelieren einer einzelnen Säule wurden 350 Drachmen bezahlt, was bei einem durchschnittlichen Tagelohn von 1 Drachme pro Tag etwa 350 Mann-Tagen entspricht. Da in Gruppen von 4–7 Mann gearbeitet wurde, kann man für das Kannelieren einer Säule etwa 2 Monate veranschlagen; für die davorliegenden Arbeitsstufen wird man sicher nochmals etwa dieselbe Zeit ansetzen können und dazu noch einen sicher nicht geringen Zeitaufwand für Kapitell und Basis, so daß man in etwa auf 1200–1500 Tagewerke pro Säule kommt[88]. In Didyma ließ sich für die mit 19,7 m Höhe und 2,022 m unterem Durchmesser gut dreimal größeren Säulen aus den Baurechnungen ein Gesamtpreis von angenähert 40 000 Drachmen errechnen, was etwa 20–25 000 Tagewerken für eine Säule entspräche. Hier ließ sich auch an

46 Didyma, Apollontempel: Unfertige Säule mit Kannelur-Markierungen

den erhaltenen Rissen die Konstruktion der bei allen größeren Säulen üblichen Entasis (Schwellung) feststellen, die zweimal in Originalgröße auf den Seitenwänden und einmal im Maßstab 1:16 in gestauchter Form an der Nordwand aufgerissen worden ist und hier eine Kreisbogenkonstruktion für die Entasis zeigt.[89].

Die Kapitelle waren auf den Schäften in ähnlicher Form wie die Trommeln aufgedübelt; ihre obere Lagerfläche wurde meist so hergerichtet, daß sie um 2–10 mm höher lag als die Oberfläche der weiter überstehenden Teile *(scamillus)*, um deren Abbrechen bei möglichen Senkungen zu vermeiden und den Ausgleich der Kurvatur zu ermöglichen[90]. Im Gegensatz zu den Säulentrommeln waren Kapitelle beim Versatz meist ganz fertig, doch finden sich auch hier und da halbfertige Kapitelle wie am Mausoleum in Belevi (vgl. Abb. 78).

Die über den Kapitellen folgenden Architrave waren die am stärksten belasteten Glieder jedes Säulenbaues; ihre Spannweiten wuchsen daher auch nur langsam mit zunehmender Erfahrung im Steinbau: mancher archaische Bau erhielt noch nach alter Art hölzernes Gebälk auf Steinsäulen. Um die erheblichen Gewichte größerer Architrave zu reduzieren, wurden sie seit etwa dem 6. Jh. in 2–3 parallelliegende Balken mit seitlichen Anathyrosen aufgeteilt (s. Abb. 47), in einzelnen Fällen sogar innen „ausgehöhlt“ wie zum Beispiel beim Apollontempel Syrakus, dem Athenerschatz-

47 *Athen, Parthenon: Schema des Aufbaues der Westfront*

haus in Delphi, der Portikus Philipps in Delos; seltener auch finden sich innere Verstärkungen durch eiserne Hilfskonstruktionen wie am Olympieion Syrakus und am Apollontempel von Bassai. Schwierigkeiten hat es stets an den Ecken gegeben: hier mußten bei einreihiger Lage der Architravblöcke auf der Innenseite schräge Fugen mit Gehrung ausgearbeitet werden; bei mehrreihiger Lage wurden die einzelnen Reihen so gestaffelt verlegt, daß die äußeren Reihen mit stumpfem Stoß, die inneren aber ebenfalls mit Gehrung oder aber versetzt aneinanderstießen. Die Architravenden wurden mit Klammern verbunden; ähnliche Anschlüsse finden sich auch bei den Stößen von Innen- und Außenarchitraven[91].

Für Friese und Gebälke gab es weniger konstruktive Probleme; sie wurden der jeweiligen Ordnung gemäß in zeitgenössischen Formen hergestellt, wobei einzelne Werkstätten den ornamentalen Schmuck erst nach dem Versatz herstellten, andere aber die Werkstücke ganz fertig-gearbeitet versetzten. Auch beim Ausarbeiten von Profilen zeigen sich solche Werkstatt-Unterschiede: teils wurden fertig-gearbeitete Profilblöcke verlegt, teils hat man die mittels Schablonen (*anagrapheus;* vgl. oben S. 36) an den Blockenden angerissenen Profile nur auf ein kurzes Stück hin vorgearbeitet und sie erst nach dem Versatz der Blöcke über die ganze Länge hinweg fertiggestellt. Hier wie auch in anderen Fällen wurden die einzelnen Bauglieder in einem Zustand versetzt, der eine nochmalige Überarbeitung nach dem Abschluß einzelner Bauabschnitte vorsah, das Abarbeiten des Werkzolls (ἄπεργον) von im allgemeinen 0,5–10 mm Dicke. Völlig fertiggearbeitet waren außer allen Lager- und Anschlußflächen bei allen Baugliedern aber stets diejenigen Flächen oder Profilteile, die nach dem Verlegen nicht mehr

48 Ephesos – Belevi: a–b: Phasen der Ausarbeitung eines lesbischen Kymation am Sockel des Mausoleums (1. H. 3. Jh.)

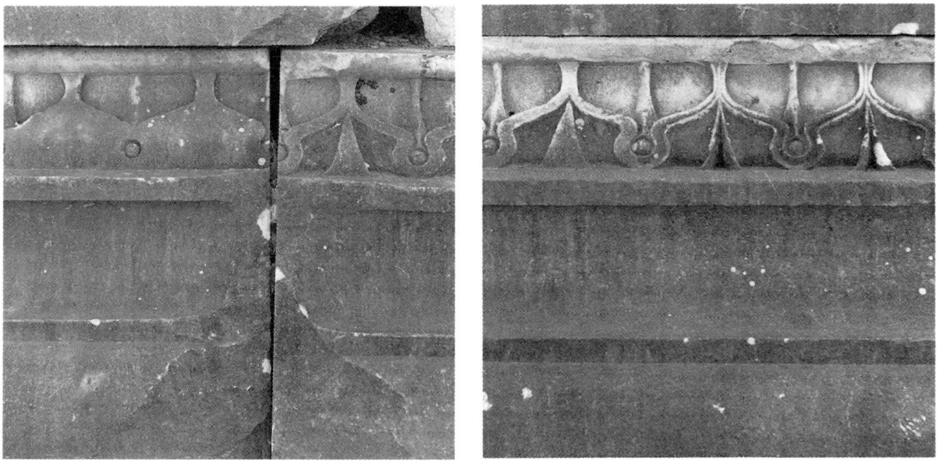

sachgemäß bearbeitet werden konnten, d.h. die unteren Teile von Basisprofilen samt dem jeweiligen Dekor (Kannelur, Wellenband o.ä.; vgl. Abb. 36); diese Teile wurden – ebenso wie auch die übrigen bereits fertigen Werkstücke und Teile der Wände – mit Lehm verschmiert, mit Lehmziegeln ummauert oder auch mit Holz verschalt, um sie so gegen Beschädigungen während der Bauzeit zu sichern. Das letzte Überarbeiten größerer Flächen geschah mit dem feinen Zahneisen; bei Bauten klassischer Zeit wurden die Flächen oft sogar mit feiner Raspel oder dem Schleifstein geglättet (ὁμάλισις), wofür eine besondere Arbeitsgruppe eingesetzt war, wie die Erechtheion-Inschriften (IG I^2 372) lehren. Ebenso wurde nun auch der feinere Bauschmuck ausgearbeitet; der Arbeitsablauf läßt sich in seinen einzelnen Stufen recht gut am Mausoleum von Belevi beobachten, das unfertig blieb (s. Abb. 48). In einzelnen Fällen, in denen beim Ausarbeiten auf dem Werkplatz oder beim Versetzen doch Teile weggebrochen waren oder sich beim Ausarbeiten Fehler im Material zeigten, mußten solche Schadstellen durch entsprechende Einsatzstücke ausgefüllt werden, die man mit kleinen Dübeln oder feinem Kalkmörtel befestigte (s. Abb. 49).

Decken und Dächer

Räume mit Steinplatten zu überdecken war im Grabbau seit altersher bekannt; im Sakralbau- und Profanbau dagegen finden sich Steindecken erst in klassischer Zeit als Balken- und Kassettenkombinationen über den Ringhallen der Tempel – begrenzt freilich durch das Gewicht der einzelnen Elemente und die statischen Möglichkeiten. Eine Ausnahme bildeten die aus Marmor errichteten Kykladentempel (vgl. S. 144), bei denen schon um 600 v.Chr. Marmorbalken von 4 m Länge eine aus kleineren Marmorbalken und -platten bestehende Decke trugen[92]. Solche, einer Holzbalkendecke ähnelnde Konstruktionen wurden später in örtlich sehr verschiedenartigen

49 Priene-Athenatempel: Kapitell mit Flickstück

50 Milas, Gümüşkesen (Grabbau aus 2. Jh. n. Chr.): Deckenkonstruktion mit diagonal-liegenden Platten

Formen weitergeführt: Bei kleineren Spannweiten genügten einfache Kassettenplatten, die auf Wand- und Ringhallenarchitraven auflagen (u. a. Tholos in Epidauros); darüber hinaus verwendete man Balken und flache kassettierte Platten (zum Beispiel in Didyma, Tegea, Athen; hier am Parthenon Platten von 3,43 × 1,26 m mit einem Gewicht von 3,64 t). Seltener waren mehrfach übereinander-gestaffelte Kassettenelemente wie z. B. beim Athenatempel in Priene; einen Sonderfall bilden die in Marmorbalken eingelassenen Eisenträger in der Pronaosdecke des Apollontempels in Bassai[93].

Eine im Grabbau nicht selten auftretende Art der Raumabdeckung mit Steinplatten findet sich verstreut in Kleinasien (Belevi) und Thrakien: dabei wurden flache Platten abwechselnd diagonal über die Ecken und darüber wandparallel über einer Grabkammer so übereinandergelegt, daß eine kuppelähnliche Form entstand (s. Abb. 50)[94]. Diese Konstruktion entspricht nach ihrem statischen Prinzip der für mykenische Grabbauten charakteristischen Technik des Kraggewölbes (auch als falsches Gewölbe bezeichnet), die allerdings – von einzelnen Ausnahmen abgesehen – im griechischen Mutterland mit dem Ende der mykenischen Kultur aufhörte und sich nur mehr in einzelnen Randzonen (Thrakien, Süd-Rußland, Karien) bis in hellenistische Zeit hinein hielt – hier und da als Tonnengewölbe hergerichtet wie im Tumulus von Belevi[95]. Einfache Balken- und Platten-Abdeckungen finden sich auch gelegentlich im Wohnbau – so etwa über den hellenistischen Hauszisternen von Delos.

Echte Gewölbekonstruktionen sind dagegen seltener; das Bauen von und mit Gewölben hat bei den Griechen nie die Bedeutung erlangt, die es zuvor im Orient und später in Rom hatte[96]. Erst seit der Mitte 4. Jhs. läßt sich ein Interesse für Gewölbekonstruktionen beobachten, wobei man ohne primitive Zwischenlösungen (unter vielleicht östlichem Einfluß?) sofort die technisch richtige Form des halbrunden Keilsteinbogens anwendete (s. Abb. 51). Freilich setzte man diese neue Konstruktionsweise zunächst überwiegend bei Wehrbauten und im Sockelbereich ein. Erste bekannte Beispiele sind ein Tor der um 350 errichteten Stadtmauer von Kassope sowie der um 320 gebaute Stadioneingang in Nemea; etwa gleichzeitig dürften die Stadttore von Priene sein, gefolgt um 300 von Torbauten in Korinth, Dura-Europos, Herakleia (Latmos) und anderen Orten. Eine ganz besondere Steinmetzleistung dieser Zeit waren die schrägliegenden Tonnen über den Sekoszugängen im Apollontempel Didyma und die wenig später errichteten überwölbten Theatereingänge von Sikyon, Eretria, Halikarnass und Knidos. Eine eher technische Aufgabe stellte sich auch mit der Überwölbung des Bachlaufs unter dem Propylon Ptolemaios' II. in Samothrake (285/281), während die Torbogen an der Agora in Priene und am sogenannten Haus der Komödianten in Delos durchaus ästhetische Absichten verraten.

Eine ganz besondere Gruppe von Wölbbauten bildeten seit dem ausgehenden 4. Jh. bis zum ersten Viertel des 2. Jhs. die makedonischen Kammergräber, deren mit Keilsteinen überwölbte Kammern Spannweiten zwischen 3,0–4,8 m (bei Vorkammern bis zu 6,5 m) erreichten; der Grabtypus und die Wölbform blieben in hellenistischer Zeit auch in anderen Regionen lebendig (so etwa in Belevi, Milet und Kos sowie bei zahlreichen Gräbern in Nord-West-Anatolien (vgl. S. 182). Eine Mischung aus Flachdecke und Wölbkonstruktion findet sich in hellenistischer Zeit zum Beispiel bei den Zisternen von Delos und am sogenannten Nekyomanteion von Ephyra: flache Steinplatten auf parallel angeordneten Gurtbögen, die die Funktion der sonst verwendeten Querbalken übernahmen und so größere Spannweiten ermöglichten[97].

Während Raumabdeckungen in Stein somit relativ gut bekannt sind, wissen wir von den weitaus häufigeren hölzernen Decken- und Dachkonstruktionen nur sehr wenig, da die Befunde an vorhandenen Bauten (Balkenlöcher, Einlaß-Spuren und Dübellöcher) wenig ergiebig sind und Inschriften nur sehr geringe Hinweise liefern[98]. Horizontale Holzdecken waren im Profanbau die Regel; bei Tempeln war die Cella fast immer, die Ringhalle bei größeren Pteronbreiten mit (meist kassettierten) Holzdecken überdeckt,

b)

d)

51 Antike Gewölbeformen: a) Herakleia/Latmos: Stadttor-Innenseite; b) Delos: Theaterzisterne; c) Aigai-Theater: Zugang zum Diazoma; d) Milet: Keller eines Wohnhauses die oft mit der Dachkonstruktion verbunden waren. Die freien Spannweiten waren hier zeitlich und örtlich recht verschieden: in Großgriechenland finden sich seit dem 6. Jh. Cellaspannweiten von 5,5–8,5 m, im Mutterland liegen sie im 6. Jh. bei 4–5 m und steigen im 5. Jh. allmählich bis auf 8,5 bis 11,05 m (Parthenon) an, halten sich aber im Mittel bei 5,2–7,5 m; Ringhallen waren im archaischen Sizilien ebenfalls extrem breit (3–12 m), im dorischen Mutterland überstieg ihre Breite kaum 2–3 m (mit Ausnahme des Artemistempels in Korfu mit ca. 6,5 m) und erst in nachklassischer Zeit wurden sie allmählich breiter. Auch wenn solche Deckenkonstruktionen kaum mehr als ihre eigene Last zu tragen hatten – die Nutzung von Tempel-Dachräumen ist umstritten –, müssen hier recht beachtliche Holzquerschnitte üblich gewesen sein; in Sizilien kannte man vielleicht noch weitere, uns bisher unbekannte Hilfskonstruktionen. Hinweise auf Holzstärken finden sich vereinzelt in Balkenlöchern; erhalten sind die dicht nebeneinanderliegenden Deckenbalken in Tumulus W in Gordion, wo Wacholderholzbalken von 22 cm Dicke mit einer Spannweite von 3,3 m die Last des ca. 20 m hohen Tumulus trugen. Auch im Profanbau muß anscheinend mit nicht geringen Dimensionen gerechnet werden: für Geschoßdecken eines Wohnhauses in Ammotopos mit einer freien Spannweite von 7 m sind Balkenlöcher von 29 × 26 cm vorhanden. In Delos wurden bei der Überdeckung von Hauszisternen Balken von 15 × 15 cm verwendet, deren Köpfe mit Bleiplatten verkleidet waren, um sie damit gegen Bodenfeuchtigkeit zu sichern.

Angesichts dieses nicht eben sparsamen Umganges mit Holz ist es verständlich, wenn die Kosten für Bauhölzer im Gesamtetat der Bauten einen erheblichen Anteil ausmachten; den größten Anteil daran hatten jedoch überall die Dachkonstruktionen[99]. Die einfachste Dachform, die bei Wohnbauten, aber auch bei frühen Tempeln häufig anzutreffen ist, war das Flachdach, dessen Holzkonstruktion sich von den zuvor genannten Holzdecken kaum unterschied; Spannweiten (meist um 4–5 m) und Balkenabstände richteten sich nach den örtlich verfügbaren Holzarten, wobei bei einfacheren Bauten oft unbearbeitete Rundhölzer verwendet wurden (s. S. 54 und Abb. 52).

Neben dem Flachdach kamen bereits im 9. Jh. geneigte Dächer auf, wie Bauanalysen und einige Hausmodelle (unter anderen Samos, Perachora) zeigen. Bei Tempeln wurde nach ersten Walm- und Halb-Walmdächern (Korinth, Isthmia, Nemea) im Laufe der weiteren Entwicklung das Satteldach mit Dachneigungen zwischen 13–16 Grad die allgemein verbindliche Bauform. Bei Profanbauten finden sich auch geringere Neigungen bis 11 Grad, dazu Flachdächer für Hallen und Wohnhäuser sowie einseitige Pultdächer mit Neigungen von 10–11 Grad bei Hallen und Wehrbauten; diese geringen Neigungen sollten das Abrutschen der Dachziegel verhindern. Die Holzkonstruktionen der Dächer sind nur mittelbar aus den jeweiligen Spannweiten, den im Stein hinterlassenen Spuren und dem Aufbau der

52 · *Anatolisches Flachdach in Holz-Lehm-Konstruktion*

Steinkonstruktion zu erschließen und daher in vielen Einzelheiten unbekannt. Einfachere Satteldächer bei Gebäudetiefen um 10–14 m, d. h. mit einer freien Spannweite bei innerer Stützenreihe oder tragender Mittelwand von 4–6 m, sind im allgemeinen als einfache Sparrendächer mit etwas stärkerer Firstpfette und daraufliegenden Sparren zu rekonstruieren (so bei Hallenbauten in Argos, Brauron und bei den Propyläen in Athen), daneben scheint es auch Konstruktionen mit schrägliegenden stärkeren Querbalken, daraufliegenden Längspfetten und leichterer Sparrenlage gegeben zu haben, wie sie Vitruv (IV 2.1) beschrieb (s. Abb. 53; zum Beispiel in Hallen in Priene, Magnesia, Samothrake, Oropos) sowie schließlich Konstruktionen mit horizontaler Balkenlage im Achsabstand der Säulen und einem darauf aufgesetzten Dachstuhl mit kurzen Stützpfosten und Pfetten. Eine grundsätzlich ähnliche Form findet sich auch bei den ersten näher bekannten größeren Tempeldächern aus dem Anfang des 6. Jhs., bei denen die Pfetten entweder auf den Cellawänden oder einer einfachen, die Cella überspannenden „Stuhl"-Konstruktion aufliegen und so die Unterkonstruktion für das die Dachhaut tragende Sparrenwerk bildeten (s. Abb. 53). Bezüge zwischen der Dachkonstruktion und dem Entwurfskonzept des Baues lassen sich bei unserem derzeitigen Wissensstand nicht erkennen: beim Hephaisteion in Athen gibt es beispielsweise keine Korrelation zwischen Säulenachsmaßen und Sparrenabständen, sondern im Gegenteil noch Differenzen zwischen Sparren und Kassettendecken des Pteron. Sparren hatten im allgemeinen freie Spannweiten von 3- max. 7,5 m (normal um 5 m) und lagen – bedingt durch die Breite der Ziegel – in Abständen von rund 0,6 bis 0,8 m (max. 1,2 m). Abstände und Dimensionen der verwendeten Hölzer lassen sich – freilich nur mit großer Vorsicht! – aus den im steinernen Oberbau erhaltenen Einlaß-Löchern ermitteln; danach waren die Holzquerschnitte für unsere Begriffe sehr groß (zum Beispiel Firstpfette von 5,7 m Spannweite: ca. 30 × 45 cm; Balkenlage im Kalksteintempel in Delphi bei 9,65 m Spannweite: ca. 30 × 30 cm; Sparren in Brauron bei ca. 5,5 m Spannweite und 0,9 m Abstand: ca. 40-45 × 30 cm). Nachdem die Hölzer anfänglich offenbar überwiegend querformatig verwendet wurden, finden sich seit späthellenistischer Zeit auch Einlaßlöcher in Hochkant-Formaten; in vielen Fällen wird man auch (aus Kostengründen?) bei denselben Konstruktionsgliedern unterschiedliche Holzquerschnitte verwendet haben, oft auch wenig oder gar nicht bearbeitete Rundhölzer. Die Herrichtung der Bauhölzer erfolgte überwiegend mit dem Beil, bei dünneren Hölzern (Dachlatten, Brettern u. ä.) ist dagegen mit der Säge zu rechnen[100]. Neben dem normalen Pfettendach finden sich schon früh auch andersartige Konstruktionen – so ein in vielem vom Üblichen abweichendes Dach mit dichtliegenden Längssparren über dem Megaron der Demeter in Selinus-Gaggera, das ähnlich bei einer Reihe anderer Tempel auftaucht – under anderen am Artemistempel in Korfu und dem Concordia- und dem Hera-Tempel in Akragas. Das in älteren Rekonstruktionen häufig gezeigte Dach mit Knickgiebel (sogenanntes *chinese roof,* zum Beispiel in Paestum) ist jedoch aus dem Formenrepertoire zu tilgen[101].

Sonderformen von Pfettendächern, bei denen alle Teile aus Marmor bestehen, sind auf den Kykladenkreis beschränkt – in Delos der Naxier-Oikos und die Naxier-Stoa, auf Naxos der Tempel von Sangri[102]; hier tragen 5 je 4,15 m lange Pfetten die 0,20 m hohen, 2 m langen Sparren und die Marmordachplatten. In Delos sind die Sparren bei 1,90 m Spannweite mit 12 bis 13 cm Höhe noch zierlicher ausgebildet.

Diese frühen Formen wurden – in Sizilien vielleicht schon um die Mitte des 6. Jhs., sonst erst in frühhellenistischer Zeit – abgelöst durch Bindersysteme mit liegendem Stuhl, die eine stützenfreie Überdeckung der nun gewünschten größeren Räume mit Spannweiten von 8–12 m (maximal bis 15 m) erlaubten. Solche auf dem Prinzip des unverschieblichen Dreiecksverbandes beruhenden Konstruktionen lassen sich nach den derzeit vorliegenden Dokumenten allerdings nur mit begrenzter Wahrscheinlichkeit rekonstruieren wie in Abb. 53.2 gezeigt[103]; das erste erhaltene Beispiel einer solchen Binderkonstruktion bietet das Pantheon in Rom.

Aufgabe aller dieser Konstruktionen war einmal, die an ihrer Unterseite angebrachte, meist hölzerne Raumdecke zu tragen, zum anderen aber die

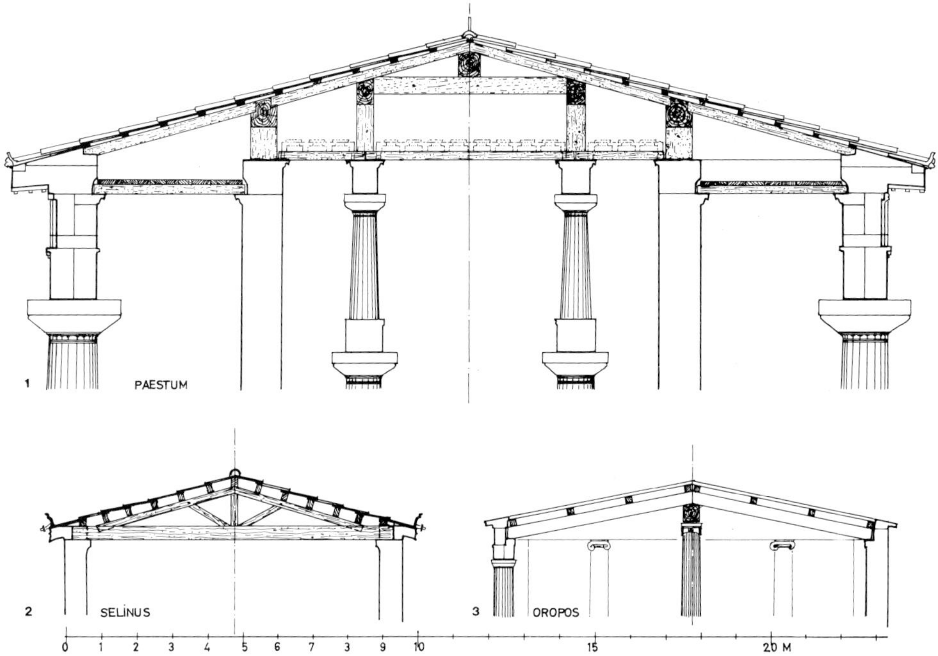

53 Rekonstruktionen antiker Dachkonstruktionen: 1: Paestum, sog. Poseidon-(Hera-)Tempel; 2: Selinus-Gaggera, Naiskos der Demeter Malophoros; 3: Oropos, Stoa im Amphiareion

schützende Dachhaut. Dank zahlreicher Überreste sind uns deren verschiedene Formen recht gut bekannt (vgl. oben S. 48ff.) – gehörten doch zur Deckung eines mittelgroßen Tempels je etwa 1000–2000 Deck- und Flachziegel, die nach Abbruch oder Zerstörung des Baues nur selten wiederverwendbar waren und daher im Bauschutt erhalten blieben.

Die einfachste Dachform, das Lehmflachdach, findet sich noch heute in ländlichen Regionen Kleinasiens und der Ägäis (vgl. Abb. 52): eine auf einer flachen Balkenlage liegende Abdeckschicht aus Brettern, Zweigen, Schilf oder Stroh-(Matten) trägt einen mehr oder minder dicken Lehmbelag, den an den Rändern eine geeignete Traufkonstruktion (Steinsetzung, Bretter o.ä.) gegen Abspülen sichert. Die mit Häcksel oder auch feinem Kies gemagerte Lehmdeckung muß alljährlich erneuert und wieder eingewalzt werden; die Konstruktionsstärke eines solchen Daches beträgt ohne Balkenlage zwischen 0,2–0,5 m[104]. Gegenüber diesen einfachen Formen waren geneigte Dächer fast immer aufwendiger, soweit nicht Primitivdekkungen wie Schilf, Holzbretter oder -schindeln verwendet wurden, die hier außer Betracht bleiben. Die kostbarste (und zugleich schwerste) Deckung war die mit Marmorziegeln, die in Gestalt und Größe den Terrakottaziegeln ähnelten (s. S. 51ff.); ihre Größen schwankten zwischen 0,58–0,75 m

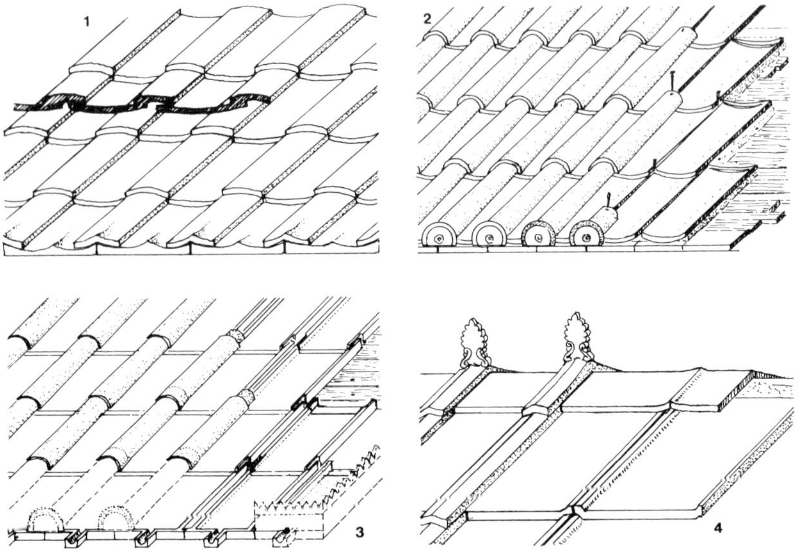

54 *Schematische Darstellung verschiedener Dachdeckungen: 1: Dach des archaischen Zeustempels Isthmia; 2. Lakonisches Dach des Laphrion (Kalydon); 3: Dach aus Neandria; 4: Firstkonstruktion am Aphaiatempel (Ägina)*

Breite und 0,80–1,08 m Länge. Beginnend in archaischer Zeit auf den Kykladen wurden solche Deckungen bei Tempeln vielfach verwendet (Beispiele in Paros, Zeustempel Olympia, Akropolis Athen); ihre „Erfindung" wird von Pausanias (V 10, 3) dem Byzas aus Naxos zugeschrieben. Nicht selten finden sich seit dem 5. Jh. auch gemischte Deckungen mit Marmorelementen an Traufen und Giebeln und Flächendeckungen aus Terrakottaziegeln wie beim Artemistempel in Korfu; gelegentlich war das die Folge einer Dachreparatur[105]. Marmorziegel wurden – soweit feststellbar – unmittelbar auf Dachlatten oder Sparren aufgelegt und wohl auch mit Nägeln befestigt wie am Artemistempel Korfu und an den Propyläen in Athen zu sehen.

Das bei weitem gebräuchlichste Material für Dächer waren jedoch die oben schon in ihren verschiedenen Formen dargestellten Terrakottaziegel (s. S. 48ff.), die in unterschiedlichen Kombinationen verlegt wurden (s. Abb. 54): neben dem normalen lakonischen Dach mit runden Elementen und dem korinthischen Dach mit flachen Platten und giebelförmigen Deckziegeln wurden beim sogenannten sizilischen (oder hybriden) Dach flache Platten mit halbrunden Kalypteren abgedeckt. Solche Kombinationen waren in Sizilien, Etrurien und in Teilen Kleinasiens sehr geschätzt, doch mußten natürlich alle Einzelteile jeweils zum gleichen Produktkreis gehören, um mit ihren Abmessungen zusammenzupassen. Das galt ebenso für die Elemente an First, Traufen und Giebeln (vgl. S. 120f.), die sich zeitlich

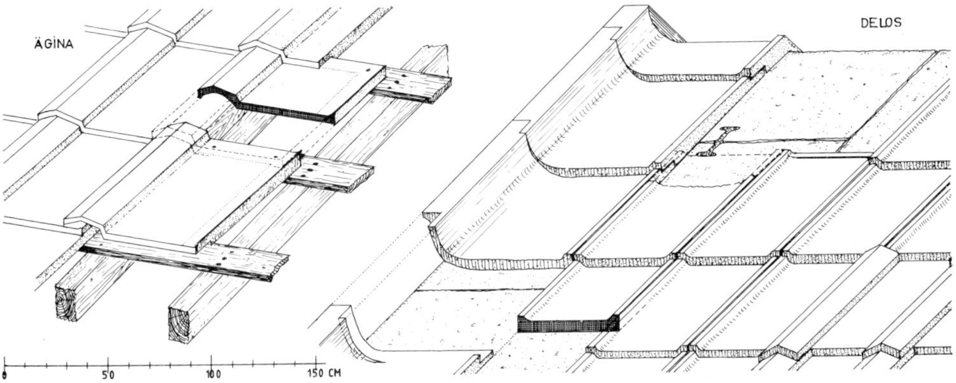

55 Einzelheiten der Verlegung der Dachziegel: links am Apollontempel in Ägina (um 520/510); rechts am Apollontempel der Athener in Delos mit Anschluß an die Giebelsima.

und örtlich besonders stark veränderten. Zu dem in der Peloponnes bevorzugten (und weder in Sizilien noch in Kleinasien vertretenen) lakonischen Dach gehörten neben Stirnziegeln mit scheibenförmigen Dekor ziemlich große halbrunde Firstziegel, die über die halbrunden Kalyptere hinübergreifen konnten; ihre Reihe wurde an den Giebeln geschlossen durch oft ziemlich große Scheibenakrotere wie zum Beispiel beim Heraion von Olympia[106]. Dagegen wurden bei dem in der Argolis und in Korinths Einflußgebiet – unter anderem auch in Athen – üblichen korinthischem System die Giebelränder zusätzlich mit Formstücken verkleidet; hier finden sich dann auch bereits im 6. Jh. vollplastische Löwenköpfe an den Ecken. Weitere Formstücke wurden beim korinthischen Dach für den First benötigt: entweder dreikantige Deckziegel zum Abdecken der Plattenstöße und dazu kreuzförmige Formstücke zum Überdecken der Anschlußstellen der Kalyptere (die oft mit einer Palmette geziert waren), oder sogenannte Reiterstrotere, d. h. im Neigungswinkel des Daches geknickte Platten (zum Beispiel in Eleusis am peisistratischen Telesterion) mit ebenfalls geknickten Kalypteren[107]. An den Traufen schloß das Dach mit Flachziegeln mit zusätzlichem Dekor an Stirn und Unterseite *(hegemōnes)* sowie mit Deckziegeln mit Antefixen ab, denen ähnlich gestaltete Firstziegel entsprachen.

Demgegenüber war in Sizilien und in Teilen Süditaliens – wohl über Korfu vermittelt (?) – seit Anfang des 6. Jhs. das sogenannte Traufsimendach üblich, bei dem die anfangs oft sehr breite Sima nicht allein auf die Giebel beschränkt blieb, sondern um den ganzen Bau herumgeführt wurde[108]: für die nunmehr verkleideten Traufen verwendete man kastenförmige Formstücke (vgl. Abb. 17, 55) mit anfangs röhrenförmigen Wasserspeiern. Alle Teile waren reich mit Wellenbändern, Blattstäben, Lotos-Palmettenfriesen und ähnlichem Dekor bemalt. Diese Form wurde mit einigen Abwandlungen beim klassischen Marmordach weiterentwickelt, dessen Traufe seit dem

5. Jh. mit Löwenköpfen und später mit Rankendekor geschmückt war, während die Giebel Lotos-Palmettendekor trugen; mit diesen waren an den Ecken und in der Mitte der Giebel kleine Podeste verbunden, auf denen die Akroterfiguren standen (vgl. Abb. 47, 67).

Lange ist darüber gestritten worden, wie die üblichen Dachziegel verlegt waren: wurden sie auf der hölzernen Unterkonstruktion mit Nägeln befestigt oder verlegte man sie in einem auf einer Schalung aufgebrachten Lehmbett – was zumindest beim lakonischen Dach sinnvoll erscheint? Diese Frage ist heute mit „sowohl – als auch" zu beantworten: nach der vielbehandelten Arsenalinschrift (IG II^2 1668) wurden dort – ebenso wie bei zahllosen anderen Bauten – korinthische Ziegel in einer Lehmbettung verlegt, die man auf eine auf den Sparren liegende Schalung (Schilfmatten, Holzbretter o. ä.) aufbrachte[109]; damit sollten die sonst nicht weiter befestigten Ziegel gegen Abrutschen oder Windverschiebung gesichert werden. Daneben zeigen aber andernorts Löcher in den Flächen und an Kanten der Ziegel, daß in hellenistischer Zeit korinthische Ziegel (Platten und Deckziegel) offenbar auch ohne eine solche Lehmbettung auf der hölzernen Tragkonstruktion und untereinander so mit Eisennägeln und Kantendübeln fixiert werden konnten, daß das die Unterkonstruktion zusätzlich belastende Lehmbett fortfallen konnte; das zeigt sich übrigens auch bei der Verwendung von Plattenziegeln mit Öffnungen. In einzelnen Fällen muß durchaus damit gerechnet werden, daß auf dem Dach eines Baues unterschiedliche Ziegel lagen: hier wurden bei Dachreparaturen eben nur die beschädigten Teile mit derzeit gängigem Material ausgebessert; es ist also nicht nötig, allein aus unterschiedlichen Ziegeln im Bauschutt weitere Bauphasen zu erschließen.

Daß Dachabdeckungen neben dem Witterungsschutz in der Frühzeit zugleich auch apotropäische Funktionen übernahmen, zeigen die seit Mitte des 7. Jhs. weitverbreiteten Medusen- und Löwen-Antefixe an den langen Traufrändern; an ihre Stelle traten allerdings in der Folgezeit mehr und mehr ornamental gestaltete Zierglieder. Zwischen Schutz-, Symbol- und Dekorfunktion bewegten sich auch die an den Giebelrändern auftretenden, meist reicher skulptierten Bauglieder: Die aus dem archaischen Lakonien stammenden großen Scheibenakrotere sowie die zierlichen pflanzlichen Akrotere, die – seit spätarchaischer Zeit (Ägina) aus mehreren übereinander angeordneten Elementen zusammengefügt – für die Klassik charakteristisch wurden[110] (s. Abb. 67).

Ausbau – Elemente

Zu den wichtigsten Ausbauteilen gehörte bei allen Bauten seit altersher die Türe (θύρα, θύρωμα)[111], deren Gestaltung den Rang des Bauwerks oder seines Besitzers andeutete; allerdings beschränken sich die erhaltenen Re-

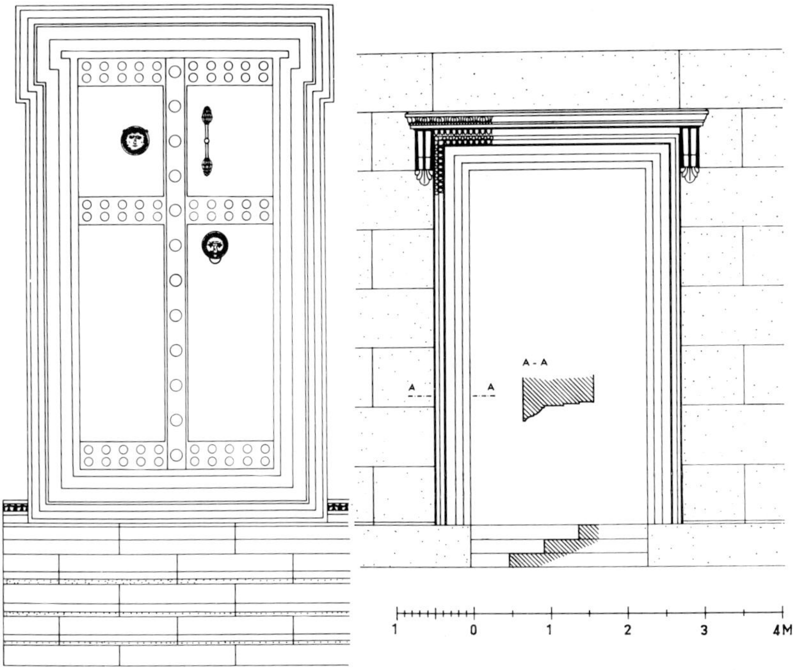

56 Türen am Mausoleum in Belevi (Ephesos): links dorische, rechts ionische Form (Mstb. 1 : 10)

ste fast gänzlich auf die aus Stein gefertigten Rahmen, während man für die Rekonstruktion des Holzwerks weitgehend auf bildliche oder literarische Quellen angewiesen ist. Bei einfacheren Bauten bestanden alle Teile einer Türe, Schwelle, Rahmen und Türflügel, zumindest in der Frühzeit aus Holz. Profanbauten hellenistischer Zeit besitzen Türöffnungen mit Stein-Parastaden und -sturz oder nur durch einen Sturz überdeckte Öffnungen, in die hölzerne Türrahmen und -flügel eingesetzt wurden (s. Abb. 58). Bei bedeutenderen Bauwerken waren die unterschiedlich gestalteten Rahmen sowie die Schwellen fast immer aus Stein, gelegentlich mit einer äußeren Verkleidung aus Holz (s. Abb. 57); die hölzernen Flügel trugen oft Eisen- oder Bronzebeschläge oder anderen Dekor aus kostbarem Material.

Wie die anderen Bauglieder fanden auch die Türen im Laufe des im 8. Jh. ablaufenden „Versteinerungsprozesses" allmählich zu festen Formen; anfänglich trugen steinerne Rahmenteile gelegentlich Relief-, Ritz- oder Malerei-Dekor (zum Beispiel in Gortyn und am Tempel A in Prinias) oder waren pfeilerartig mit Kapitellen gestaltet (Gräber in Tamassos auf Zypern; vgl. Abb. 77). Seit hocharchaischer Zeit bildeten sich mit der repräsentativen (und nur bei Sakralbauten üblichen) ionischen und der etwas einfacheren dorischen Türe feste Typen heraus, die durch viele Beispiele belegt sind und bei Vitruv (IV 6, 1–6) noch durch die attische Türe ergänzt werden; die Unterschiede liegen im Aufbau der Rahmen. Die im allgemeinen besonders große ionische Türe bestand aus einem vierteiligen Rahmen, bei dem die leicht nach innen geneigten Parastaden und der Sturz durch 3 gleichmäßig umlaufende Faszien gegliedert waren; über dem Sturz lagen – oft aus einem großen Block gefertigt – das sogenannte Hyperthyron und ein Geison, das von zwei seitlich angeordneten, meist mit Voluten gezierten Konsolen getragen wurde. Dieser an den drei ionischen Schatzhäusern in Delphi gegen M. 6. Jhs. faßbare Typus hat sich in der Folgezeit in manchen Details sowie in der Proportionierung der Öffnung (anfänglich Breite zu Höhe = 1 zu 1,5, später 1 zu 2 bzw. bei Vitruv 1 zu 2,5) verändert; geblieben sind die relative Größe und der reiche Dekor. Diese Größe führte natürlich zu entsprechend großen Bauteilen, wie sie in mehreren Fällen inschriftlich überliefert sind (zum Beispiel in Delphi), in einigen aber auch noch am Ort vorhanden sind wie in Didyma, wo die Haupttüre bei einer lichten Breite von 5,63 m Gewände von ca. 14 m Höhe besaß, die als Monolithe gearbeitet rund 70 t wogen.

Demgegenüber sind bei den sogenannten dorischen Türen Türpfeiler und Sturz deutlich voneinander abgesetzt: Sturz und Schwelle ragen auf beiden Seiten über die Außenkanten der Pfeiler hinaus, womit man die statischen Funktionen der einzelnen Glieder verdeutlichte, die auch nicht durch reichen Dekor überspielt wurden. Im Gegensatz zu den schon im 6. Jh. ganz in Stein ausgeführten ionischen Rahmen wurden dorische Türen noch in klassischer Zeit mit Holzbrettern verkleidet (s. Abb. 57), auch wenn die Mauern sonst ganz in Quaderwerk aufgeführt waren (so im Athenerschatzhaus Delphi, an den Propyläen Athen, am Apollontempel Phigaleia und an den Tempeln in Selinus). Türflügel scheinen nach den erhaltenen Darstellungen (vor allem in Gräbern) im allgemeinen in ähnlicher Form wie auch neuzeitliche Türflügel hergestellt worden zu sein: Rahmen mit eingesetzten Füllungen oder Rahmen mit aufgedoppelter Verbretterung. Große Türen wurden

57 Olympia, Heraion: Schema der hölzernen Tür-Verkleidung

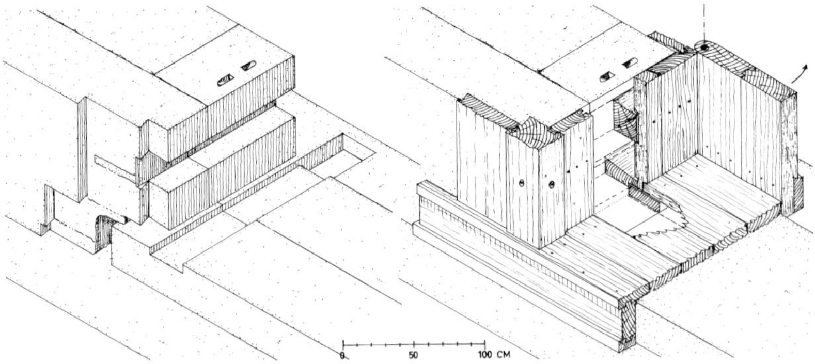

58 Aigai, Agora: Tür und Fenster

oft mit Bronzeblech beschlagen oder trugen reichen Zierat aus kostbarem Material; selbst bei einfachen Wohnhaustüren haben sich bronzeneZiernägel als Schmuck gefunden. Bei Stadttoren wird man in vielen Fällen mit Eisenbeschlag rechnen können.

Fenster sind – da meist in den oberen Wandregionen gelegen und aus Holz gefertigt – noch schwieriger zu fassen, soweit sie sich nicht als einfache Wandöffnungen erhalten haben (s. Abb. 58); auch hier muß man weitgehend bildliche Darstellungen zu Hilfe nehmen[112]. Sicher waren sie für die Gesamterscheinung der Bauten weniger wirksam als Fenster in Fassaden späterer Perioden, in denen ihre Anordnung für die Wirkung eines Baues entscheidend sein konnte; das zeigt sich in den schmalen Schlitzfenstern von Tempeln (unter anderen am Erechtheion, am Aphaiatempel in Ägina und am Concordiatempel in Akragas), die zwar ein gewisses Maß an Licht brachten, für die Wandansicht jedoch ohne Bedeutung blieben. Dagegen gab es auch bei Tempeln hier und da größere Fenster mit ausgebildeter Rahmung – so im Pronaos des Parthenon und des Erechtheion –, während sie bei größeren Profanbauten vor allem in den Obergeschossen vorkommen wie zum Beispiel in Athen, Milet oder Magnesia zu sehen – hier eingebunden in durch Halbsäulen oder Pilaster gegliederte Fassaden. Gelegentlich handelte es sich bei diesen für die Fassadengestaltung wesentlichen

Fenstern nur um Scheinfenster wie zum Beispiel im Palast von Vergina oder der zweigeschossigen Grabfassade von Lefkadia[113].

Im Wohnhausbau muß man dagegen mit einfacheren Fensterformen rechnen – beginnend mit dreieckigen Luftlöchern (wie sie Hausmodelle zeigen) über schmale Schlitzfenster bis hin zu einfachen Fensterlöchern, die mit Klappläden verschlossen wurden und mehrfach auf Vasen abgebildet sind; daneben fanden sich in Delos auch breite, mehrgliedrige Fenster mit Zwischenpfosten und Vergitterung (s. Abb. 59)[114].

Treppen (κλίμακες) gehörten als Teil des Innenausbaues zu fast jedem Gebäude[115]; vielfach waren sie auch als Außentreppen wichtige Funktionsglieder – so bei Stadtmauern, Straßen und Gebäudezugängen –, seit dem 4. Jh. auch zunehmend mehr Gestaltungsmittel bei der monumentalen Ausbildung ganzer Baukomplexe (vgl. S. 155ff.). Der Stufenbau von Tempeln gehört nicht in den Kreis der Treppen, wohl aber die hier und da vorgelagerte Freitreppe, die sich vor allem in Sizilien findet. Außentreppen bestanden im Regelfall aus Stein: die einzelnen Stufenblöcke lagen auf meist massivem Unterbau, waren gelegentlich an einer Seite in das Mauerwerk der Außenwand eingeschoben und so zusätzlich verankert; Steigungsverhältnisse und Breiten solcher Treppen richteten sich nach den jeweiligen örtlichen Bedingungen. Feste Elemente des Gesamtkonzepts waren Treppen in Theatern, Buleuterien und Kultversammlungsplätzen (zum Beispiel Telesterion Eleusis, Demeterheiligtum Pergamon u. ä.).

Innentreppen in Stein lagen meist ähnlich wie Außentreppen auf einer massiven Unterkonstruktion auf; gelegentlich – so wie beim Turm von An-

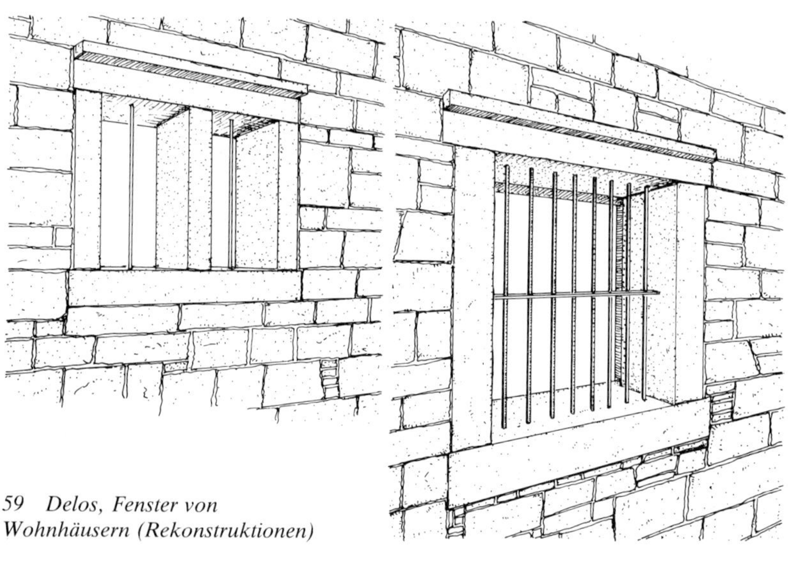

59 Delos, Fenster von Wohnhäusern (Rekonstruktionen)

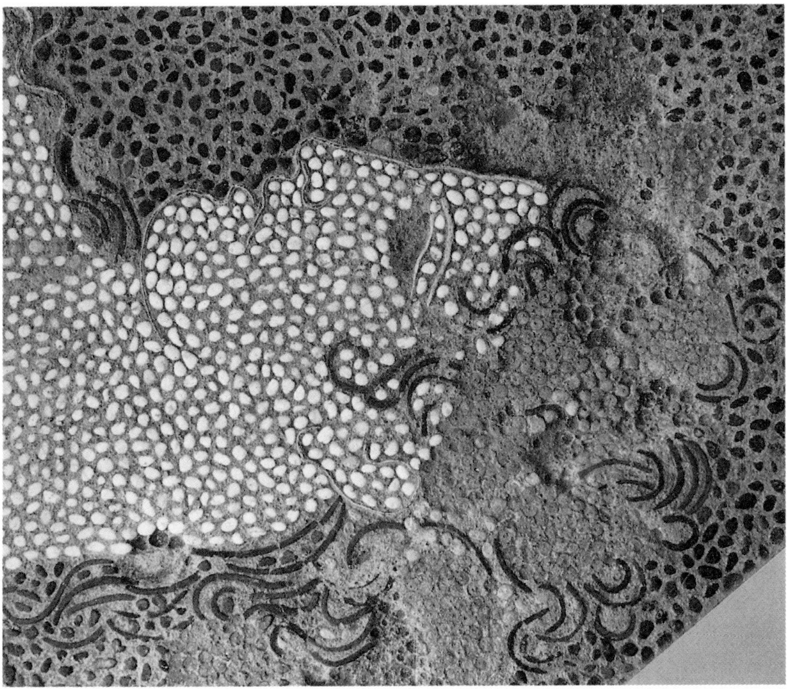

60 Pella, sog. Dionysosmosaik (4. V. 4. Jh.): Kieselmosaik mit Blei- und Terrakottastreifen

dros – waren die Stufenblöcke in die Außenwand eingelassen und ragten frei nach innen heraus. Besonders sorgfältig waren die Treppen in den sizilischen Tempeln gearbeitet; sie waren aus großen Blöcken gefügt und in mehreren Läufen mit dazwischenliegenden, belichteten Podesten geführt. Ein Sonderfall unter ihnen ist die (älteste) Wendeltreppe in Tempel A in Selinus mit einem Treppenhaus-Durchmesser von 1,8 m[116]. Häufiger aber waren Treppen in Verbindung mit den übrigen Hausmauern wie diese in Bruchsteinen aufgeführt und mit möglichst großen Werkstücken abgedeckt, oft auch zwischen parallelen, dichtstehenden Wänden angelegt. Solche Treppen dienten oft als Podeste für weiterführende Holztreppen, die allerdings nur in ihrer Steigung, nicht aber in Einzelheiten zu verfolgen sind – zum Beispiel in einzelnen Häusern in Delos; sie unterscheiden sich nicht sehr von noch heute üblichen einfachen Holztreppen mit beidseitigen Wangen.

Fußböden in Innenräumen wurden je nach Bedeutung des Baues und des Raumes in sehr verschiedenen Techniken hergestellt, wobei die einfachsten Arten – Estriche aus Lehm mit oder ohne Kieszuschlag oder aus Mörtelarten mit Kalk- oder Gipsbeigabe – nicht näher zu erläutern sind; sie wurden im Wohnbau und bei einfachen Nutzbauten auf dem gestampften Erdreich oder einer Steinpackung aufgebracht und glatt abgerieben. Sie sind – oft in Verbindung mit Teppichen oder Decken – seit frühesten Zeiten bis in die Gegenwart hinein weit verbreitet. Aufwendiger waren demgegenüber alle Arten von Mosaikböden, für die man farbige Kiesel oder aber eigens zugeschlagene kleine Steinkuben *(tesserae)* verwendete, die in bestimmten Mustern auf einer besonders zugerichteten Bettung aus Steinen und Lehm in einem fest abbindenden Mörtelbett aus Kalk, Ziegelmehl und Sand verlegt wurden[117]. Die frühesten Beispiele sind ein aus spätmykenischer Zeit stammender Boden in Tiryns und Kieselmosaiken des späteren 8. Jhs. in Gordion und einigen anderen Orten Anatoliens und Nord-Syriens; die eigentliche Entwicklung setzt aber erst im 5./4. Jh. ein, für die Beispiele aus Olynth, Korinth, Sikyon und Megara bekanntgeworden sind. Nach anfänglich nur einfach konturierten Ornamenten und Figuren aus Kieseln in 2–3 Farben wurden seit M. 4. Jhs. mit weiteren Farben (gelbe und rote Tesserae) reichere Dekorformen bevorzugt, bei denen die Mittelfelder mit Figuren oder Ornamenten *(emblemata)* von unterschiedlichen Rahmungen umgeben waren. Solche Böden fanden sich in Tempeln und öffentlichen Bauten, vor allem aber in den Andron-Räumen größerer Wohnhäuser – häufig mit Inhalten aus dem dionysischen Bereich (s. Abb. 60).

Neben die auch weiter hergestellten Kieselmosaiken traten etwa um die Wende vom 3. zum 2. Jh. die in reiner Tessera-Technik ausgeführten Mosaiken, die in hellenistischer Zeit eine weitere Verfeinerung der Darstellung erlaubten, wie Beispiele aus Pergamon, Delos, Alexandria und Pompeji zeigen. Diese reichen Mosaiken wurden oft nicht mehr nur mit einer einfachen Vorzeichnung auf dem Unterboden hergestellt, sondern zuvor (vielleicht nach Musterbüchern?) vorbereitet und in einzelnen zusammenhängenden Flächen verlegt; für Ornamente verwendete man auch Schablonen aus Bleiplatten, wie sie in Delos gefunden wurden[118]. Mit dieser Verfeinerung wurde der Weg zur Ausbildung lokaler Stile und hochqualifizierter Werkstätten frei, für die hier auf die umfängliche Spezialliteratur verwiesen sei.

Den Mosaikböden mindestens gleichrangig waren Bodenbeläge aus großen Marmorplatten, während einfache Steinplattenböden eher in den Kreis der Nutzarchitektur gehörten; hierbei verwendete man lokales Material in Lehm- oder anderem Mörtel. Marmorplattenböden mit regelmäßigem Fugenschnitt – der oft das Maßsystem des Baues spiegelt – waren im Tempelbau die Regel; die Platten wurden wie andere Quader mit allseitigen Anathyrosen und oft rauher Oberfläche verlegt und nach Fertigstellung der Fläche nochmals überarbeitet (ἐπιξοά; vgl. Abb. 35)[119].

Neben allen diesen oben behandelten konstruktiv und funktionell notwendigen Bauelementen gehört schon seit frühesten Zeiten zu jeder über die bloße Funktionserfüllung hinausführenden Architektur ein unterschiedlich großer Anteil an Schmuck – beginnend mit primitiven Malereien auf verputzten Wänden bis hin zu reichem Statuenschmuck oder kostbaren Beschlägen. Dies weite Feld kann in diesem Rahmen nicht einmal annähernd umrissen werden – müßten hier doch der gesamte außerhalb des konstruktiv Erforderlichen liegende ornamentale und figürliche Baudekor, die Bauplastik und die noch kaum erforschte Fassadenmalerei behandelt werden, dazu die vielen verschiedenen Formen des Innenraumdekors mit Wandmalereien und feingliedriger Stuck- oder Marmorarchitektur, mit Täfelungen und Beschlagwerk aus Bronze oder Edelmetallen. Nicht wenige dieser schmückenden Elemente hatten weit über ihre rein dekorative Funktion hinausführende Aufgaben: sie sollten schützen, repräsentieren oder dem Betrachter den Sinn des jeweiligen Baues verdeutlichen. Sie waren im allgemeinen als integrale Bestandteile des Baues in der Planung des Baumeisters von vorneherein vorgesehen, wie zum Beispiel der Skulpturenschmuck des Tempels. Bei langlebigen Bauten kam zu diesem ,,eingeplanten" Schmuck noch eine Menge späterer Zutaten hinzu: Weihgaben, Bilder oder Beschläge, die das ursprüngliche Konzept des Baues nicht unwesentlich veränderten; umgekehrt fielen aber auch nicht selten kostbare Kunstwerke früherer Phasen Bränden oder Erdbeben zum Opfer, deren Fehlen den Gesamteindruck eines Baues ebenso nachhaltig veränderte (vgl. unten S. 137, 151f.).

IV. Stil- und Gestaltungsfragen

Auch wenn die Genese der griechischen Monumentalbauformen eng mit dem Tempelbau als der anfangs beherrschenden monumentalen Bauaufgabe verbunden war, müssen die einzelnen Stufen ihrer formalen Entwicklung und die sich dabei ausbildenden Elemente hier getrennt von den jeweiligen Grundrissen betrachtet werden – war doch griechisches Bauen stets Gliederbau, Zusammenfügen charakteristischer Einzelteile zu einem Ganzen unter höherem Gesetz. An der im Tempelbau seit dem 7. Jh. auftretenden, den Naos umgebenden Ringhalle mit der Reihung vertikaler Stützen und horizontalem Gebälk haben sich parallel nebeneinander in einem mehrhundertjährigen Prozeß die beiden wichtigsten Ordnungen entwickelt: die dorische mit dem Zentrum in der Peloponnes und Schwerpunkten in Süditalien und Sizilien sowie Ausstrahlungen in den ägäischen Raum hinein – bereits in archaischer Zeit kanonisch fixiert – und die ionische, die in der Ägäis und Westkleinasien beheimatet war, zugleich aber auch in den großgriechischen Raum hinein wirkte, eine überregional verbindliche Form aber erst sehr spät gefunden hat. Neben diesen beiden Ordnungen gab es eine ganze Reihe lokaler Sonderformen; in spätklassischer Zeit trat ergänzend die korinthische Ordnung hinzu und im Hellenismus schließlich wurden Formen beider Ordnungen ohne Skrupel miteinander vermischt. Trotz zahlloser Studien und wichtiger Neufunde aus den letzten Jahren läßt sich die Entwicklung der beiden alten Ordnungen noch immer nicht so klar sehen wie das viele ältere, auf Vitruvs Angaben (IV 2, 2ff.) aufbauende Erklärungen zeigen zu können meinten, obwohl in beiden Fällen Grund- und Vorformen im Holzbau unbestritten und in Einzelheiten archäologisch nachweisbar sind[1].

Dorische Ordnung

Im dorischen Bereich kamen im 8. Jh. die wesentlichen Anstöße zur Ausbildung einer festen Ordnung und ihrer Übersetzung in monumentale Steinformen aus den beiden alten Kunstzentren Korinth und Argos (vgl. Vitruv IV 1, 2ff.), doch lassen sich dort Reste jenes frühen Bauens infolge späterer Überbauung nicht so genau beobachten, daß eine eindeutige Antwort auf die seit Vitruv gestellte Frage nach der Genese des Dorischen möglich wäre. Dagegen haben sich in einer abgelegenen Ecke Ätoliens, in Thermos, Reste eines Apollontempels aus der Zeit um 630/620 gefunden, dessen aus 5×15 Säulen gebildete Ringhalle mit Holzsäulen und -architraven einen Fries mit buntbemalten Terrakottaplatten als Metopen besaß, den ein ebenfalls aus Terrakottaelementen gebildetes Geison abdeckte. Ähnliche Terrakottaelemente fand man auch in Kalydon und Elis, dort auch Triglyphen, die zeigen, daß mit einer stufenweisen Umsetzung aus dem reinen Holzbau in den dauerhafteren und monumentaleren Steinbau zu rechnen ist, bei der sehr wohl Einflüsse aus Ägypten mitgewirkt haben mögen: die Parallelen in formalen und konstruktiven Details sind nicht zu übersehen, ebenso aber auch nicht die frühesten archäologisch gesicherten Zeugnisse jener neuen Baugesinnung, die zunächst Terrakottabauglieder waren: Dachziegel von teils beachtlicher Größe und handwerklicher Perfektion (vgl. S. 48ff.) sowie die genannten Metopen- und Geison-Teile.

Wie immer ein glücklicher Fund die vielfach diskutierte Frage nach Herkunft und Werden des dorischen Gebälks letztlich entscheiden mag – Tatsache ist, daß mit dem Übergang vom 7. zum 6. Jh. dieses Gebälk in allen seinen Teilen fertig vorhanden war, wie am Artemistempel in Korfu zu sehen. Auch der Übergang vom Holz- zum Steinbau und die Kombination von hölzernen und steinernen Gliedern lassen sich an einem realen Beispiel dieser Zeit verfolgen, am Heraion von Olympia, dessen einstige Holzsäulen samt ihren Kapitellen im Laufe der Zeit durch Steinsäulen ersetzt werden mußten, dessen hölzernes Gebälk mit seinem Triglyphenfries aber bereits das Eckproblem kannte, das in der Folge allen in dorischen Formen entwerfenden Baumeistern erhebliche Schwierigkeiten brachte[2]. Die sich hier ergebenden Schwierigkeiten lagen darin, daß zwei sich jeweils in horizontaler Reihung entwickelnde Bauteil-Folgen – die Säulenreihe mit gleichmäßigen Achsabständen und die ebenfalls gleichmäßige Abfolge Triglyphe-Metope-Triglyphe – zusätzlich auch achsial miteinander verkoppelt sind und diese Achsbildung an den Ecken Störungen in der einen oder anderen (oder beiden) Reihen verursachen mußte, doch ist das im Zusammenhang mit der nun folgenden Betrachtung der einzelnen Bauglieder der dorischen Ordnung später zu zeigen (vgl. Abb. 64).

Daß eine dorische Säule ohne Basis auf einer mehrstufigen Krepis steht, gilt seit Fixierung des dorischen Kanons als Grundregel, doch zeigten Funde, daß frühe Holzsäulen gelegentlich auf Steinbasen standen (zum Beispiel in Thermos, vielleicht in Argos; dargestellt auf der François-Vase[3]). Diese Holzsäulen, ebenso aber auch frühe Steinsäulen aus der Zeit um 600 hatten überaus schlanke Schäfte mit 16 Kanneluren und einem Verhältnis von unterem Durchmesser zu Säulenhöhe (im folgenden UD:SH) von 1:6 (s. Abb. 70). Das änderte sich zu Beginn des 6. Jhs. ziemlich plötzlich: die Schäfte wurden bei den nun größeren Bauten bei deutlicher Verjüngung nach oben hin erheblich dicker und gedrungener mit Verhältniszahlen UD:SH = 1:4,2-4,3. Erst im weiteren Verlauf des 6. Jhs. stieg dieser Wert auf 1:4,5-4,9 (in Ägina 1:5,33), um sich in der Klassik bei etwa 1:5,5-5,7 einzupendeln, während schon in der Spätklassik schlanke Säulen mit Wer-

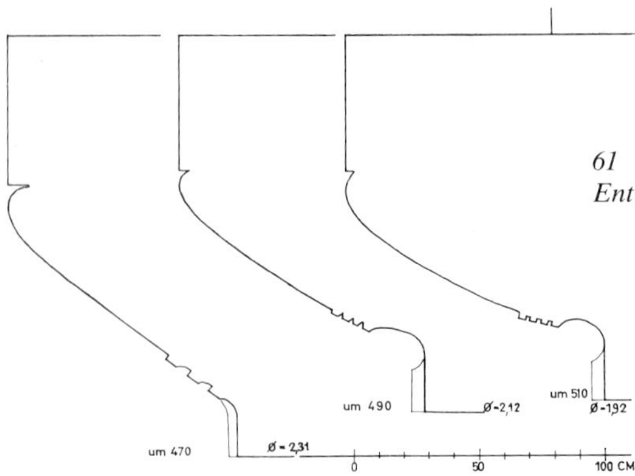

61 Selinunt, Apollontempel (G), Entwicklung des Kapitells

ten von 1:6,2 (Tegea) bis 6,8 (Delphi-Marmaria) auftauchen[4], die dann im Hellenismus die Regel wurden mit Werten bis zu 1:7,7 in Innenräumen. Statt der bei zahlreichen archaischen Säulen beobachteten Zahl von 16 Kanneluren (so etwa in Korfu, Syrakus und Assos) wurden im Laufe des 6. Jhs. allmählich 20 Kanneluren die Regel – freilich mit Ausnahmen (zum Beispiel 18 Kanneluren in Assos, Pompeji, Foce del Sele) und Mischformen: am Tempel C in Selinus gab es Säulen mit 16 und 20 Kanneluren. Ein wesentliches gestalterisches Motiv war bei allen Säulen die Schwellung des Schaftes (Entasis), die im 6. Jh. an den Tempeln des Westens oft sehr stark war (Basilika Paestum; vgl. Abb. 82), später aber geringer wurde, um im Hellenismus zugunsten gleichmäßig sich verjüngender Säulen aufgegeben zu werden – letztere nicht selten mit facettierten oder ganz unkannelierten Schäften[5].

62 Zusammenstellung dorischer Kapitelle (Mstb. 1 : 50): 1: Korfu, Artemistempel (um 580); 2: Ägina, Alter Aphaiatempel (520/510); 3: Olympia, Heraion, Säule S 1; 4: Olympia, Zeustempel (um 470/456); 5: Lindos, Athenatempel (um 300); 6: Olympia, Metroon (um 400); 7: Delos, Apollontempel (425/417); 8: Priene, Agora (2. Jh.)

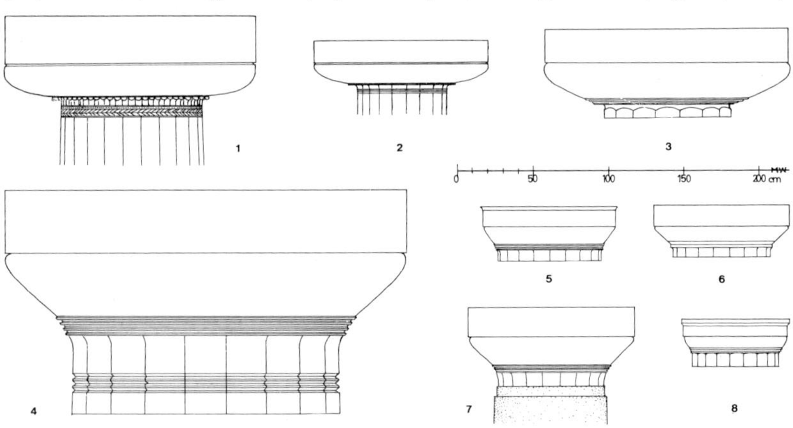

63 *Assos, Athenatempel: Kapitelle (um 540/530)*

Ebenso wie die Entasis hatte auch das dorische Kapitell (s. Abb. 61–63) mit seinem anfangs flachen, später zunehmend gestrafften Echinus und dem quadratischen Abakus eine wesentliche Funktion bei der Verdeutlichung der Last- und Spannungsverhältnisse im Bau; zudem ist es dank der raschen Anpassung seiner Proportionen und der Echinusform an die wechselnden Zeitstile ein wichtiges Datierungshilfsmittel (s. Abb. 61)[6]. Auf die weitausladenden flachen Formen der Frühzeit (s. Abb. 62), bei denen gelegentlich blattgezierte Halsringe aus Bronze oder Stein den harten Übergang überspielten, folgten im 6. Jh. Bemühungen um einen organischeren Übergang vom dicker werdenden Schaft zu dem durch Halsringe *(anuli)* abgesetzten Kapitellkörper, die sich an den zahlreichen Kapitellen des olympischen Heraion oder am Tempel G in Selinus (s. Abb. 61) verfolgen lassen und im 5. Jh. zur klassischen Form (Zeustempel in Olympia um 460) führten. Die Entwicklung endete in den knapp, oft hart profilierten, steil-ansteigenden Echinoi hellenistischer Zeit (Delos und Priene zum Beispiel; s. Abb. 62).

War das Kapitell somit ein für Stilwandlungen hochsensibles Bauglied, gilt das für den Architrav kaum, obwohl auf längere Sicht hin im dorischen Proportionssystem eine deutliche Verminderung der Architravhöhe im Verhältnis zum Fries zu beobachten ist – der Tendenz zu leichterer und strafferer Gestalt folgend. Eine gewisse Höhe konnte freilich nicht unterschritten werden; bei größeren Spannweiten bestand der Architrav oft aus 2–3 nebeneinanderliegenden Blöcken (vgl. Abb. 47, 66). Deutliche Abweichungen von der üblichen Form mit *taenia* und mutulen-geschmückter *regu-*

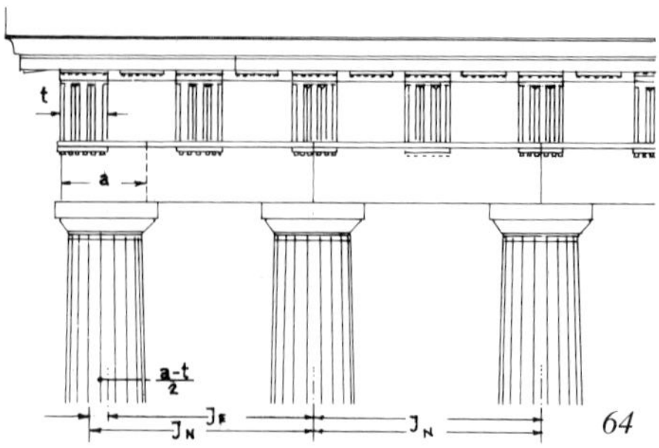

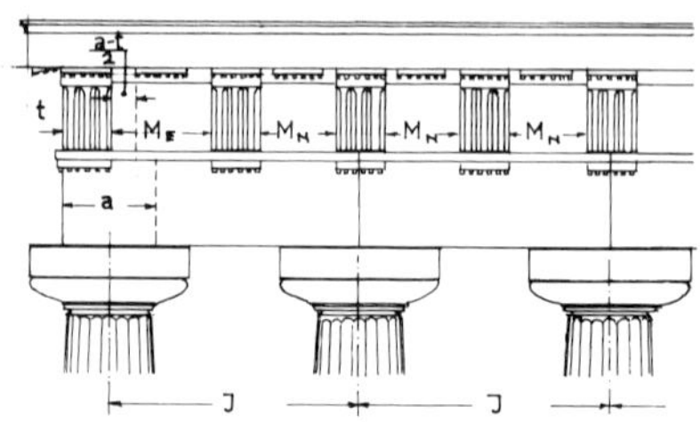

64 *Schemadarstellung des dorischen Eck-Konfliktes*

la zeigen sich an Bauten Großgriechenlands, wo die *taenia* durch eine reichere Profilfolge, nicht selten sogar mit Blattreihen, ersetzt wurde, die an Ionisches erinnern[7]. Während der Architrav als primär konstruktiv bestimmtes Bauglied nur geringfügige Veränderungen zeigt, gab der darüberliegende, aus Triglyphen und Metopen zusammengesetzte Fries seit frühesten Zeiten Anlaß zu Schwierigkeiten: wie zuvor schon erwähnt, mußte die in sich in festen Verhältnissen gebundene Triglyphen-Metopen-Reihung jeweils mit der darunterliegenden Säulenachse zusammenfallen, was an den äußeren (und später auch den inneren) Ecken zum sogenannten Eckkonflikt führte. An der Außenecke war der Anlaß, daß die Außenkanten der Ecktriglyphe und des Architravs übereinanderliegen sollten, obwohl der Architrav (a in Abb. 64) im Steinbau erheblich breiter ist als die Triglyphenfront t und seinerseits aus konstruktiven Gründen mittig über der Ecksäule liegen muß. Um hier zu einer Lösung zu kommen, mußte man einerseits an der Ecke auf die Achsbeziehung Säule-Triglyphe verzichten, zugleich aber entweder die Ecktriglyphe aus der gleichmäßigen Abfolge heraus um den Betrag $\frac{a-t}{2}$ nach außen verschieben (wodurch die Eckmetope unverhältnismäßig viel breiter als die übrigen Metopen wurde) oder aber die Ecksäule um denselben Betrag $\frac{a-t}{2}$ nach innen verschieben, womit das Eckjoch J_E deutlich schmaler wurde als die übrigen Normaljoche J_N. Im griechischen Mutterland bevorzugte man die zweite Lösung mit einer Verengung der Eckjoche und behielt damit den gleichmäßig dimensionierten Fries; in den Tempeln Großgriechenlands kann man dagegen alle anderen Möglichkeiten finden – gelegentlich sogar am gleichen Bau unterschiedliche Lösungen für Front- und Langseiten wie dort ohnehin Unterschiede in den Jochmaßen zwischen Front- und Langseiten weithin üblich waren[8]. So hat man z.B. beim Athenatempel in Paestum die Eckmetopen verbreitert (ebenso auch beim Apollontempel in Korinth und in Assos), am Tempel in Selinus finden sich breitere Ecktriglyphen und in den Tempeln A in Selinus und F in Akragas die sogenannte doppelte Eckkontraktion; am sogenannten Poseidon-(Hera-)Tempel in Paestum wurden sowohl die Joche wie die Metopen manipuliert.

War dies in archaischer Zeit ein gravierendes Problem, scheint in der Folge die Ecklösung für eine gewisse Zeit nicht die schwierigste Frage gewesen zu sein, da bei der im 6. Jh. beginnenden stärkeren plastischen Durchgestaltung des Gesamtbaues ohnehin eine mit optischen „Tricks" bewerkstelligte Verstärkung der Ecken angestrebt wurde. Dazu paßte die Verengung der Eckjoche vorzüglich, ja – man verstärkte darüberhinaus auch die Ecksäulen um einen geringen Betrag gegenüber den Normalsäulen; am Parthenon ging man aus diesen Gründen sogar noch über die zur Bewältigung des Eckkonfliktes notwendige Verengung des Eckjoches hinaus. Andererseits zeigt das Beispiel des Athenerschatzhauses in Delphi, wo man auf eine Eckkontraktion verzichtete, daß bei dem gleichmäßig aufgeteilten Fries keine Triglyphe achsial über Säule oder Ante liegt. Dasselbe Problem tauchte aber auch in umgekehrter Form bei Innenecken auf, wo zum Beispiel bei der Halle im Artemisheiligtum von Brauron (um 430/420) in der einspringenden Ecke je eine halbe Triglyphe an jeder Front sichtbar blieb, das Eckjoch also entsprechend vergrößert werden mußte. Da das

65 Ausbildung einspringender Ecken im Dorischen: links: Lindos, Athenabezirk; rechts: Milet, Nordmarkt

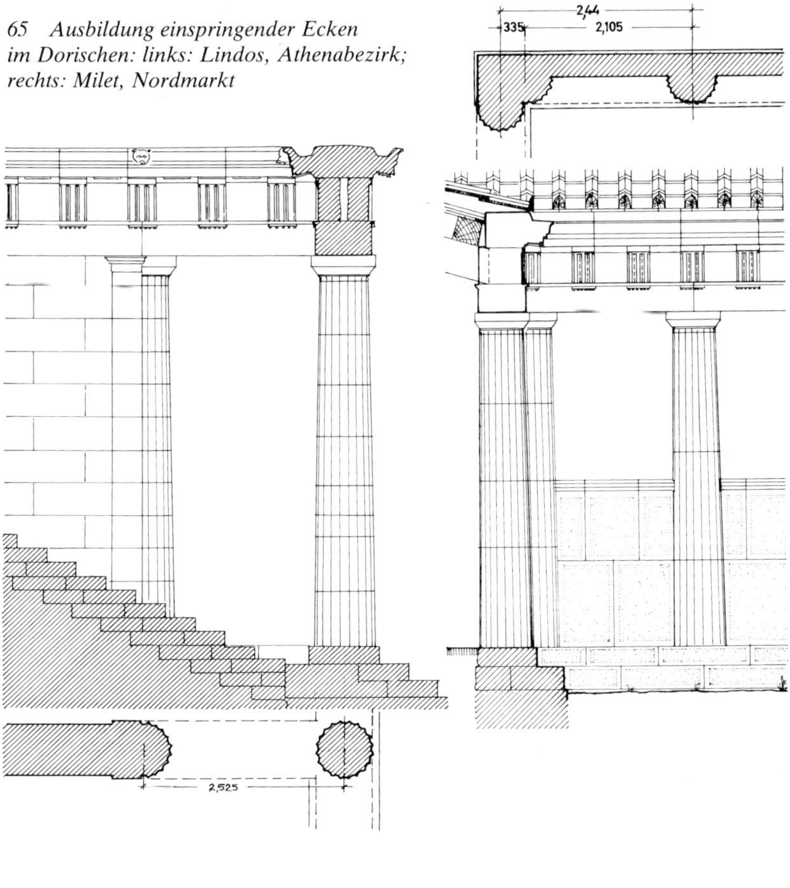

nicht immer erwünscht war, hat man vielfach die Ecke mit einer „geknickten" Metope gefüllt; noch günstiger – und daher in hellenistischer Zeit weitverbreitet – war die Verwendung herzförmig gestalteter Säulen-Pfeiler-kombinationen in den Innenecken (s. Abb. 65), mit denen dieser Konflikt ganz vermieden werden konnte[9].

In dieser Zeit soll eben dieser Eckkonflikt den Architekten Hermogenes nach dem Zeugnis des Vitruv (IV 3, 1f.) zur Ablehnung der dorischen Ordnung überhaupt veranlaßt haben[10]; gleichwohl spielte sie noch immer eine wichtige Rolle – weniger im ohnehin abnehmenden Sakralbau als vielmehr bei den zahlreichen öffentlichen Bauten in den Städten: an Hallenfronten, in Peristylhöfen und nicht selten auch bei bedeutenderen Einzelbauwerken. Freilich zeigten sich in der Detailgestaltung der Fries-Teile

66 Zusammenstellung dorischer Gebälke (Mstb. 1 : 100): 1. Ägina, Aphaiatempel I (um 530/20); 2: Paestum, Basilika (um 540); 3: Paestum, Athenatempel (um 510); 4: Olympia, Zeustempel (470/456); 5: Nemea, Zeustempel (um 330/320); 6: Epidauros, Asklepiostempel (um 390); 7: Olympia, Metroon (um 390); 8: Lindos, Athenatempel (um 300); 9: Milet, Buleuterion (175/164)

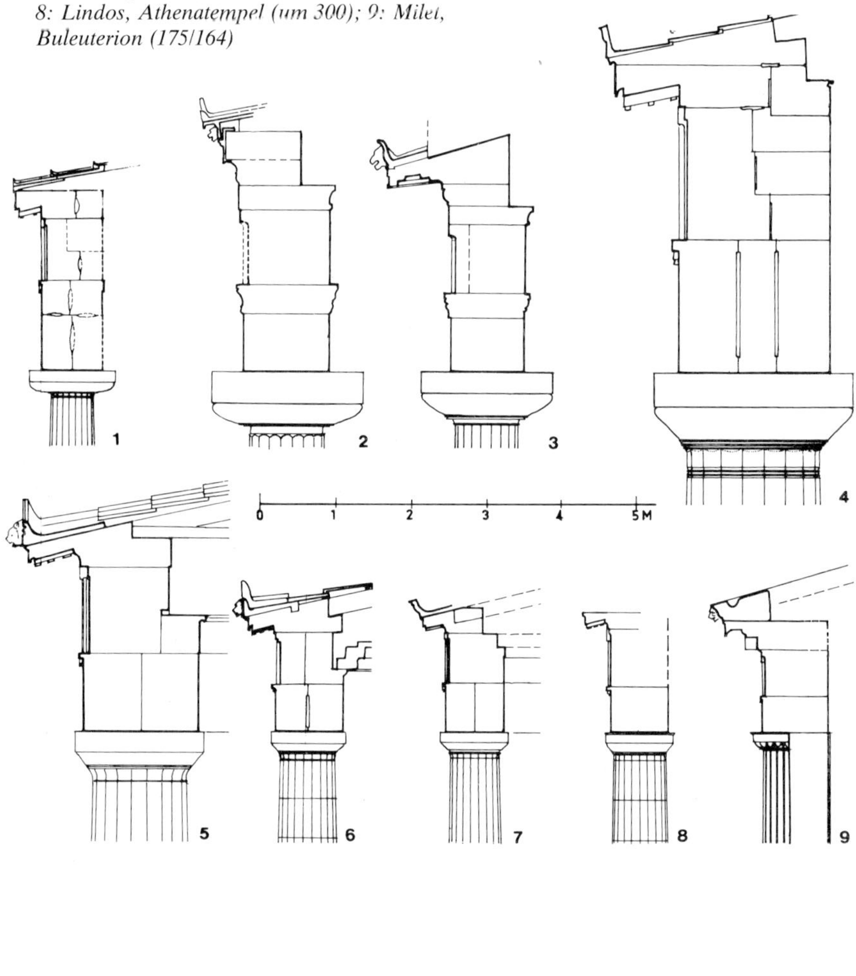

67 Akroter-Formen: Mittel- und Seiten-Akroter von Aphaiatempel in Ägina

Veränderungen: so wurde seit klassischer Zeit über dem sich über Triglyphen und Metopen hinziehenden Kopfband noch ein niedrigeres Kymaprofil eingefügt; auch an den äußeren Schrägen der Triglyphen finden sich seit dem 5. Jh. ornamental gebildete „Ohren". Auf lokale Sonderformen in Süditalien kann hier nur verwiesen werden[11].

Ähnlich wie beim Fries stehen auch beim folgenden Bauglied, dem Geison, noch manche Fragen offen: die anfangs verwendeten Terrakottaelemente (in Korfu, Thermos C) wichen schon im 6. Jh. dem steinernen Mutulengeison, bei dem anfangs schmale und breite Hängeplatten *(mutuli)* wechseln (Korfu, Aphaiatempel 1 in Ägina)[12], während später das Geison mit gleichgroßen Mutulenplatten und schmaleren *viae* die Regel wurde, dessen Hängeplatten mit 6 × 3 Stiften besetzt sind; die senkrechte Geisonstirn mit unterer Tropfkante war seit Mitte 6. Jhs. oben mit einem dorischen Kyma abgeschlossen, an dessen Stelle seit dem 2. Jh. vielfach ein ionisches Kyma trat, die beide jedoch nicht skulpiert waren. Seit dem 5. Jh. – erstmals an den Propyläen in Athen zu sehen – wurde zwischen der niedrigen Auflagerplatte und den schräg nach unten ablaufenden Hängeplatten noch ein zusätzliches (lesbisches) Kymaprofil eingeschoben, das seitdem zur Regel wurde (s. Abb. 66). Auch bei diesem Bauglied zeichnen sich die Tempel Großgriechenlands durch eigenwillige Bildungen aus: von der „normalen" Form über ein mit Kassetten geziertes Geison bis hin zu den auf eine reiche Profilfolge reduzierten Formen findet sich eine Vielfalt von Möglichkeiten, die auch im Hellenismus mit dem Zentrum Syrakus in oft recht unkanonischer Form weiter-existierten[13]. Das letzte Glied des dorischen Gebälkes, die Sima, ist keines der ganz alten Elemente, da die frühen Dächer des 7. Jhs. noch einfache Ziegeltraufen besessen haben müssen und Simen als reine Schmuckglieder erst später eingeführt wurden – anfangs aus reich bemalten Terrakotta-Formstücken zusammengesetzt (vgl. S. 102f.; vgl. Abb. 17), seit dem frühen 4. Jh. abgelöst durch marmorne, später auch tönerne Rankensimen mit als Löwenköpfen ausgebildeten Wasserspeiern. Zu den frühen Baugliedern gehören jedoch die den obersten Abschluß des Baues bildenden Akrotere, deren Formen über die Zeiten hin stark wechselten (s. Abb. 67)[14].

Ionische Ordnung

Während im dorischen Formenkreis – von einzelnen Besonderheiten Großgriechenlands und hybriden Bildungen hellenistischer Zeit abgesehen – eine erstaunliche Geschlossenheit und Kontinuität zu beobachten war, stoßen wir im ionischen Raum – in der Ägäis und im westlichen Kleinasien – auf ganz andere Bedingungen: weltoffene Wendigkeit gepaart mit einem Hang zu rationalem Erkennen der Welt, dazu eine reiche Phantasie und Freude an vielgestaltiger Form haben hier seit dem 7. Jh. eine stark individuell geprägte, reiche differenzierte Formenwelt entstehen lassen, die alle Bereiche bildender Kunst umfaßte und nicht ohne Einfluß auf den dorischen Kreis blieb, wie neuere Funde aus dem 6./5. Jh. in Süditalien zeigten, und wie sich das vor allem im Eindringen ionischer Formen in bis dahin „dorische Domänen" wie die Argolis dokumentiert; freilich steht dem auch eine Zunahme dorischer Bauten im Osten gegenüber[15]. Wie im Dorischen stand auch im Ionischen der Holzbau am Anfang und mehr noch als dort haben Berührungen mit den orientalischen Frühkulturen die Entwicklung einer Monumentalbaukunst befruchtet, jedoch ist auch hier die Frühphase trotz vielfältiger Einzelbeobachtungen noch dunkel, wenngleich der Übergang vom Holz zum Stein wie ihn Vitruv (IV 2, 5ff.) mit der Deutung des Zahnschnitts als herausragende Balkenköpfe darstellt, hier überzeugender

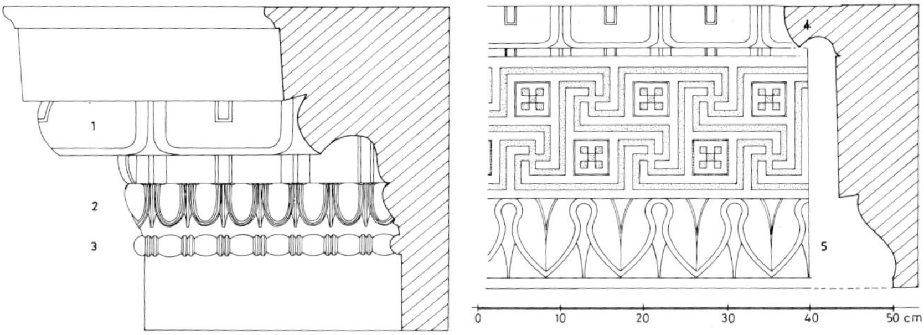

68 Athen – Parthenon: Schmuckprofile: 1: dorisches Kymation; 2: ionisches Kymation (Eierstab); 3: Perlstab; 4: dorisches Kymation; 5: lesbisches Kymation

zu erklären ist – zumal ein ähnlicher Umsetzungsprozeß in Lykien heute noch sichtbar ist (vgl. S. 66). Ionische Form ist aber nur zu einem Teil aus dem Holzbau zu erklären; zu einem anderen Teil beruht sie auf einer ins frühe 6. Jh. zurückreichenden Marmorbautradition auf den Kykladeninseln Paros und Naxos, die vor allem auf die Ausbildung des Attisch-Ionischen eingewirkt hat (dazu S. 128f.).

Die frühesten Bauten in Ionien – die kleinen Heratempel in Samos und einige Altäre – können nur wenig zur Genese der ionischen Ordnung beitragen; es wurde sogar die Meinung geäußert, die ionische Säule und ihr Volutenkapitell hätten sich anfänglich nicht am Bau, sondern als Weihgeschenkträger entwickelt[16]. Um so überraschender sind dann die Dimensionen und die bereits vollentwickelten Formen, mit denen um die Mitte des 6. Jhs. ionische Baukunst einsetzt. Bereits hier zeigt sich ein Charakteristikum dieser Architektur: die bis in den Hellenismus hinein lebendige Individualität jedes einzelnen Baues, die es schwer macht, eine „Formenlehre" in der für die dorische Ordnung möglichen Geschlossenheit aufzustellen. Dieser Individualismus äußert sich nicht zuletzt in dem gegenüber dorischen Bauten reicheren Bauschmuck, sondern auch in der Tendenz, alle Bauteile durch dekorativ ausgestaltete Leisten oder Bänder voneinander zu isolieren – die als ionisch, dorisch oder lesbisch bezeichneten Profilleisten (Kymatia; s. Abb. 68), deren relativ rasch wechselnde Formen wichtige Datierungshilfen für den Bauforscher bieten[17]. Angesichts dieses Formenreichtums läßt sich in diesem Rahmen nur ein Überblick geben.

Der Stufenbau – im Dorischen ein wesentliches Element – spielt im Ionischen in der Frühzeit nicht dieselbe Rolle; erst bei den Neubauten in Ephesos und Didyma wurden im 4./3. Jh. die wegen der Tieflage beider Tempel extrem hohen Stufenbauten geschaffen. Die frühesten ionischen Säulen – im Naxier-Oikos auf Delos (Anf. 6. Jh.) – sind noch schlanker als ihre dorischen Zeitgenossen: bei einem unteren Durchmesser von 0,376 m und einer Höhe von ca. 5 m ergibt sich eine Relation UD : SH von 1 : 13,3. Sie standen auf einfachen zylindrischen Marmorbasen und trugen Volutenkapitelle, von denen es jedoch nur Fragmente gibt. Die hier noch ganz einfache Zylinderform wurde im Archaischen durch Profilierung und Horizontalkanneluren sowie durch Kombination mit der aus dem Orient kommenden Wulstform reicher ausgestaltet als „samische“ Basis mit leicht eingezogener, horizontal kannelierter Spira oder als „ephesische“ Basis mit zwei tiefen Kehlen und drei Paaren von Doppelrundstäben (s. Abb. 69); allerdings wird mit dieser Bezeichnung nicht das Verbreitungsgebiet der Basen fixiert. Die später zum ephesischen Basistypus gehörige quadratische Plinthe scheint bei ihrem ersten Auftreten am alten Artemision in Ephesos noch eher dem Stylobat als der Säulenbasis zugehörig[18]. Der in vielen Fällen mit der untersten Säulentrommel aus einem Block gearbeitete Wulst *(torus)* wurde in der Frühzeit zwar fast stets horizontal kanneliert, im übrigen aber sehr unterschiedlich profiliert (s. Abb. 69). Neben dieser gemeinsam als „ionisch“ bezeichneten Gruppe kennt Vitruv noch die attische Basis, die – am Niketempel Athen und in Delphi in Vorformen erhalten – als eine Sonderform der „samischen“ Basis aufgefaßt werden kann. Sie erhielt ihre kanonische Form mit Torus, Trochilus (Hohlkehle) und zweitem Torus am Erechtheion und wurde in der Folgezeit die am häufigsten verwendete Basisform, die über die römische und byzantinische Architektur bis ins Mittelalter weiterlebte (s. Abb. 69).

Die Säule – nach Vitruv (IV 1, 7) der weiblichen *gracilitas* folgend mit einem UD:SH-Wert von 1:8 entworfen – war in der Tat stets deutlich schlanker als die zeitgenössischen dorischen Beispiele (s. Abb. 70), doch

69 Formen ionischer Basen (Mstb. 1 : 50): 1: Delphi, Naxiersäule (um 570); 2: Samos, Heratempel I (um 560); 3–4: Samos, Heraion II (um 500); 5: Ephesos, Artemision I (um 550); 6: Tegea, Athenatempel (um 350); 7: Delphi, Athenerhalle (um 478); 8: Athen, Erechtheion-Osthalle (um 415); 9: Didyma, Apollontempel II (M. 3. Jh.)

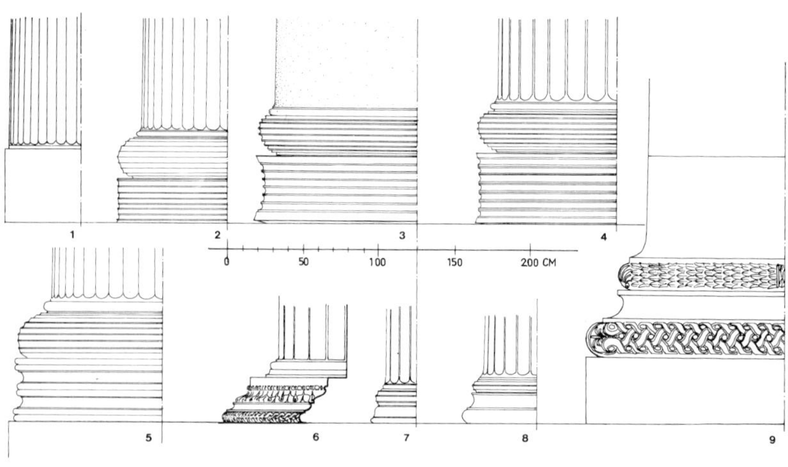

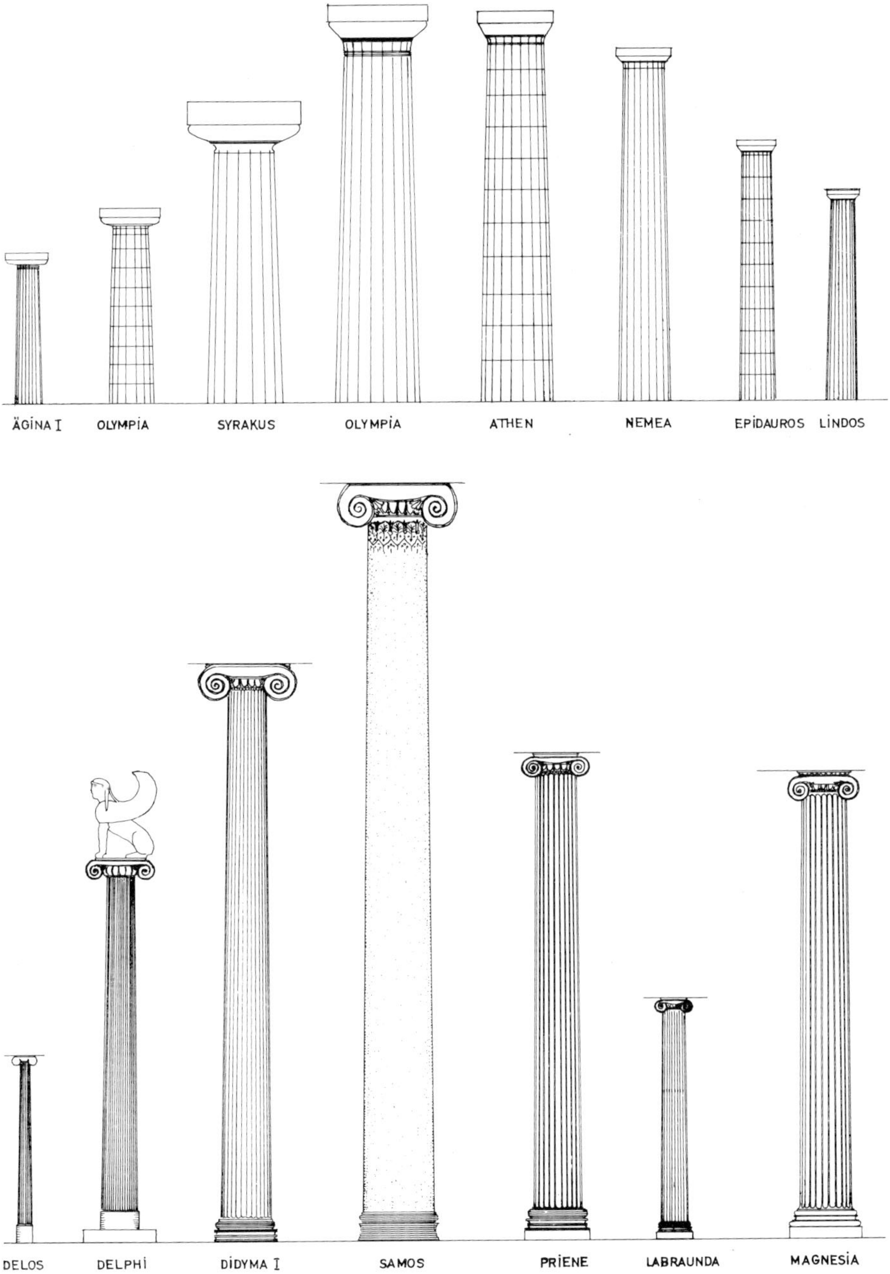

70 Zusammenstellung dorischer und ionischer Säulen (Mstb. 1 : 200)

71 a) Metapont, ionischer Tempel (1. V. 5. Jh.): Eckkapitell I;

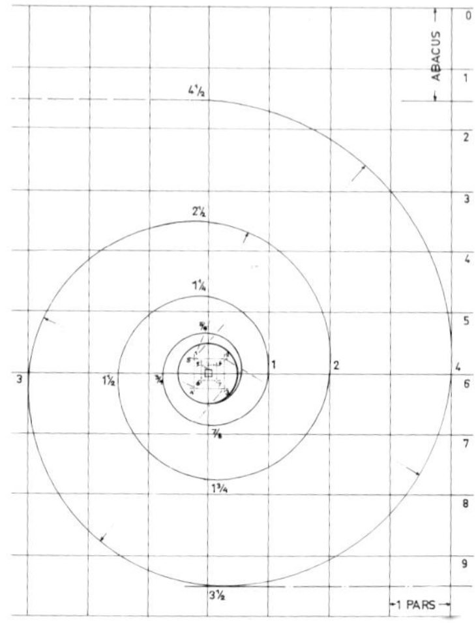

b) Schema der Volutenkonstruktion nach Vitruv

läßt sich nicht wie dort eine einigermaßen kontinuierliche Entwicklung beobachten, zumal zumindest bis ins 4. Jh. hinein am gleichen Bau die Säulendurchmesser mit wachsender Jochweite zunehmen (womit im Grunde das im Dorischen vernünftige Operieren mit dem Verhältnis UD:SH sinnlos wird ...). Es zeigt sich, daß auf die frühen überschlanken Säulen (Delos-Naxieroikos 1:13,3; Samos-Polykratesbau 1:10,5) in archaischer Zeit Säulen mit Werten von 1:10–12 und in klassischer Zeit solche mit etwas kräftigeren Schäften (in Athen und Ionien 9–10 UD) folgten; das für diese Berechnung verbindliche Maß ist stets der Durchmesser am unteren Schaftende[19]. Die Zahl der Kanneluren – im 6. Jh. fast überall mit scharfem Grat und ziemlich flach gearbeitet – schwankt anfangs zwischen 28–48; die charakteristische halbkreisförmig eingetiefte Kannelur mit breitem Steg taucht erstmals in Samos am Heraion des Polykrates (um 480) auf – hier im Hinblick auf den großen Säulendurchmesser noch mit 36 Kanneluren, die bei späteren (meist kleineren) Säulen auf 24 zurückgehen; in der Argolis waren 20 Kanneluren die Regel. Bei den sich nach oben um 1,3–1,8 Prozent verjüngenden Säulen läßt sich wie bei den dorischen eine leichte Schwellung (Entasis) beobachten, deren geometrische Konstruktion mehrere Risse im Didymaion zeigen[20]. Die für ionische Bauten typische Schmuckfreudigkeit hat bei einigen Bauten dazu geführt, an den Säulen noch zusätzlich Reliefs anzubringen, die bei unterschiedlicher Form und ganz unterschiedlicher Anordnung Anlaß für lange Diskussionen waren. So fanden sich reiche Anthemienbänder am oberen Schaftende von Säulen des samischen Heraion, an den ionischen Tempeln von Locri und Metapont sowie in Halikarnassos, denen viel später am Tempel des Apollon Smintheus im kleinasiatischen Chryse Zonen mit figürlichen Reliefs entsprechen[21]. Die sonst bekannten figürlichen Reliefs – die bei Plinius (Nat. Hist. 36, 21) genannten

72 Magnesia am Mäander, Artemistempel: Kapitell (um M. 2. Jh.)

columnae caelatae der beiden Artemistempel in Ephesos und des Didymaion – saßen dagegen am Säulenfuß, wobei die des Artemision-Neubaues zudem noch auf gleichfalls reliefierten kubischen Sockeln standen. Solche Sockel – Vorläufer der späteren Piedestale – finden sich in späthellenistischer Zeit auch andernorts (Pompeji, Delos, Ptolemais unter anderen)[22].

Nicht minder lebhaft ist die bisherige Diskussion um das ionische Kapitell, dessen vielfältige Einzelbildungen hier ebenfalls nur angedeutet werden können[23]. Seine Grundform – ein beiderseits in Voluten sich aufrollendes Polsterglied über einem runden Blattkranz mit (zeitweilig auch ohne) Abakus – hat sich in diesem Aufbau vom Archaischen bis in die Kaiserzeit nur wenig verändert, obwohl einzelne schmückende Elemente hinzukamen und sich die Proportionen spürbar verschoben. Die ältesten erhaltenen ionischen Kapitelle stammen von Weihgeschenkträgern (unter anderem in Delos, Delphi und Ägina); reicher ausgeführte Kapitelle tauchen im 6. Jh. an den großen Dipteroi auf, wobei sich die aus Ephesos durch den auf dem Polster liegenden flachen Abakus deutlich von der samisch-milesischen Gruppe absetzen, bei denen der Volutenrundstab den oberen Abschluß bildet. Gleich sind hingegen der mit leichtem Grad konvex ausgebildete Canalis, der – durch den Rundstab gefaßt – drei (max. 3½) Windungen vollzieht bis in Volutenmitte der Rundstab in einer nach unten weisenden Spitze ausläuft. Nicht selten wurden diese Detailformen bei kleineren Kapitellen nur eingeritzt oder aufgemalt wie z.B. im 6./5. Jh. in Attika. Im Bereich der Voluten zeigten sich in der weiteren Entwicklung des ionischen Kapitells die wichtigsten Veränderungen: seit etwa 500 vollzog sich – vom griechischen Mutterland ausgehend – der Wechsel vom konvexen zum konkaven Canalis, dessen Mitte nun stets durch ein (oft mit anderem Material gefülltes oder ornamentiertes) Auge betont wurde; diese attischen Einflüsse zeigen sich freilich im 5. Jh. in Ionien nicht nur am Kapitell. Die Volutenfronten waren mit ihrem Unterteil bis in klassische Zeit hinein leicht nach innen eingezogen, standen also nicht exakt senkrecht; die auf den Seiten anschließenden Polster waren im allgemeinen durch einfache oder doppelte Rundstäbe parataktisch gegliedert; Palmettendekor in Samos ist eine Ausnahme, obwohl die Polster später ein beliebter Ort für vielfältiges Ornament wurden. Der Volutenkörper liegt quer über einem zum Rund der Säule überleitenden, meist mit einem Eierstab gezierten Echinus (s. Abb. 71a, 72), der infolgedessen in der Unter- und Seitenansicht gegenüber dem Volutenkörper weit vorspringt. Diesen bei archaischen Kapitellen oft harten Übergang zwischen den beiden gegensätzlichen Gliedern verschleierten beiderseits aus den Volutenzwickeln herauswachsende Palmetten nur mit Mühe. Seit dem 5. Jh. wurde durch Verbreiterung des ursprünglich ziemlich schmalen Volutenkörpers und gleichzeitige Annäherung der Volutenaugen, d.h. durch grundlegende Proportionsverlagerung, dieser Gegensatz stark gemildert. Zugleich entwickelten sich für die Volutenspirale, die in archaischer Zeit frei entworfen worden war, feste Regeln, die seit etwa dem 4. Jh. vielleicht auch in Musterbüchern fixiert und so überliefert wurden; einige Details dazu gibt Vitruv (III 5, 1ff.; s. Abb. 71b). Mit dem jeweiligen Zeitstil veränderten sich natürlich auch die Ornamentierung des Echinus und der Volutenpolster, die seit hellenistischer Zeit ein vielfach wandlungsfähiges Relief-Ornament trugen[24].

Damit war ein formales Problem des ionischen Kapitells beseitigt; ein zweites hatte man bereits in archaischer Zeit gelöst: das auch im Ionischen auftretende Eckproblem. Setzte man das ursprünglich nur für eine Frontalansicht gebildete Kapitell auf die Ecke eines Baues, konnte es seine Voluten-Ansichtsfront nur zu einer Seite wenden. Schon am ersten Didymaion hatte man daher – ähnlich der Lösung mit Eckvoluten bei ionischen Altären – eine Form entwickelt, bei der Voluten sowohl an der Front – wie an der Langseite angeordnet wurden und dabei in der Diagonale nach außen vorsprangen; an der inneren, ohnehin schlechter sichtbaren Ecke stießen zwei Voluten, später nur mehr zwei Halbvoluten im rechten Winkel aufeinander. Diese seitdem allgemein übliche Ecklösung wurde Vorbild für das seit dem 3. Jh. gelegentlich, später häufiger auftauchende vierseitige Diagonalkapitell[25], das sich gegen Ende 5. Jh. im Apollontempel in Bassae in einer Vorform zeigt: als Halbsäulenkapitell mit ziemlich stark hängenden, diagonal ausgestellten Voluten, jedoch ohne Abakus. Diese Volutenform findet sich auch an anderen Orten der Peloponnes und in Delos.

Zur ostionischen Ordnung gehört ferner noch eine spezifische Kapitellform für die Anten, die in mehreren Beispielen (Didyma, Samos, Labraunda; s. Abb. 73) vorliegt und dort aus glattem Abakus und drei seitlich als Voluten ausgebildeten Wulstprofilen besteht, deren Frontseiten mit Kymatien besetzt waren; auf den Inseln fanden sich auch andere Formen[26].

73 Samos-Heraion: Vorläufige Zusammenstellung der Bauglieder der Ante vom Rhoikos-Altar (um 550)

War im Dorischen die Reihung der Säulen in der Ringhalle oder der Hallenfront (d. h. der Achsabstand) durch die Relation zum darüberliegenden Fries fixiert (vgl. S. 116f.), so war das Ionische hier weitgehend frei, da es – mit Ausnahme einer relativ kurzen Phase im 4./3. Jh. – keine Vertikalbindung zwischen Säule und Gebälk gab, Achsmaße also allein durch den Gesamtentwurf des Tempels bedingt waren. Hierbei war es durchaus üblich, Achsmaße zur Mitte hin zu vergrößern – außer zum Beispiel an dem streng in ein Entwurfsraster eingebundenen Athenatempel in Priene, während später Hermogenes bei seinem sonst ganz schematisch geplanten Artemistempel in Magnesia das Mitteljoch (16 Fuß) gegenüber dem Normaljoch (12 Fuß) deutlich vergrößerte (s. Abb. 86). Demgegenüber finden sich an attischen Bauten auch breitere Eckjoche[27].

Über die Frühformen ionischer Architrave ist leider nicht allzuviel bekannt; in einzelnen Fällen muß man wohl mit Holz-Architraven rechnen (Rhoikosbau Samos). Aus früherer Zeit sind lediglich zwei Eckstücke vom Architrav des älteren Didymaions mit Reliefschmuck erhalten, die auf der Fronstseite bereits die später allgemein übliche Gliederung in drei Faszien mit oberem Abschluß durch ein kräftiges Kyma-Profil zeigen[28]. Bemerkenswert ist, daß an die auf der Ecke angebrachte Figur einer Gorgo offensichtlich noch andere figürliche Darstellungen (hier ein Teil eines liegenden Löwen) anschlossen, so daß sich die Frage stellt, ob – ähnlich wie beim archaisch-dorischen Tempel von Assos (s. Abb. 74) – die gesamte Fläche

74 *Assos, Athenatempel: Architrav und Fries (Museum Istanbul)*

des Architravs mit Reliefdarstellungen geziert war und man dies somit als eine typisch kleinasiatische Frühform ansehen darf? Bei größeren Bauten finden sich im allgemeinen zweireihige Architravkonstruktionen mit höherem Außenglied mit 3 Faszien (Didymaion, Priene, Magnesia, Sardes unter anderen) und niedrigerem Innenarchitrav mit meist nur 2 Faszien, wobei die Höhe der einzelnen Faszien nach oben hin in Kleinasien meist zunimmt, während in Attika gleiche Höhen üblich waren.

Über dem mit dem üblichen ionischen Kyma abgeschlossenen Architrav folgen – je nach Region und Zeitstellung – entweder ein Fries oder der Zahnschnitt. Der Fries kam aus dem inselionischen Kreis und gelangte von dort über Athen im 3. Jh. auch nach Ostionien (vgl. S. 144f.) – anfangs mit gerader, aus der ursprünglichen Konstruktion verständlicher Front, die glatt oder reliefiert war. Seit etwa 300 finden sich im Mutterland wie in Ionien zunehmend häufiger S-förmig geschwungene, reich mit Lotos-Palmetten-Dekor gezierte Friese (zum Beispiel in Belevi, Milet, Didyma, Epidauros, Korinth; s. Abb. 76)[29]; sie sind neben den dem Zeitstil rasch folgenden ornamentalen Trenngliedern (Kymatien) das am stärksten durch formale Veränderungen betroffene Element ionischer (und später auch korinthischer) Gebälke – sei es mit figürlichem Dekor (Teos, Magnesia, Alabanda), sei es mit phantasievollem Rankendekor. Über dem Fries folgt stets das eigentlich in Ostionien heimische Glied, der Zahnschnitt – vermutlich Relikt von Balkenköpfen einer Dachbalkenlage und daher ursprünglich unmittelbar auf dem Architravkyma aufliegend. Dieses Bauglied gehorcht trotz seines regelmäßigen Aussehens nur gelegentlich festen Regeln für

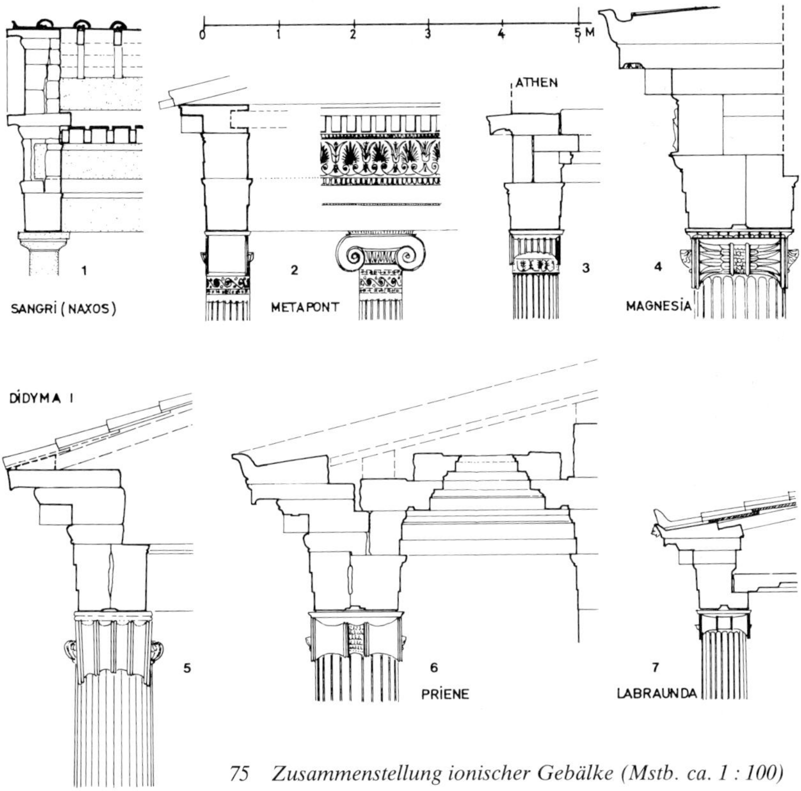

75 Zusammenstellung ionischer Gebälke (Mstb. ca. 1 : 100)

Proportionierung und Rhythmus: so ließ sich zum Beispiel am Athenatempel Priene eine deutlich vertikale Bindung von Architravkymatien, Zahnschnitt und Sima in einem sich verschränkenden System feststellen[30], das an die Säulenjochweite gebunden war. Daneben aber wurden andernorts (etwa beim Zeustempel Labraunda) diese Elemente unabhängig von Vertikalbezügen rein linear angeordnet.

Über dem Zahnschnitt folgt – durch ein ionisches oder lesbisches Kyma abgesetzt – das Geison mit seiner auf alte Formen (zum Beispiel Kalabakte-

76 Lotos-Palmettenfriese aus Didyma (Naiskos im Apollontempel links) und Milet (Dionysostempel; rechts)

pe-Tempel in Milet; vgl. Abb. 75) zurückgehenden Hängeplatte, die – in dieser Tradition stehend – auch später noch öfter als selbständiges flaches Bauglied hergestellt wurde (Priene). Eine andere Form – das Konsolengeison – entwickelte sich seit dem 2. Jh. im östlichen Mittelmeerraum (Pergamon, Rhodos, Alexandria) und wurde in reicherer Ausstattung in der Kaiserzeit zu einer Standardform römischer Architektur[31]. Die vertikale Geisonstirn wird durch ein niedriges ionisches Kyma abgeschlossen, bei hellenistischen Bauten oft nur mehr eine dreieckig profilierte Leiste, über der dann die S-förmig geschwungene Sima folgt. Die Sima war in sehr unterschiedlicher Profilierung ein seit archaischer Zeit geschätzter Träger reichen Dekors – beginnend mit dem Kriegerfries mit Pferden und Wagen am archaischen Artemision von Ephesos bis hin zu den vielfach abgewandelten Rankenformen der Klassik und des Hellenismus. Ihre eigentliche Funktion als Regenrinne zeigt sich in den wechselnden Formen der hier angebrachten Wasserauslässe; in der Frühzeit einfache Röhren, später fast ausschließlich Löwenköpfe, die – wie auch die anderen Gebälkteile – sowohl in vertikalem Bezug zu darunterliegenden Bauteilen (in Priene zum Beispiel senkrecht über den Volutenaugen der Kapitelle[30]) angeordnet waren, oft auch ihren eigenen Rhythmus hatten.

Eine Parallele zu diesem aus der Holzbautradition kommenden Gebälkaufbau bietet sich im Bereich der Kykladeninseln Paros und Naxos mit einer deutlichen Bindung an den Steinbau; mit dieser erst in den letzten Jahren entdeckten Bauform wird zugleich die langdauernde Diskussion um die Herkunft des Frieses in der attisch-ionischen Architektur entschieden. In Paros und Naxos fanden sich nämlich an mehreren Bauten des 6. Jhs. Gebälke, die samt den zugehörigen Decken- und Dachkonstruktionen ganz aus dem heimischen Marmor bestanden (s. Abb. 75.)[32]: Ein glatter, mit getrennt gearbeiteter Kymaplatte abgeschlossener Architrav trägt die aus hochkantstehenden Marmorbalken mit daraufliegenden Steinplatten gebildete Decke des Pronaos bzw. des Pteron, die bei Bauten des 6. Jhs. Spannweiten bis zu 4 m (in Paros sogar 6,6 m) erreichten. Vor dieser auf dem Architrav aufliegenden Balkenlage steht außen eine Reihe glatter (vielleicht bemalter oder gelegentlich reliefierter?) Platten, die später – so in Athen am Erechtheion – dann tatsächlich reliefiert waren (vgl. Abb. 7). Der weitere Aufbau ähnelt dem oben dargestellten normalen Gebälkaufbau.

Regional- und Spätformen

Neben der ionischen Säule sind im ostgriechischen Raum noch weitere Säulenformen mit andersartigen Kapitellen heimisch – darunter das gelegentlich auch als „protoionisch" bezeichnete äolische Kapitell, das mit seinen zwei senkrecht aufsteigenden Voluten, die im unteren Teil des Kapitells

77 Äolische Kapitelle: links in Türe in Hazor (Israel; 9. Jh.), rechts: Säulenkapitell aus Neandria (Troas; M. 6. Jh.)

durch ein unterschiedlich gebildetes Band zusammengehalten werden, deutlich seine orientalische Herkunft verrät[33]. Die seit Anfang des 1. vorchristlichen Jahrtausends in Syrien und Palästina voll ausgebildete Form (s. Abb. 77 a–b) tauchte gegen Ende des 7. Jhs. an der anatolischen Westküste auf (Alt-Smyrna) und hat sich im Laufe des 6. Jhs. von Karien bis zur Troas (Alazeytin, Larisa, Neandria) verbreitet – kombiniert mit Basisformen, deren Herkunft aus dem Osten ebenso klar ist[34], die aber gelegentlich in Verbindung mit dem Kapitell und nicht als Basis gesehen werden. Die gleiche Heimat hat auch das Blattkelch- oder Blattkranzkapitell, das daher auch zeitweilig als äolisch bezeichnet wurde und seit seinem ersten Auftreten an den Schatzhäusern von Klazomenai und Massilia in Delphi um die Mitte des 6. Jhs. hier und da mit unterschiedlicher Ausbildung der Blattspitzen auftaucht (zum Beispiel in Athen, Pergamon, Milet). Daneben finden sich noch Sonderformen wie Kombinationen von ionischen Voluten mit Stierprotomen[35]; sie alle wurden, soweit sie überhaupt Steingebälke trugen, mit ionischen Gebälken kombiniert. Ebenso war es auch bei den als menschliche Figuren gestalteten sogenannten Karyatiden, die ihren Namen Vitruv (I 4,8–5,11) verdanken, ihren Ursprung aber in ähnlichen Bildungen im frühen Syrien (u.a. Tell Halaf, 9. Jh.) hatten[36]. Im griechischen Raum begegnen sie bei sehr unterschiedlicher Ausbildung des Tragegestus und unterschiedlicher Einbindung in den jeweiligen Bauzusammenhang seit dem späteren 6. Jh. – mit emporgereckten Armen die massigen Telamone am unfertig gebliebenen Olympieion in Akragas oder ganz ohne Andeutung einer Belastung die zierlichen freistehenden Koren vom Erechtheion, denen noch zahlreiche andere Beispiele zuzufügen wären.

Während die zuvor erwähnten Sonderformen stützender Bauglieder nur gelegentlich auftauchten, hat sich aus dem am Bau erstmals gegen Ende des 5. Jhs. im Apollotempel von Bassae in einer Vorform vertretenen korinthischen Kapitell später doch eine selbständige Ordnung entwickelt, die vor allem in der schmuckfreudigen römischen Kaiserzeit überaus beliebt wurde[37]. Hierbei war gewiß von Bedeutung, daß das korinthische Kapitell vier gleichausgebildete Seiten hat, mithin keine Eckprobleme aufkamen; zum anderen entsprach die tradionelle, stark horizontale Form des dorischen Kapitells dem veränderten Formwillen der Zeit nicht mehr. Ähnlich wie bei den Blattkranzkapitellen sind beim korinthischen Kapitell Akanthusblätter in ein oder zwei Reihen um einen inneren Kelch *(kálathos)* gereiht, zwischen denen zur Mitte und zu den Ecken hin zierliche Ranken aufsteigen *(helices),* die sich unter der profilierten Abakusplatte in Voluten aufrollen. Einzelheiten dieser durch die großen pflanzlichen Akrotere des 5. Jhs. in Athen beeinflußten Formen sind noch lange variiert worden, ehe sich ein verbindlicher Typus entwickelte. Bis zur Mitte 4. Jhs. auf Innenräume beschränkt (Tholoi in Delphi und Epidauros, Athenatempel in Tegea und

78 Belevi, Mausoleum: Korinthische Kapitelle (wohl M. 3. Jh.); das rechte Kapitell ist unfertig geblieben

79 Olba-Diocaesarea (Uzuncaburç), Zeustempel (um M. 2. Jh.) mit teilkannelierten korinthischen Säulen

andere mehr) wurden korinthische Formen seit dem Bau des kleinen Lysikrates-Monuments in Athen (335/334; vgl. Abb. 99) zunehmend häufiger auch am Außenbau verwendet – so um 285/280 am Propylon des Heiligtums von Samothrake und im Oberbau des Mausoleums von Belevi (s. Abb. 78), später auch am Buleuterion von Milet (175/164) und am Zeustempel von Olba (um Mitte 2. Jh.; s. Abb. 79) – im allgemeinen in Verbindung mit einem ionischen Gebälk mit Frieszone.

Schon zuvor war darauf hinzuweisen, daß im Hellenismus – gelegentlich auch schon früher – in allen Ordnungen deutliche Anzeichen der Lockerung alter Gefüge in Richtung auf stärkere dekorative Gestaltung der Einzelteile zu erkennen waren. Diese Tendenzen und die vielen regionalen Sonderformen führten dazu, daß neben ganz neuen Bildungen (wie z. B. seit der ersten Hälfte 2. Jhs. die Konsolgeisa) immer häufiger dorische und ionische Elemente miteinander kombiniert wurden wie am Buleuterion von Milet, der Heiligen Halle in Priene oder in Pergamon zu sehen (vgl. Abb. 6)[38]. Neben solchen Synkretismen finden sich aber auch Kombinationen der Ordnungen in den einzelnen Geschossen desselben Baues, wobei in der Regel die Abfolge dorisch-ionisch-korinthisch eingehalten wurde: mehr und mehr wurden die alten Ordnungen zu austauschbaren Elementen eines immer stärker auf architektonische Effekte zielenden, artistisch-intellektuell konzipierten Bauens[39].

Farbigkeit

Alle diese hier vorgestellten Bauglieder waren einst – für den modernen Betrachter schwer vorstellbar – mehr oder minder stark farbig gefaßt; diese lang-umstrittene Frage ist heute durch Funde eindeutig belegt, wenn auch Einzelheiten der Technik und die Konzepte für die Farbigkeit ganzer Bauten noch keineswegs ausreichend bekannt sind[40]. Aus der Frühzeit sind fast ausschließlich bemalte Terrakotta-Bauglieder erhalten (zum Beispiel aus Kalydon und Thermos), obwohl man auch bei den sichtbaren Holzteilen mit schützendem Anstrich rechnen möchte; diese Tradition setzte sich in den reich-bemalten Tonsimen Großgriechenlands fort[41]. Erste Beispiele für die farbige Behandlung von Steinbauten geben der ältere Aphaiatempel von Ägina (2. Viertel 6. Jh.) mit seiner kräftigen rot-blau-schwarz-grünen Bemalung auf weiß-stuckiertem Grund sowie Simen aus Paros (3. Viertel 6. Jh.) mit Ranken und Palmetten. Danach häufen sich die Beispiele bis hin zu den Fassaden der Gräber in Leukadia und Vergina (vgl. Abb. 107) mit reichen ornamentalen und figürlichen Malereien, deren auf plastische Wirkung zielende Abschattierung Reliefs anzudeuten scheint[42]. Die meist in enkaustischer Technik ausgeführte Bemalung läßt sich oft nur mehr an der unterschiedlichen Verwitterung der Marmoroberflächen erkennen wie zum Beispiel bei den Simen in Paros oder am Gebälk des Naiskos im Didymaion[43]; gelegentlich finden sich auch Vorritzungen für die Ornamentgliederung. Die große Zahl von Beispielen weist auf die Tendenz solcher Malerei: die Betonung tektonisch wichtiger Bauglieder und – vielleicht gelegentlich als Ersatz plastisch gearbeiteten Schmuckes – die ornamentale Zier horizontaler Trenn- und Abschlußelemente. Kurz erwähnt werden muß auch die – in vorrömischer Zeit freilich nicht allzu häufige – Verwendung verschiedenfarbiger Steine am gleichen Bau wie zum Beispiel am Erechtheion in Athen sowie gelegentlich die Verwendung farbiger Glasintarsien[44].

Innenwände mit flächendeckenden Malereien zu schmücken, war seit vorgeschichtlichen Zeiten üblich, ist für unseren Bereich allerdings im wesentlichen durch Gräber und nur in wenigen Beispielen durch Wandmalereien aus Wohn- und Nutzbauten (Delos, Pompeion-Athen unter anderen) belegt; ihre Ausführung erfolgte je nach dem entsprechenden Untergrund in Tempera-, Fresko- oder Enkaustik-Technik wobei die darzustellenden Motive teils vorgeritzt oder -gezeichnet wurden, in vielen Fällen aber die Malerei auch mit erstaunlicher Geschicklichkeit (und Übung) frei aufgebracht worden zu sein scheint – vor allem bei rein dekorativen Motiven[45].

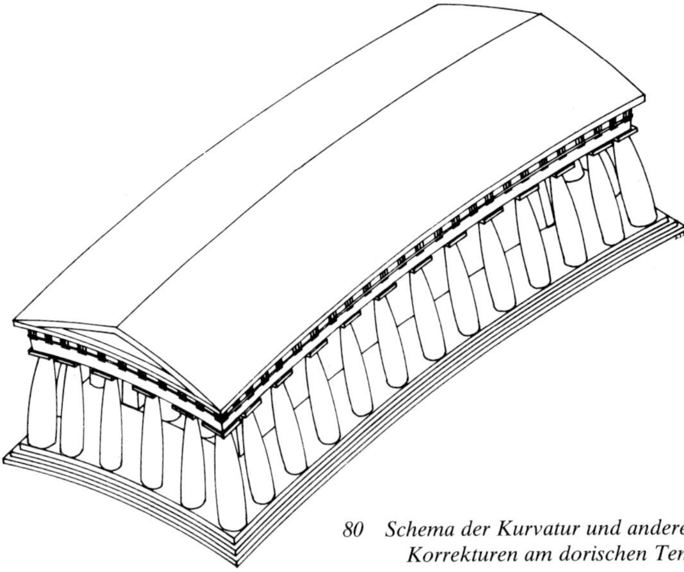

80 Schema der Kurvatur und anderer optischer Korrekturen am dorischen Tempel

Optische Korrekturen

Ebenso schwer wie die Wirkung der einstigen Farbigkeit der Bauten sind für uns heute die Auswirkungen einer Reihe verschiedener Eingriffe zu fassen, die unter dem Oberbegriff ,,optische Korrekturen" im folgenden zu betrachten sind; ähnlich wie in der Metrologie sind tatsächlicher Bestand, einstige Absicht und moderne Thesen kaum voneinander zu scheiden. Zwar konnten dank verfeinerter Meßmethoden in den letzten Jahren viele Fragen gelöst werden, doch ist es noch immer möglich, daß spätere Verformungen durch Setzungen oder Erdbeben als beabsichtigte Kunstgriffe angesehen werden. Wie immer es im Einzelfalle aussieht: Tatsache ist, daß griechische Baumeister seit dem späteren 6. Jh. eine ganze Reihe von Kunstgriffen kannten, mit denen sie das Auge störende Erscheinungen beseitigen oder bestimmte Wirkungen an ihren Bauten steigern konnten[46].

Zu diesen Kunstgriffen gehört unbestritten die Kurvatur (s. Abb. 80), die durch leichtes Aufwölben des Stufenbaues und des Gebälks des Tempels den bei langen Horizontalen möglichen Eindruck des ,,Durchhängens" beheben sollte; solche Kurvaturen sind an Lang- und Frontseiten zahlreicher Tempel (unter anderen Apollontempel Korinth, Aphaiatempel Ägina, Parthenon Athen, Segesta und Didymaion) beobachtet worden. Das bei ihrer Herstellung angewendete Verfahren ist nach Vitruv (III 77, 1–5) sowie Beobachtungen am unfertig gebliebenen Tempel von Segesta heute ausreichend deutlich: nachdem an der Euthynterie (in gleichmäßigen Abständen von 10 Fuß; vgl. S. 87f.) durch eingeritzte Kreuzchen ein Horizontal-Nivellement markiert worden war, trug man über diesen Horizontalmarken die

81 Priene, Athenaheiligtum – Propylon: Unfertig belassene Stufen und in Bosse stehengebliebene Seitenwand

Maße für die Kurvierung der Front an, die sich aus dem Durchhängen eines über den Tempelecken gespannten Seiles ergaben[47]. Nach diesen Marken wurde die Euthynterieschicht zugerichtet und war damit auch für die Höhenentwicklung „maßgebend“. An verschiedenen Bauten beobachtete Unregelmäßigkeiten in der Kurvierung sind auf Fehler beim Grundnivellement und bei der praktischen Ausführung zurückzuführen; sie setzten sich im allgemeinen auch nach oben hin fort, da die über der Euthynterie liegenden Schichten aus gleichhohen Stufenblöcken bestanden, die jeweils vor dem endgültigen Verlegen an den Stoßfugen nachgearbeitet werden mußten. Schwierigkeiten gab es wohl häufiger im Gebälk, da die Säulen ja auf einer leichten Schräge standen und selbst auch noch in vielen Fällen leicht gegen die Vertikale nach innen beziehungsweise an den Ecken zur Diagonale geneigt aufgestellt wurden, wie sich das erstmals am spätarchaischen Aphaiatempel in Ägina findet. So haben sich denn auch zum Beispiel in Segesta größere Schwankungen zwischen den jeweiligen unteren und oberen Säulenabständen messen lassen. Während man den seit archaischer Zeit an Front- und Langseiten differierenden Jochweiten durch unterschiedliche Säulendurchmesser entsprach, begann man seit der Klassik auch die für den optischen Eindruck besonders empfindlichen Ecksäulen deutlich zu verstärken – so beim Parthenon um 4,3 cm (bei UD = 1,905 m = 2,25%). Freilich hat man derartige Maßnahmen zumindest bis ins 5. Jh. hinein nicht immer koordiniert: es gibt Bauten, zum Beispiel beim sogenannten Poseidontempel in Paestum, bei denen die Frontseite eine Kurvatur zeigt, während die Säulen noch genau senkrecht stehen[48]. Wie weit die von Vitruv (III 5,13) erwähnte Schrägstellung hochliegender Bauteile *(resupinatio)* tatsächlich ausgeführt wurde, ist bisher erst an wenigen Bauten nachgeprüft worden – so am Parthenon und den Propyläen mit der Schrägstellung der Abakusflächen und bei der Kerkyräerstele im Kerameikos in Athen im Giebelfeld[49].

Neben diesen von Architekten und Bildhauern vorgesehenen optischen Korrekturen ist das Erscheinungsbild der Bauten aber noch durch mancherlei andere, teilweise ungeplante Fakten beeinflußt worden – so schon in archaischer Zeit, häufiger aber seit dem Spätklassizismus und vor allem im Hellenismus durch die Tendenz, Oberflächen nicht bis zu Ende zu bearbeiten, Bossierungen stehen zu lassen oder Säulen nicht zu kannelieren. Das mag hier und da äußere oder finanzielle Gründe gehabt haben; in vielen Fällen wird man das aber als Gestaltungsmittel ansehen müssen[50] (s. Abb. 81). Nicht minder großen Einfluß auf das Bild der Bauten hatten auch alle die vielen, im Lauf mehrhundertjähriger Existenz hinzugekommenen Elemente – auf dem Stufenbau oder in der Peristasis der Tempel aufgestellte oder aufgehängte Weihgeschenke, Stelen und nicht zuletzt die zahllosen Statuen, die sich im Lauf von Jahren im Umkreis bedeutender Bauten ansammelten.

V. Gebäudetypen der griechischen Welt

Ein Abschnitt zur Typologie der verschiedenen Gebäudearten kann in einem Überblick über griechisches Bauwesen kaum fehlen, ist doch die Entwicklung der einzelnen Bautypen und ihre fortschreitende Differenzierung eines der wichtigsten Themen der Baugeschichte. Daß dieses Kapitel nicht ausführlicher ist, liegt am Konzept dieser Reihe, in der einzelne Gebäudetypen in entsprechenden Bänden ausführlicher in ihrem Funktionszusammenhang behandelt werden sollen; die somit notwendige Begrenzung erlaubt hier keine Diskussion einzelner Probleme, sondern allenfalls eine Andeutung und den Verweis auf spezielle Monographien. Diese Vorbemerkung gilt *mutatis mutandis* für alle Teile des Abschnitts, wird daher nicht jeweils wiederholt, sondern begründet hier ein für alle Mal die gewiß beklagenswerte Kürze, die ganz besonders im ersten Teil des Abschnittes die Tempel trifft, wo allein die Bibliographie des bisher Geschriebenen den verfügbaren Raum füllen würde.

1. Tempel und Heiligtümer

Die Götter – die nach dem Bild der Menschenwelt geschaffenen himmlischen Gottheiten und alle jene heiligen Gestalten, die nach dem Glauben der Griechen in ihrer natürlichen Umwelt wirkten – wurden anfänglich nur an den Stellen ihres Wirkens verehrt: in abgegrenzten heiligen Hainen, an Quellen, auf Bergen oder in Höhlen. Hier wurden den Göttern schon in den dunklen Jahrhunderten nach dem Ende der mykenischen Zeit – nicht selten am Platz älterer Kulte oder Gräber – zunächst primitive Altäre errichtet: einfache Steinschichtungen für Brandopfer an die himmlischen, Opfergruben für die chthonischen Götter; die heiligen Bezirke wurden durch Hecken, Zäune oder auch Mauern aus der ungestalteten Natur als „Temenos“ herausgelöst und stellten dem „Chaos“ der Umgebung die gestaltenden Kräfte des „Kosmos“ entgegen. Zu Beginn des 8. Jhs. wurden neben einfachen Kultbildern auch die ersten festen Häuser für die durch diese Bilder dargestellten Götter geschaffen[1], für die neben dem nur in der Frühzeit verwendeten Apsidenhaus (Eretria, Perachora; vgl. Abb. 106) das seit dem 3. Jtsd. im ägäischen Raum heimische Megaron zum Standardtypus wurde – ein langrechteckiger, freistehender Bau mit offener Vorhalle und der Cella, dem Raum für das Kultbild (vgl. S. 9)[2]. Dieser bereits in mykenischen Palästen ähnlichen Aufgaben dienende Typus wurde zur Grundlage der weiteren Entwicklung, die in der Folge das einfache Megaron durch Säulenstellungen zwischen den Anten (Antentempel, *templum in antis*), vor der Front *(Prostylos),* seltener an Front- und Rückseite *(Amphiprostylos)* bereicherte; glänzender Endpunkt war der Peripteros mit seiner für den griechischen Tempel schlechthin charakteristischen Säulenringhalle, neben dem sich im ionischen Raum der von doppelten Säulenreihen umstellte Dipteros entwickelte (vgl. Abb. 84).

Bei allen diesen Tempelformen wurden die in der Regel nach Osten gerichteten Schmalseiten als Hauptfronten durch Giebel betont – bis in die Neuzeit hinein Hoheitssymbol und seit der Frühzeit Ort apotropäischen oder symbolträchtigen Figurenschmuckes[3]. Diese Betonung der Schmalseite, d.h. der Türfront, spiegelt sich auch in der achsialen Verbindung Tempel – Altar, die den engen Bezug zwischen Kultbild und Opferplatz andeutet und die die einzige streng eingehaltene Bindung des klassischen Tempels war; im übrigen stand er lange Jahrhunderte hindurch als „Individuum" in seinem heiligen Bezirk, ohne Bezug zu Raum und Besucher – ein plastisches Gebilde wie die vielen anderen plastischen Werke, die um ihn herum und in seiner Cella aufgestellt wurden. Das gilt besonders für die früheren dorischen Tempel, trifft aber auch auf ionische Bauten zu, bis seit spätklassischer Zeit neue Raumvorstellungen zu anderen Konzepten und neuen Formen führten und die alten gründlich variierten.

Da seit der Ausbildung des monumentalen Steinbaues im 8. Jh. die beiden großen griechischen Volksgruppen – die Dorer in der Peloponnes und die Ioner auf den Inseln und an der kleinasiatischen Küste – Bauwerke mit durchaus eigenständiger Haltung schufen – mit Überschneidungen und Mischungen zwar und mit Sonderformen in den zahlreichen Kolonien im Pontus, in Süditalien und Sizilien, muß die Betrachtung dies berücksichtigen, obwohl sich darin keineswegs eine zeitliche Aufeinanderfolge der beiden großen Stilgruppen ausdrückt; im Gegenteil lief die Entwicklung in beiden Räumen zeitlich parallel und hat oft genug zu gegenseitiger Beeinflussung oder zu Übernahmen geführt.

Tempel

Die Genesis des dorischen Tempels und seine Frühformen vom späten 9. Jh. bis ins 7. Jh. hinein sind trotz vieler neuer Ergebnisse noch immer recht unklar: man wird neben Bauten mit massiven Wänden auch mit Pfosten- und Flechtwerkbauten rechnen müssen, wohl auch mit Mischformen. Neben Rechteckbauten fanden sich Apsidenbauten (darunter das ins 8. Jh. datierte Daphnephoreion in Eretria und ein Bau bei Mon Repos in Korfu), die dem bekannten Hausmodell von Perachora entsprachen und wie dieses einen Giebel mit rückwärtigem Walmdach kombinierten. Hand in Hand mit zunehmender Beherrschung des Steinbaus entwickelte sich nach den

Frühformen des späten 8. Jhs. im Laufe des 7. Jhs. der Peripteros in zunächst sehr langgestreckten Formen mit Längen : Breiten-Verhältnissen von 1 : 4, die erst im Laufe des 7. Jhs. auf etwa 1 : 2,7 zurückgingen. Allerdings sind die Befunde bei den frühen Bauten in Korinth, Eretria, Isthmia und Thermos zu unsicher, während der Hera-Tempel I in Argos mit einiger Sicherheit als Peripteros anzusprechen ist[4]. Unsicher sind auch die Formen des Oberbaues dieser Tempel, die sich auf einem flachen Stylobat erhoben mit überwiegend hölzernem Aufbau, seltener schlanken Steinsäulen (unter anderen Athena-Tempel I in Delphi-Marmaria, Apollontempel I in Delphi) sowie durchweg konstruktiv hochentwickeltem Ziegeldach (vgl. S. 102). Gegen 600 war diese Frühphase beendet: in den Grundrissen und im Aufbau des Heraion in Olympia (6 × 16 Säulen) und des Artemis-Tempels in Korfu (8 × 17 Säulen; s. Abb. 82, 83) war die Richtung angegeben. Den rechteckigen Naos mit Pronaos und Opisthodom sowie dreischiffiger Cella umschließt ein relativ weiträumiges Pteron[5]; zwischen Ringhalle und Naos bilden sich deutliche Bezüge heraus, und das alles zeigt bisher nicht gekannte Dimensionen – obwohl das Heraion zunächst noch weitgehend aus Holz und Lehmziegeln errichtet war. Das hieß nun freilich nicht, daß im dorischen Einflußbereich überall dieselben Formen auftraten: selbst wenn archaische und frühklassische Tempel im Mutterland (zum Beispiel Korinth, Delphi, Ägina, Olympia und Isthmia) ein relativ einheitliches Bild zu geben scheinen, bietet sich in den achäischen Kolonien Süditaliens (Metapont, Sybaris, Paestum) und in den großen dorischen Städten Siziliens ein vielfältiges Bild der Möglichkeiten, diesen Grundtypus abzuwandeln – den andersartigen Traditionen (und vielleicht auch Kultfunktionen?) dieser Regionen entsprechend. Auffallend ist neben dem Beharren auf altertümlichen Einzelformen die stärkere Betonung der Front der meist recht langgestreckten Tempel bei gleichzeitigem Verkümmern der Opisthodome: tiefe Vorhallen, oft mit doppelten Säulenstellungen (bei den Tempeln C, F, G in Selinus) sowie weite Ptera zeichnen diese Bauten aus; dazu wurde vielfach ein Adyton in der Cella abgeteilt[6]. In alledem sprechen sich ein gänzlich anderes Raumgefühl und ein dem Mutterland fremdes Streben nach Größe aus wie zum Beispiel im Olympieion in Akragas oder dem Tempel G in Selinus; doch näherte man sich seit etwa 480 unter dem Eindruck des Zeus-Tempels in Olympia mit Bauten wie dem Hera-Tempel II in Paestum, dem Tempel E in Selinus und einigen anderen Tempeln für kurze Zeit den mutterländischen Formvorstellungen, die freilich bald wieder durch einheimische Kräfte überspielt wurden (vgl. Abb. 82 und 83).

Mit den Tempeln der Aphaia in Ägina (ca. 495/485) und des Zeus in Olympia (ca. 470/456) war eine erste Vollendung des dorischen Kanons, ein Ausgleich zwischen aufragender Säule und lastendem Gebälk erreicht, vor allem aber eine innere Übereinstimmung im Proportionsgerüst des Baues, mit der sich die der dorischen Ordnung eigenen Eckprobleme und die

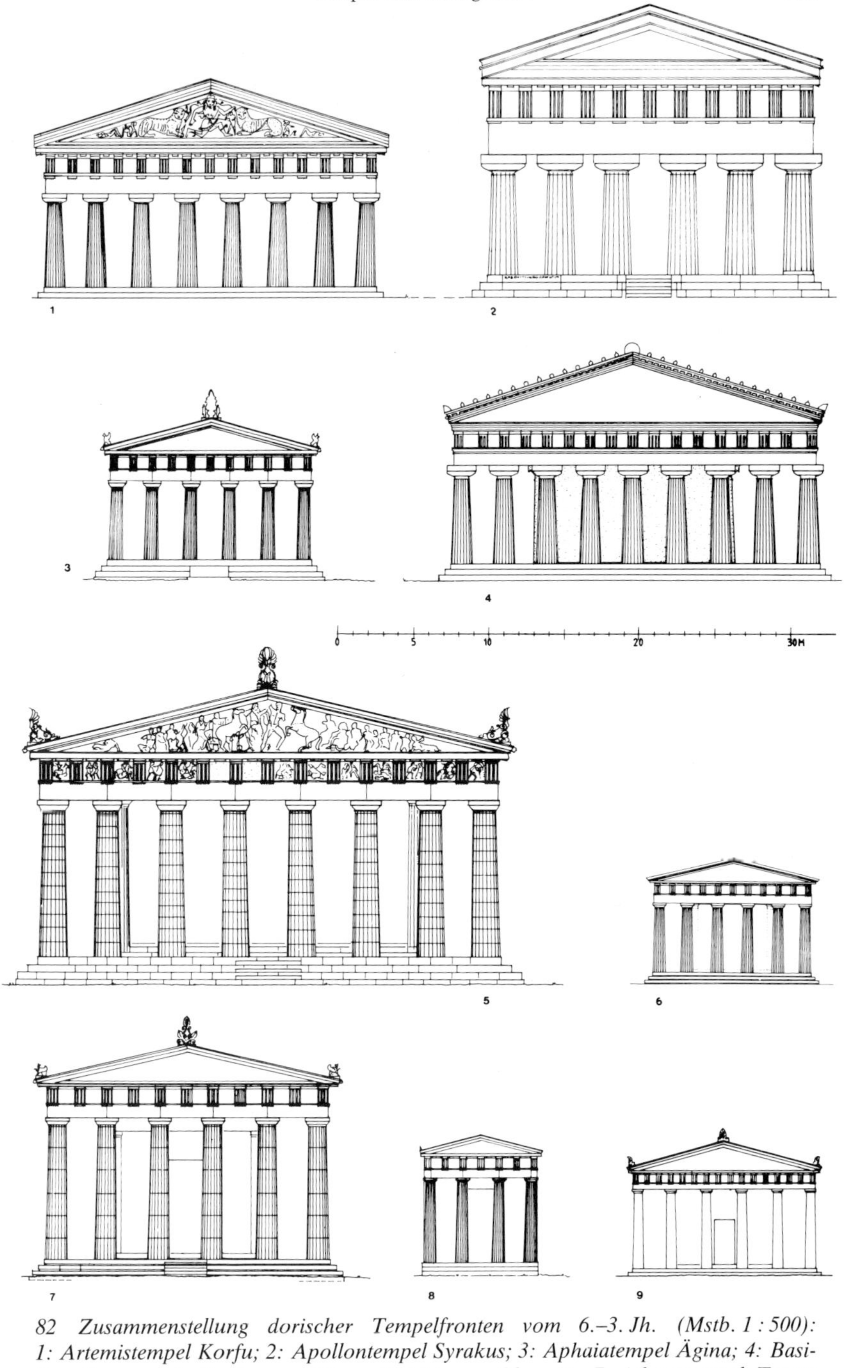

82 Zusammenstellung dorischer Tempelfronten vom 6.–3. Jh. (Mstb. 1 : 500): 1: Artemistempel Korfu; 2: Apollontempel Syrakus; 3: Aphaiatempel Ägina; 4: Basilica Paestum; 5: Parthenon Athen; 6: Metroon Olympia; 7: Athenatempel Tegea; 8: Athenatempel Lindos/Rhodos; 9: Athenatempel Pergamon

Bezüge der einzelnen Bauglieder zueinander begreifbar (in Olympia zum Beispiel auf der Basis des Säulenachsmaßes von 16'; vgl. Abb. 9) lösen ließen. Im Grundriß hatte sich eine Säulenzahl von 6 × 12 ± 1 bei einem L : B – Verhältnis von 1 : 2,0 bis 2,3 als günstigste Lösung erwiesen; im Innenraum blieb man trotz oft enger Raumverhältnisse bei der dreischiffigen Cellaform mit Opisthodom und Pronaos an den beiden Enden. Mit der angesichts stämmiger Säulen (in Ägina UD : SH = 1 : 5,3; in Olympia = 1 : 4,7) und kräftiger Gebälke noch immer mächtigen Architektur korrespondierte der Bildschmuck auf Metopen und in den Giebeln: in deutlichen Bezügen streng auf die Mitte hin orientiert paßten sich die Figuren gefügig dem Giebeldreieck ein (s. Abb. 82).

Während Mutterland und Großgriechenland derart zu unterschiedlicher, jeweils aber vollendeter dorischer Form gelangten, ist Dorisches in Ägäis und kleinasiatischem Küstenland nur vereinzelt vertreten: der Athena-Tempel in Assos (um 540; vgl. Abb. 63 und 74) blieb Einzelstück. Hier dominierte eine andere Formenwelt, die sich in der Individualität aller einzelner Bauten scharf von den bei allen Variationen doch regelgebundenen dorischen Tempeln unterschied. Ihre Anfänge – wie jene noch recht unklar, aber deutlich der Entwicklung im Dorischen vorausgehend – liegen in der ersten Hälfte des 8. Jhs., beginnend mit dem zweischiffigen Hekatompedos I im Heraion von Samos, dem bald nach 670 ein Neubau mit hölzerner Ringhalle (6 × 18 Säulen) folgte (s. Abb. 84). Hier wie bei anderen bisher bekannten frühen Tempeln Ioniens waren Maßstab und Gestaltung noch erstaunlich bescheiden; kleinmaßstäblich blieben auch die frühen Bauten der Äolis (Neandria, Larisa, Phokaia, Alt-Smyrna), die sich jedoch mit eigenständigen Formen (vgl. S. 131 f.) deutlich von der Baukunst Ioniens absetzten. Hier veränderte in der ersten Hälfte des 6. Jhs. ein plötzlicher – und ohne den Einfluß Ägyptens schwer verständlicher – Maßstabssprung das Bild völlig: auf die frühen Tempel folgte in Samos mit dem Hera-Tempel des Rhoikos (III) ein riesiger Dipteros, dem sich wenig später das Artemision von Ephesos und seit etwa 540 der Apollontempel von Didyma anschlossen[7]. Diese noch im 5. Jh. im Bau befindlichen Großbauten (allein Didyma war 494 zerstört worden) entsprachen in ihren Dimensionen durchaus den Riesenbauten Siziliens, waren aber viel feingliedriger als diese gebildet; bei 8 bis 9 Säulen an den Fronten und 10 bis 21 an den

83 Zusammenstellung von Grundrissen dorischer Tempel (Mstb. 1 : 1000): 1: Olympia, Heraion (um 600/90); 2: Eretria, Apollontempel (A = sog. Daphnephoreion; B = Tempel des 7. Jhs.; C = Tempel des 6. Jhs.); 3: Korfu, Artemistempel (um 580); 4: Ägina, Aphaiatempel (um 500); 5: Selinunt, Tempel C (um 550/530); 6: Delos, Apollontempel III (sog. Athenertempel; 425/417); 7: Bassae – Phigaleia, Apollontempel (nach 429); 8: Athen, Parthenon (447–431); 9: Athen, Hephaisteion (449/420); 10: Tegea, Athenatempel (M. 4. Jh.); 11: Lindos, Athenatempel (um 300); 12: Pergamon, Athenatempel (um 280/270)

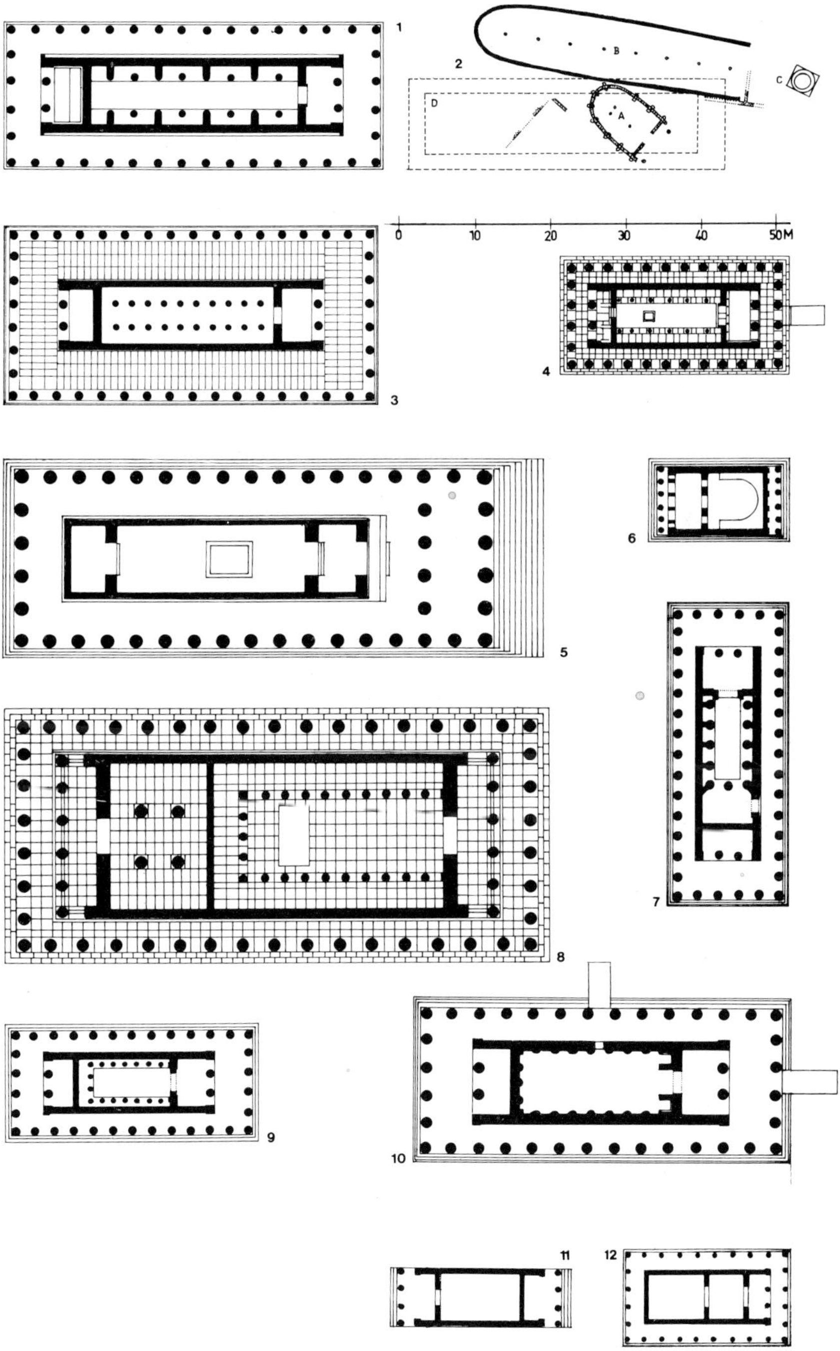
1
2
A
B
C
D
0 10 20 30 40 50M
3
4
5
6
7
8
9
10
11
12

Langseiten ergab sich hier eine Gesamtzahl von 100–134 Säulen mit allerdings erheblichen Abmessungen (Dm = 1,2-1,9 m und SH um 14-15 m; vgl. Abb. 70). Die Grundrisse der großen Dipteroi gleichen sich zwar in einem gewissen Schematismus (der sich unter anderem in bewußter Achsenkonkordanz zwischen inneren und äußeren Säulenstellungen zeigt), sind aber sonst – trotz mancher Unklarheiten in Einzelfragen – jeweils völlig anders entwickelt: im Heraion vielleicht eine dreischiffige Cella mit tiefer Vorhalle, ähnlich wohl in Ephesos, während in Didyma der hypäthrale Sekos, der offene Innenhof mit einem kleinen Tempelchen über der heiligen Quelle auf ein ganz anderes Konzept hindeutet – was sich ja auch in der Funktion des Tempels als Ort eines bedeutenden Orakels zeigt. Woher die Anregungen zu den in jüngerer Zeit entdeckten ionischen Tempelbauten im großgriechischen Raum (Locri, Metapont, Syrakus; vgl. Abb. 84)[8] kamen, wird angesichts der dort recht eigenständigen Formen noch zu untersuchen sein. Sicher unter dem Eindruck der ionischen Riesenbauten stand der vom Tyrannen von Naxos, Lygdamis, um 530 begonnene Bau des Apollontempels in Naxos, der zwar als Peripteros mit beiderseits doppelter Säulenfront entworfen war, doch nie ganz fertig wurde; in diese Gruppe gehört auch der wohl als sechssäuliger Amphiprostylos errichtete Burgtempel in Paros aus derselben Zeit – beide Bauten zusammen mit einigen kleineren Tempeln (darunter dem von Sangri auf Naxos, vgl. Abb. 84) wichtige Zeugnisse für die Baukunst der Kykladen, die im 6. Jh. ein bedeutendes Bindeglied zwischen Ionien und Attika war[9]. Alle diese Bauten waren ohne Holz aus dem am Ort vorhandenen Marmor errichtet und liefern mit der sich aus dem konstruktiven Aufbau ergebenden Abfolge der Glieder des Gebälks (Architrav – Fries – Geison) die Erklärung für Eigenarten attisch-ionischer Bauten.

In Athen hatten um 560 die Peisistratiden gleichfalls einen großen Dipteros begonnen, der nach ihrem Sturz jedoch liegenblieb. Hier in Athen begann nach den Siegen über die Perser und der Konsolidierung des Seebundes um die Mitte des 5. Jhs. etwas Neues: der Bau des Hephaistos-Tempels an der Agora und der von Perikles betriebene Neubau der Akropolis. In wenigen Jahrzehnten entstanden hier 447–432 der Parthenon, 437–432 die Propyläen, 421–414 und 409–406 das Erechtheion (s. Abb. 84.6) sowie zu nicht sicherem Zeitpunkt der kleine Nike-Tempel – jeder Bau in Grundriß und Aufbau einzigartig, alle zusammen aber Zeugnis einer

84 Zusammenstellung von Grundrissen ionischer Tempel (Mstb. 1 : 1000): 1: Samos, Heraion I (1. H. 8. Jh.); 2: Sangri, Demetertempel (um 530); 3: Delos, Naxier-Oikos (Anf. 6. Jh.); 4: Metapont, ionischer Tempel (1. V. 5. Jh.); 5: Priene, Athenatempel (4. Jh.); 6: Athen, Erechtheion (421–414, 409–406); 7: Labraunda, Zeustempel (M. 4. Jh.); 8: Didyma, Apollontempel II (um 300); 9: Magnesia am Mäander, Artemistempel (um 200–133); 10: Milet, Dionysostempel (1. V. 3. Jh.); 11: Milet, Demetertempel (um 2. H. 3. Jh.); 12: Magnesia a. M., Zeustempel (Anf. 2. Jh.)

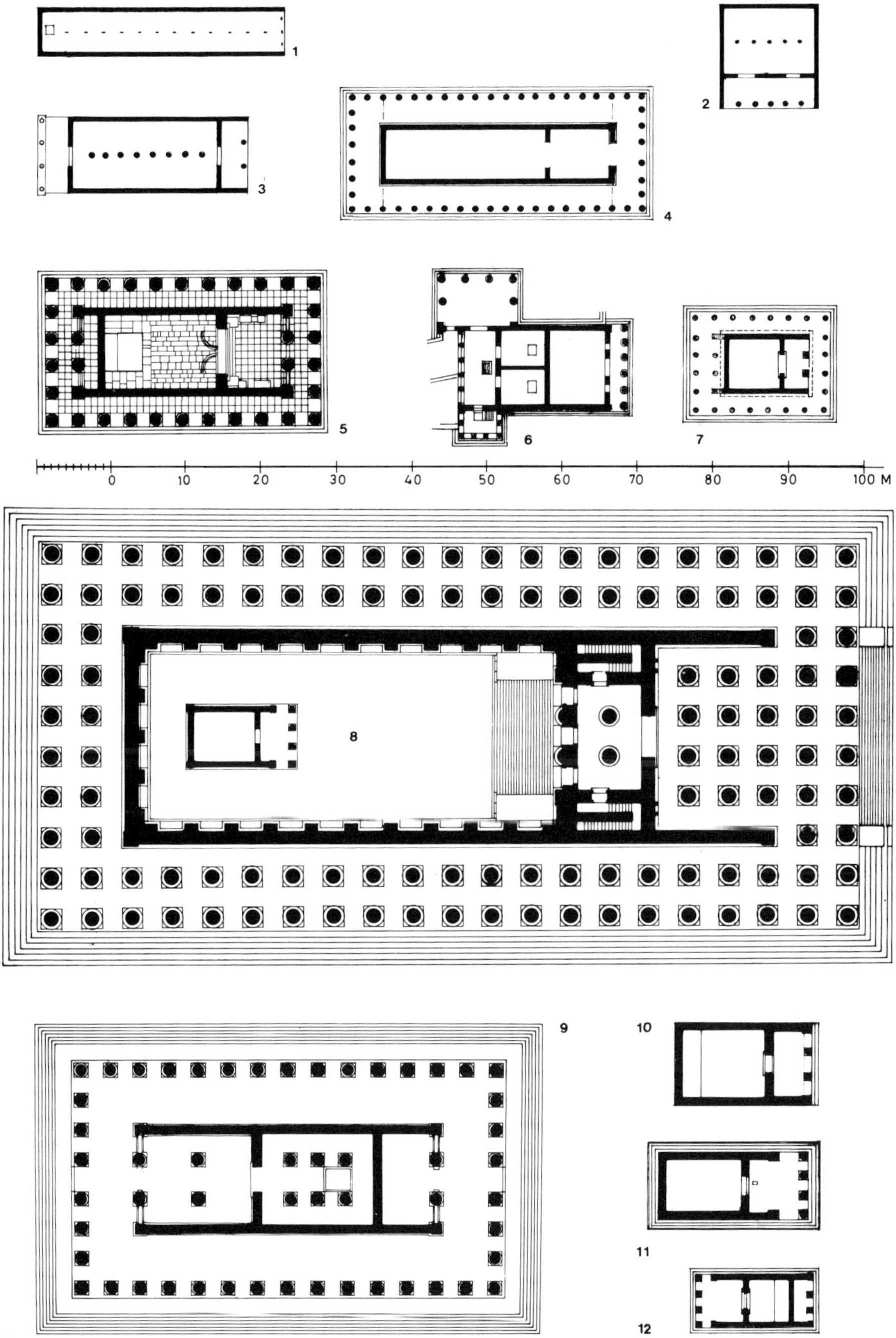
1
2
3
4
5
6
7
0 10 20 30 40 50 60 70 80 90 100 M
8
9
10
11
12

zu bisher ungekannter Reife der Form geführten Verbindung dorischer und ionischer Elemente und eines Ausgleichs zwischen der Gestaltung des Tempels als plastisches Gebilde und als bergender Raum. Mit besonderer Klarheit zeigt sich das im Entwurf der Architekten Iktinos und Kallikrates für den Parthenon (s. Abb. 83.3), der als Peripteros mit 8 × 17 Säulen und einem in zwei unterschiedliche Räume geteilten Naos aus dem bisher gültigen Schema herausfällt. Hier waren alle wesentlichen Entwurfsmaße in ein einheitliches Proportionssystem von 4 : 9 eingebunden (Breite: Länge; Säulendurchmesser: Säulenachse; Höhe des Baues: Frontbreite; vgl. S. 30). Dazu kam eine nahezu unglaubliche Perfektion in der Ausführung des durch eine Vielzahl optisch wirksamer Korrekturen komplizierten Quaderbaues, dessen in der Krepis ansetzende Kurvatur sich über geneigte Säulen und Wände bis ins Gebälk fortsetzte, und schließlich noch die reiche Fülle der unter Phidias von drei Generationen hochqualifizierter Bildhauer gearbeiteten Metopen, des den Naos umziehenden ionischen Panathenäen-Frieses und der Giebelfiguren[10].

In diese Zeit des perikleischen „Baubooms" gehören auch der Ares-Tempel und die Tempel in Sunion und Rhamnus, bei denen sich ähnlich Dorisches mit Ionischem verband. Das setzte sich fort beim Apollon-Tempel in Bassai, bei dem sich der im Hephaisteion in der Fronthalle angebrachte Fries nun konsequent mit ionischen Halbsäulen kombiniert in der Cella findet, in deren Achse eine Frühform des korinthischen Kapitells zeigt, wie lebendig man in diesen Jahren nach neuen Formen und Raumqualitäten suchte. Demgegenüber geben die übrigen peloponnesischen Bauten dieser Zeit (Argos, Isthmia) wenig zur Frage eines eigenen Landschaftsstils her.

Wesentlich deutlicher läßt sich dagegen die Architektur Großgriechenlands fassen, wo einige Städte dank ihres Wohlstandes mit eigenen Bauhütten große Bauprogramme verwirklichten[11]. Während sich hier durch das ganze 6. Jh. hindurch stark lokal geprägte Formen entwickelt hatten, orientierte man sich im 5. Jh. wieder stärker an mutterländischen Vorbildern, obwohl man deren in die Klassik weisender Tendenz zu plastisch-tektonischer Durchbildung aller einzelnen Bauglieder nicht konsequent zu folgen bereit war: intensives Bemühen um stärkere Ausprägung räumlicher Qualitäten der Cella und das Streben nach dem Einheitsjoch standen dem im Mutterland erreichten klassischen Ausgleich im Wege – und im übrigen führten gegen Ende des 5. Jhs. die in der Zerstörung der Städte gipfelnden Auseinandersetzungen mit den Karthagern ohnehin zum Niedergang einer eigenen Architektur[12]. Brach hier um 408 eine jahrhundertelange Tradition ab, so zeigten sich im Mutterland um die Mitte des 4. Jhs. deutlich archaisierende Tendenzen: bei den in altertümlichen Proportionen errichteten Tempeln von Delphi (6 × 15 Säulen) und Tegea (6 × 14 Säulen), die sich im übrigen in der Folge auch in Ionien beobachten lassen. Daneben fand

85 Didyma, Apollontempel: Sekos nach Nordosten

man allerdings andernorts in dem das Opisthodom reduzierenden oder ganz ausscheidenden Kurztempel mit 6 × 11 oder 6 × 10 Säulen nochmals eine neuartige Lösung der alten Bauaufgabe (Asklepios-Tempel in Epidauros und Gortys; Athena-Tempel in Pergamon; s. Abb. 83.12), bei der aber mit der Verlagerung des Gewichtes auf die Frontseite die im 5. Jh. erreichte Ausgewogenheit verlorenging. Dieser neue Ansatz bedeutete dann zusammen mit der im Hellenismus zunehmenden Einbindung des Tempels in einen größeren Verband das Ende des plastisch konzipierten freistehenden dorischen Tempels[13].

86 Magnesia am Mäander, Artemistempel: Modellansicht

Im westlichen Kleinasien hatte es bis ins 4. Jh. gedauert, bis die ionischen Städte die Schäden des Persersturms beseitigt hatten; allein Milet errichtete im zweiten Viertel des 5. Jhs. mit dem (vielleicht nie ganz fertig gewordenen) Athena-Tempel mit seinem hohen Podium einen aus dem Üblichen herausfallenden Neubau. Im übrigen wurden in der zweiten Hälfte des 4. Jhs. das 356 durch Herostrat's Brandstiftung zerstörte Artemision von Ephesos und ab etwa 300 der von den Persern zerstörte Apollon-Tempel in Didyma (s. Abb. 85) in weitgehender Annäherung an die archaischen Vorgänger wiederhergestellt – auch diese durch hohe Podien aus ihrer alten Tieflage herausgehoben. Ansonsten war die – nicht geringe – Bautätigkeit des 4./3. Jhs. im Osten einerseits durch die Rückschau auf die große Zeit des 6. Jhs. charakterisiert, zum anderen durch den Versuch, die im Dorischen erreichte innere Ordnung auch hier zu verwirklichen, wofür der Pytheos-Entwurf des Athena-Tempels in Priene (um 350/330; vgl. Abb. 84.5) das klassische Beispiel gibt. Ähnlich rational ging etwa zwei Jahrhunderte später Hermogenes in seinem Entwurf für den Artemis-Tempel in Magnesia vor: mit dem neuen Grundrißtypus des Pseudodipteros schuf er einen eher dem Raumwollen der Zeit gemäßen Bau, den man später in der römischen Kaiserzeit besonders schätzte; allerdings verzichtete er im Bemühen um räumliche Wirkung mit der breiteren Mittelachse auf die Konsequenz des Rastersystems (vgl. Abb. 84.9 und 86).

Außer den hier genannten, für die Gesamtentwicklung maßgeblichen Bauten wären noch zahlreiche andere ionische Tempel aus hellenistischer Zeit zu nennen (unter anderen der Zeus-Tempel in Labraunda und Priene, Dionysos- und Demeter-Tempel in Milet, die Tempelgruppe im Letoon bei Xanthos, die kleinen Tempel von Pergamon sowie die Tempel von Teos, Lagina und Chryse), doch erlaubt die hier geforderte Begrenzung nur diesen knappen Hinweis (s. Abb. 84.7–12).

Neben den großen Tempeln, die mit Recht als Marksteine griechischer Baugeschichte gelten, gab es seit archaischer Zeit eine Fülle kleinerer Tempel in weniger bedeutenden Heiligtümern, in Städten als Markttempel oder in innerstädtischen Sakralbezirken, die als Antentempel oder als Prostyloi mit üblicherweise 4, gelegentlich 6 Säulen ausgebildet waren, seltener als Mischtypen wie z. B. der Zeustempel auf der Agora in Magnesia mit 4säuliger prostyler Front und einer Rückhalle mit 2 Säulen *in antis*. Besonders vielfältige Lösungen finden sich bei den meist im 6./5. Jh. erbauten Schatzhäusern in Olympia und Delphi, die als Stiftungen zahlreicher verschiedener Poleis lokale Eigenheiten spiegeln, in Olympia in der Reihung auf einer langen Terrasse auch deutliche Frontbildung zeigen[14].

Eine Sonderstellung nahmen zu allen Zeiten Rundbauten ein – die Tholos und der Monopteros, die durch ihre Rundform auf eine mittlere Größe beschränkt blieben und auch in ihren Funktionen nicht festgelegt waren: Kultraum, Heroon, Denkmal und in einzelnen Fällen Schatzhaus oder Spei-

87 Delphi-Marmaria, Tholos im Bezirk der Athena Pronaia (Anf. 4. Jh.)

seraum. Ältestes Beispiel einer Peripteral-Tholos ist nach einfachen Rundbauten geometrischer Zeit (Lathuresa in Attika) ein nur in Spolien nachweisbarer Bau des 6. Jhs. in Delphi; ihm folgten zu Beginn des 4. Jhs. die Tholos im Athena-Heiligtum in Delphi (s. Abb. 87) – ein Bau mit 20 dorischen Säulen und kreisrunder Cella mit 10 korinthischen Innensäulen sowie die 360/320 errichtete Tholos (Thymele) in Epidauros, bei der wie bei dem Bau in Delphi ein dorischer Außenbau korinthische Innensäulen enthielt; unter diesem Bau liegt ein in drei konzentrischen Ringen angelegtes „Labyrinth", in dem manche den Ort der heiligen Schlangen des Heilgottes vermuten[15]. In die gleiche Reihe gehört auch das von Philipp II. nach seinem Sieg von Chaironeia 338 nach Olympia gestiftete Philippeion, das die Machtfülle der makedonischen Herrscher dokumentieren sollte und vielleicht eine in N-Griechenland beliebte Form widerspiegelt (Tholoi in Pella und im Herakles-Bezirk in Thasos); hierher gehören auch das um 289/281 errichtete Arsinoeion und der frühe dorische Rundbau in Samothrake[16].

Wenn auch der Tempel als das Haus der Gottheit in den meisten Heiligtümern das wichtigste – und damit größte – Bauwerk war, so war er doch immer nur ein Teil des Ganzen: neben ihm gehörten Altäre, Weihgeschenke, oft auch Hallen, Schatzhäuser und Räume für Kultmahle zu jedem Temenos, dazu vielfach reicher gestaltete Torbauten.

88 Delphi, Heiligtum des Apollon: Modell-Ansicht

Altäre

Unter allen diesen Bauwerken war der Altar (βωμός) das älteste, ja, eigentlich der Ausgangspunkt des Kultes: es gab nicht wenige Heiligtümer ohne Tempel, aber keines ohne Altar – oft mit zugehöriger Opfergrube[17]. Wenn diese auch – zumal in der Frühzeit als Aschenaltäre – oft recht einfach waren und ein großer Teil der kleineren Altäre kaum in den Rahmen einer baugeschichtlichen Darstellung gehört, bleibt doch eine beträchtliche Anzahl bedeutender Altarbauwerke aus allen Phasen griechischen Bauens. Der Beginn liegt in geometrischer Zeit mit teilweise recht großen, aus Bruchsteinen aufgemauerten und nach Osten orientierten Altartischen (unter anderen Sparta, Samos), denen in der ersten Hälfte des 6. Jhs. erste größere Bauten folgen – zum Beispiel die große Plattform mit dem Poseidonaltar in Monodendri, der erste Altar des Artemisions in Ephesos und der in einem reich geschmückten U-förmigen Mauerring eingeschlossene Stufenaltar VII im Heraion in Samos (s. Abb. 73). Die bei allen diesen Altären im Mittelpunkt liegenden Opfertische waren in recht unterschiedlichen Formen ausgebildet – in Ionien oft mit Eckvoluten, im Mutterland nicht selten mit einer aus Triglyphen und Metopen gebildeten niedrigen Außenwand: sogenannte Triglyphenaltäre unter anderen in Korfu, Perachora, Syrakus und Korinth. Dieser Altartypus mit dem auf einem Stufenbau stehenden und oft durch eine niedrige Umfassung geschützten Opfertisch war in unterschiedlicher Form über lange Zeit hin üblich und erreichte oft beträchtliche Größen (Samos 16,6 × 36,5 m; Korfu 2,73 × ca. 25,4 m) mit dem „Höhepunkt" im Altar Hieron's II. in Syrakus (um 240) mit einem Stufenbau von 20,85 × 195 m. Neben diesen Typen finden sich seltener – zum Beispiel in Samothrake – durch Mauern abgeschlossene Altarhöfe mit Altartischen darin. Beide Formen verbanden sich in den großen hellenistischen Monumentalaltären mit zusätzlichem Säulenaufbau, Statuen- und Reliefschmuck zu einer neuen, im Einzelnen in ihrer Entwicklung noch keineswegs geklärten Typengruppe – beginnend mit dem wohl im Anfang des 3. Jhs. errichteten Altar im Asklepieion von Kos, dem in der ersten Hälfte des 2. Jhs. bereits der monumentale Zeus-Altar von Pergamon folg-

89 Zusammenstellung von Grundrissen von Hallen (Mstb. 1 : 1000) 1: Samos, Südstoa (E. 7. Jh.); 2: Didyma, Südstoa (um 600); 3: Delos, Naxierstoa (M. 6. Jh.); 4: Athen, Stoa Basileios (6. Jh.); 5: Samothrake, Halle der Weihgeschenke (E. 6. Jh.?); 6: Delos, Stoa Philipps V. (216/200); 7: Athen, Attalos-Stoa (M. 2. Jh.)

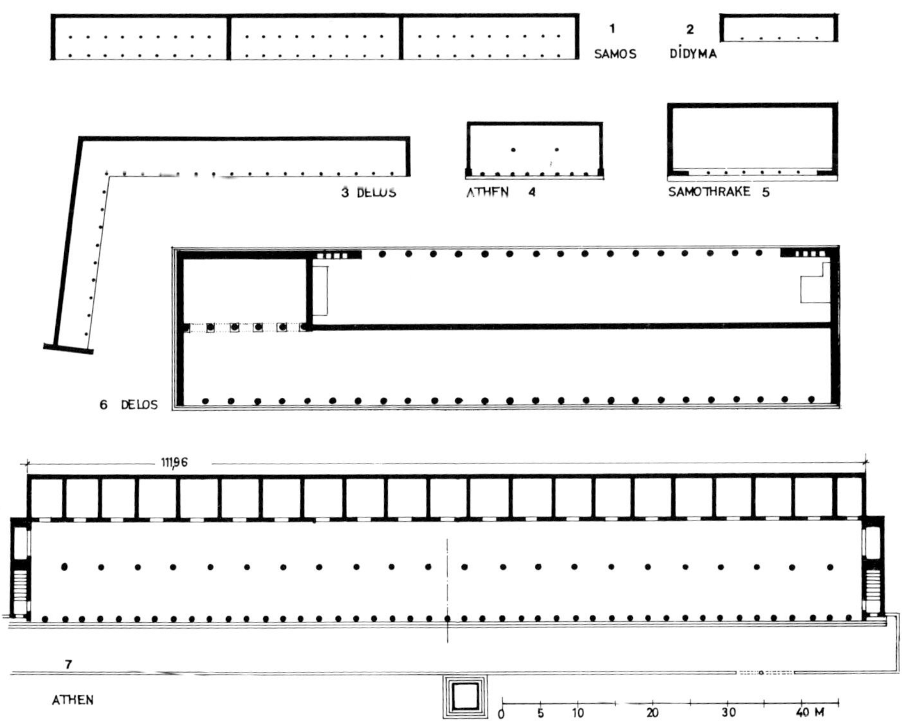

te. Auf dem reliefgeschmückten Unterbau (36,44 × 34,2 m) stand eine einen inneren Hof umschließende Säulenhalle mit Flügeln, die die breite Freitreppe seitlich faßten wie das ähnlich später in Magnesia wiederholt wurde, während in Priene durch Halbsäulen gegliederte und mit Reliefs gezierte Wände den Stufenbau umschlossen[18].

Weihgeschenke, Hallen und Torbauten

Neben den großen Altarbauten fand sich in jedem Heiligtum eine Reihe kleinerer Altäre, die ähnlich wie Stelen, Statuen oder andere Weihgaben als Stiftungen dorthin gelangten. Beide Denkmälergruppen sind dank ihres oft reichen Dekors von großem kunstgeschichtlichen Interesse, können hier aber nicht näher berücksichtigt werden ebenso wie die zahlreichen vielgestaltigen Kleinarchitekturen (Exedren, Säulen- und Pfeilermonumente oder naiskosartige Bauten). Sie hatten – zumindestens seit dem 4. Jh. – kaum architektonischen Eigenwert, sondern waren nur Sockel, Rahmung oder Hintergrund der hier aufgestellten Kunstwerke – auch wenn sie in ihrer

90 Pergamon, Oberburg: Torbau des Athena-Bezirks

91 Lindos auf Rhodos, Heiligtum der Athena Lindia

Massierung im Temenos dessen Erscheinungsbild für den Besucher ganz nachhaltig bestimmten, wie sich das deutlich in den Beschreibungen des Pausanias zeigt (vgl. Abb. 88). Eine bestimmte, durch architektonische Gesichtspunkte beeinflußte Systematik bei der Aufstellung von Weihgeschenken innerhalb der Heiligtümer ist nicht zu beobachten – abgesehen von den gewiß nicht seltenen Rivalitäten zwischen verfeindeten Stiftern; bevorzugt wurden natürlich die Bereiche um die Tempel (wobei gelegentlich sogar die Ptera zur Aufstellung von Weihgeschenken benutzt wurden), dazu die Feststraßen, die Zugangswege oder sonst belebte Bereiche innerhalb des Heiligtums, was auch mit der seit dem 5. Jh. an den Kunstwerken selbst ablesbaren Orientierung auf den Betrachter übereinstimmt[19].

Wertvollere Weihgaben wurden allerdings schon seit früher Zeit in eigens dafür errichteten Hallen geborgen (s. Abb. 89), die in ein- und zweischiffiger Form aus den Herabezirken von Samos und Argos sowie dem Apollonheiligtum in Didyma (2. Hälfte 7. Jh.) bekannt sind. Diese Hallen bildeten mit ihren langen Fronten zugleich deutliche Abgrenzungen des ganzen Bezirks ähnlich wie das später unter anderen auch bei der Naxier-Stoa in Delos (Mitte 6. Jh.), bei den Hallen im Apollonheiligtum in Argos und der Echohalle in Olympia (3. Viertel 4. Jh.) zu beobachten ist; andernorts teilte man mit kürzeren oder L-förmigen Hallenbauten kleinere Bezirke ab, wie etwa den der Artemis Brauronia auf der Athener Akropolis oder den Artemisbezirk im Apollonheiligtum in Delos. Nicht selten finden sich hinter den offenen Säulenhallen Kammern, unter denen einige ganz offensichtlich als Speiseräume (ἑστιατόριον) dienten – so zum Beispiel in den Asklepiosbezirken in Athen, Troizen und Korinth sowie in den Artemis-Heiligtümern in Brauron und Delos[20]. Daneben gab es aber auch unter den kleineren Nebenbauten eigene Banketthäuser (wie etwa im Demeter-Bezirk in Korinth und im Heraion Argos). Die langen geraden Fronten der Hallen, die in hellenistischer Zeit immer länger wurden (so in Delos die Antigonos-Stoa 119,6 m, die Philipps V. 71,08 m; in Samothrake ca. 104 m), waren in allen Heiligtümern wichtige raumbildende Elemente, was sich noch steigerte in den großen Terrassenanlagen des Asklepieion in Kos oder im Athena-Bezirk von Pergamon, wo eine zweigeschossige Halle den Bezirk rahmte. Hier haben die Hallen ihren Eigenwert als Bauwerke verloren, sind zu anonymen Teilen einer einheitlich geplanten Gruppe, ja, zu Versatzstücken eines auf Repräsentation bedachten Gesamtkonzeptes geworden. Noch deutlicher wird das im Athena-Heiligtum von Lindos, wo die in zwei Bauphasen errichteten und mit Flügelbauten kombinierten Hallen zugleich die Funktion des Propylon übernahmen und in großartiger Staffelung Architektur und Landschaft miteinander verbanden (s. Abb. 91)[21]. Dabei waren Torbauten bis in hellenistische Zeit hinein im allgemeinen recht bescheidene Bauwerke gewesen; nach ersten Beispielen im mykenischen Palastbau waren sie für Jahrhunderte aus dem Typenbestand antiker Architektur verschwunden, um erst in spätarchaischer Zeit in der Form bescheidener Giebelbauten mit Säulen zwischen Anten wieder aufzutauchen, wie Beispiele im Aphaia-Bezirk in Ägina, in Sunion, Labraunda und in zahlreichen anderen Orten zeigen[22]. Diesen Maßstab hat seit 437 Mnesikles mit seinem Entwurf für die Propyläen der Athener Akropolis weit überschritten, in dem er eine sechssäulige dorische Giebelfront mit seitlich vorspringenden Flügelbauten kombinierte und statt eines Durchganges eine Folge von Räumen schuf, die den Besucher über mehrere Ebenen zum Tempelplatz führten; allerdings ist der Bau infolge Krieg und örtlicher Rivalitäten nie im geplanten Umfang fertig geworden. Doch hat die hier geschaffene, fast symmetrische „Fassade“ (ein vorher in griechischer Architektur eigentlich unüblicher Begriff) mit beiderseits vorspringenden Flügelbauten in dem ionischen Propylon Ptolemaios' II. in Samothrake (um 285/80), in dem genannten Bau in Lindos und einigen anderen Risalitbauten eine höchst interessante Nachkommenschaft gefunden[23], der – bei freilich andersartiger Grundform – die nun allenorts aufkommenden Propylonfassaden entsprechen: in besonders reicher Form werden sie in dem zweigeschossigen Propylon des Athena-Bezirks in Pergamon (s. Abb. 90) verkörpert, in einfachereren Formen waren sie hingegen in zahlreichen Beispielen an Gymnasien, Buleuterien (Milet, Priene, Olympia; vgl. Abb. 6) oder anderen öffentlichen Bauten vorhanden.

Terrassen- und Treppenanlagen

Tempel weithin sichtbar auf beherrschenden Höhen anzulegen, war – teilweise durch uralte Kulte bedingt – schon in archaischer Zeit, vor allem aber seit der Klassik ein durchaus geläufiger Entwurfsgedanke, der die Form innerstädtischer Heiligtümer (zum Beispiel in Korinth, Athen, Milet und Priene) ebenso beeinflußte wie die weit draußen in freier Landschaft liegender Temenê (Sunion, Ägina, Labraunda unter anderen). In solchen Lagen war nicht nur die nähere Umgebung des Tempels herzurichten; es mußten auch durch oft lange Stützmauern Terrassen geschaffen werden, die den Gesamteindruck eines Komplexes nicht unwesentlich mitbestimmten und das durch entsprechende Qualität des Quaderwerks auch deutlich machten – wie beispielsweise die großen Terrassenmauern unterhalb des Apollontempels in Delphi oder im Heiligtum des Apollon Maleatas in Epidauros zeigen. Waren hier schon im 5. Jh. beeindruckende Anlagen entstanden, so wuchsen Zahl und Dimensionen solcher Terrassenbauten in spätklassischer, vor allem aber in hellenistischer Zeit noch ganz erheblich[24]. Sie blieben nun nicht mehr allein auf die großen und bedeutenden Heiligtümer beschränkt (wie in Lindos, Kos, Pergamon, Priene, Labraunda; s. Abb. 91,

92 Pergamon, Stützmauer des Demeter-Bezirks

92), sondern finden sich auch in kleineren, eher ländlichen Bezirken (so unter anderem in Trapuria in Attika[25] und Mamurtkale bei Pergamon), bei monumentalen Grabanlagen und bei zahlreichen Projekten des profanen Bereichs, bei denen Repräsentationswünsche etwa eines Herrschers den Entwurf mitbestimmten. Hierzu zählen die vielen großen, mit erheblichem Aufwand dem Gelände abgetrotzten Terrassenanlagen von Märkten (zum Beispiel Alinda, Aigai, Assos), von Gymnasien und Theatern, bei denen die Terrassenanlage oft als mehrgeschossiges Kammersystem ausgebaut war und so einen Teil der örtlichen Funktionen übernahm. Oft waren diese Terrassenmauern durch kräftige Strebepfeiler verstärkt (wie in Pergamon oder bei der Stadionterrasse Priene; s. Abb. 92), bei denen neben ihrer konstruktiven Notwendigkeit sicher auch ästhetische Gesichtspunkte, nämlich auf den Betrachter zu wirken, mit im Spiel waren. Damit sind diese Terrassenanlagen sowohl ein wichtiges Gestaltungsmittel einer die natürliche Landschaft modellierenden und durch menschliche Kunst steigernden Architektur wie andererseits aber auch als Plattformen mit weiter Fernsicht ein für das Lebensgefühl des hellenistischen Menschen wichtiges Mittel, seinen Lebensraum in seinem ganzen Umfang erfassen zu können[26]. Sie sind – gleich ob man ihre Wurzeln im Orient sucht oder sie als genuine Schöpfungen des Hellenismus ansieht – eines der wichtigsten und dauerhaftesten Zeugnisse hellenistischer Baugesinnung, deren Nachwirken in römischer und von da aus in abendländischer Baukunst von großer Bedeutung für beide Phasen war[27].

Zu vielen dieser Terrassenanlagen gehörten neben den Stützmauern auch die den Zugang vermittelnden Aufwege und Treppen. Anfänglich mögen einfache, in Windungen am Hang hinaufführende Fußwege ausgereicht haben wie in Athen der alte Aufweg zur Akropolis oder der Fußweg zur Akropolis von Thasos, doch scheint in klassischer Zeit hier und da der Wunsch nach großzügigerer Ausgestaltung solcher Zugänge aufgekommen zu sein, wie sich das in der sogenannten Treppenstützmauer im Heraion von Argos um die Mitte des 5. Jhs. zeigt[28]. Daß ein solcher Entwurfsgedanke – wenn er nicht etwa durch Eindrücke persischer Architektur vermittelt worden sein sollte – für diese Zeit noch zu früh war, ergibt sich daraus, daß nochmals ein Jahrhundert verstrich bis – vielleicht wieder unter östlichem Einfluß? – der Gedanke der monumentalen Freitreppe erneut aufgegriffen wurde: unter dem Satrapen Maussollos wurde um die Mitte des 4. Jhs. der Zugang zum Zeus-Heiligtum im karischen Labraunda mit mehreren breiten Freitreppen großzügig ausgebaut. Dieser noch etwas zufällig in das Hanggelände eingebetteten Anlage folgten in kurzem Abstand weitere, sowohl aufwendigere wie architektonisch besser durchgestaltete Freitreppen-Anlagen: im Anfang des 3. Jhs. die Propyläen des Athena-Tempels in Lindos und in der 2. Hälfte des 2. Jhs. die 10–11,5 m breiten Freitreppen im Asklepieion von Kos[29] (vgl. Abb. 91).

Während es bei allen diesen Beispielen um den Zugang zu heiligen Bezirken ging, findet sich die breite Freitreppe als architektonisches Motiv schon früh auch in Verbindung mit Einzelbauwerken wie zum Beispiel in Selinus, wo sie dem Tempel C achtstufig vorgelagert ist und damit die Frontalität des Tempels betont, oder wie bei den großen Altären in Samos, Monodendri oder später in Pergamon[30].

Neben den zuvor genannten großen Heiligtümern mit oft überregionaler, wenn nicht gar gesamtgriechischer Bedeutung gab es in der gesamten griechischen Welt zahllose kleinere heilige Bezirke, oft in ländlicher Umgebung wie Mamurtkale oder Kapikaya bei Pergamon, wie die Bezirke des Apollon Maleatas bei Epidauros oder des Poseidon auf Kap Sunion, gelegentlich an abgelegenen Stellen der Städte wie die Demeterheiligtümer in Priene, Knidos, Milet oder Iasos. Doch auch in den Städten finden sich vom abgeschlossenen kleinen Temenos bis zum einfachen Mal an irgendeiner Straße ungezählte Sakralbezirke, deren Formenvielfalt sowohl im Hinblick auf die dort verhandenen Einzelbauten wie auch auf das jeweilige Konzept so groß ist, daß selbst eine knappe Typenübersicht hier unmöglich ist[31].

2. *Öffentliche Bauten der Polis*

Neben den Behausungen für Lebende und Tote und den Bezirken der Götter – den Grundelementen der Polis – hat sich über Jahrhunderte hin eine Reihe durch ihre Funktionen unterschiedener Gebäudetypen entwickelt, die ihr Entstehen teils einstiger Kultübung (Theater, Heroa u. ä.) verdankten, teils den zunehmenden Repräsentationsansprüchen einer reicheren Bürgerschaft (Agora, Buleuterion), nicht zuletzt aber auch den alltäglichen Bedürfnissen größerer Einwohnermengen (Wasserleitungen, Bäder usw.). Nicht selten haben sich hier aus äußerlich ähnlichen Funktionsabläufen ähnliche Grundrisse entwickelt (Theater – Buleuterion – Odeion); daneben hat man mit Hilfe von „Vielzweck-Bauformen" (in erster Linie Stoa und Peristyl, daneben hypostyler Saal und einfache Kammer-Reihungen[32]) zahlreiche in ihren Grundrissen unterschiedliche Bauten für ganz verschiedene Aufgaben im öffentlichen und privaten Bereich ausgebildet, wobei die Stoa als vielseitig verwendbares „Versatzstück" eine beherrschende Rolle übernommen hat.

Theater – Buleuterion

Sicher aus dem sakralen Bereich ging das *Theater* hervor, doch wurden Theater vielfach zugleich als Orte der Volks- oder Ratsversammlung genutzt[33]; vielleicht auch dienten die Schautreppen, die seit minoischer Zeit vor Palästen, bei Märkten oder Heiligtümern nachzuweisen sind (so etwa in

Knossos, Phaistos, Lato, Dreros, Alazeytin) beiden Aufgaben, wie ja in archaischer Zeit zwischen Spielen und Kulttänzen sowie der Volksversammlung ebenfalls enge Verbindungen bestanden – wie das zum Beispiel der Rundbau des 6. Jhs. in Metapont und die Entwicklung der Agora in Athen zeigen[34]. Verbindungen zwischen Theater und Agora wurden im übrigen auch später noch gesucht – etwa in Mantineia oder Morgantina.

Nachdem sich im 6. Jh. aus kultischen Tänzen und dörflichen Spielen zu Ehren des Fruchtbarkeit spendenden Dionysos' frühe Spielformen entwikkelt hatten, entstanden parallel zur allmählichen Ausbildung fester Spielabläufe und zur Einbindung des Theaterwesens in den städtischen Lebensablauf (in Athen als Teil der großen Dionysien) seit der 2. Hälfte des 6. Jhs. erste bauliche Anlagen: in Athen zunächst auf der Agora hölzerne Sitzeinrichtungen (ἴκρια), denen wohl um die Mitte des 5. Jhs. ein erster Theater-

93 Zusammenstellung von Grundrissen mehrerer Theater (Mstb. 1 : 2000): Athen, Epidauros, Priene, Pergamon, Alinda

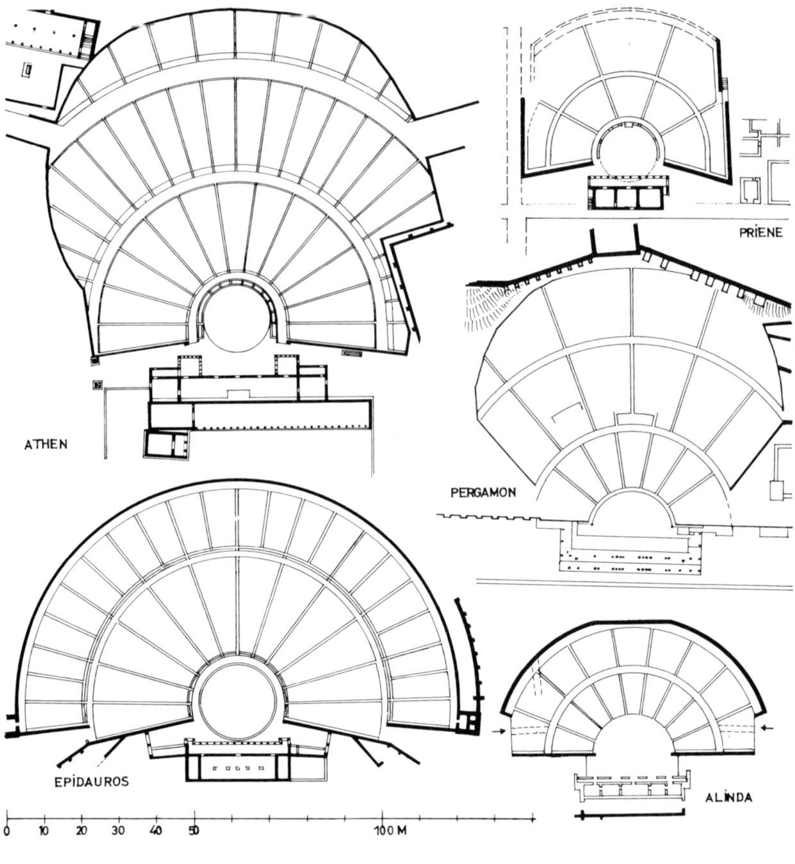

94 Priene, Theater: oben heutige, unten rekonstruierte Ansicht

bau in Nähe des älteren Dionysos-Heiligtums folgte. Etwa gleichzeitig entstand in Thorikos der erste in den Fels gearbeitete Stufenbau mit vorgelagerter länglicher Orchestra, dem wenig später in anderen Orten Attikas ähnliche Anlagen folgten (Ikaria, Rhamnus?) – sie alle wohl Mischformen von Theater und Demen-Agora. Neben Attika übernahmen auch andere griechische Regionen mit geringen Abwandlungen das in Athen entwickelte Theaterwesen (Syrakus Anfang 5. Jhs. und Metapont zum Beispiel); eine Sonderform bieten die nur aus Vasenbildern bekannten Phlyakenbühnen des 4. Jhs. in Großgriechenland[35].

Mit dem Ausbau des Dionysos-Theaters in Athen in Stein unter Lykurgos um 335 wurde der in der Folge weithin gültige Prototyp des Theatergebäudes geschaffen[36]: vor dem in den Hang eingefügten und von festen Quadermauern umschlossenen Koilon (ϑέατρον; lat. *cavea*) lagen die kreisrunde

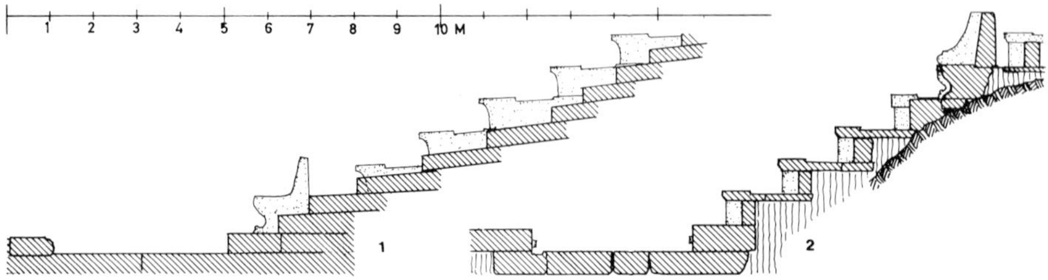

95 Stufenbauten griechischer Theater: 1: Epidauros; 2: Priene (Mstb. 1 : 200)

Orchestra und das südlich abschließende Skenengebäude. Von wenigen, durch die Lage der Stadt in der Ebene bedingten Ausnahmen abgesehen (Metapont, Elis, Isthmia, Megalopolis, Tegea unter anderen) war die Hanglage der Zuschauerräume die Regel, oft in natürliche Mulden eingebettet, meist aber beiderseits durch Aufschüttungen mit seitlichen und frontalen Stützmauern (ἀναλέμματα) erweitert. Die Steigungswinkel des Stufenbaues folgten dem natürlichen Gelände und schwanken daher beträchtlich (18° in Korinth; durchschnittlich 24–26°; maximal 32° in Pergamon). Die seit dem 4. Jh. überwiegend mit flachen Steinstufen ausgebauten Zuschauerräume waren durch radial geführte Treppen in einzelne Keile (κερκίδες) und durch horizontale Umgänge (διαζώματα) in 2–3 Ränge unterteilt. Der Stufenbau des Theatron folgte meist der Kreisform der Orchestra; seltener finden sich als Grundrißform der Cavea Ellipsen (Epidauros, Priene, Magnesia) oder gestelzte Halbkreisformen (Athen, Eretria, Segesta, Assos; s. Abb. 93 und 94). Die unterste Sitzstufe war fast immer durch Bänke oder Marmorsessel hervorgehoben und für privilegierte Zuschauer oder Priester reserviert; oft finden sich solche Steinbänke aber auch unter- und oberhalb der Diazomata oder als abschließende Sitzreihe der *summa cavea*[37].

Zentraler Raum aller Theater ist die anfänglich gelegentlich länglichrechteckige, seit dem 4. Jh. aber überwiegend kreisrunde Orchestra, die im allgemeinen durch einen Ringkanal oder einen flachen Umgang vom Stufenbau abgesetzt war (s. Abb. 95); ihr Durchmesser schwankt zwischen 10–25 m (meist um 18–20 m). Dem durch beiderseitige Zugänge (πάροδοι) vom Koilon abgetrennten Skenengebäude war zur Orchestra hin seit dem 3. Jh. häufig ein Proskenion vorgelagert, dessen Säulen- oder Halbsäulenfassade bei einzelnen Bauten seitlich risalitartig vorspringt (sogenannte Paraskenien in Athen und Epidauros zum Beispiel). Veränderungen der Spielinhalte und -formen, die im 2. Jh. das Auftreten der Schauspieler aus der Orchestra auf die über dem Proskenion liegende Plattform, das Logeion, verlagerten, führten dazu, daß auch im Obergeschoß des Skenenbaues mit der sogenannten Thyromata-Fassade ein geeigneter Spielhintergrund zu schaffen war, der wie das Proskenion Träger gemalter Kulissen war. Deutliche Unterschiede bildeten sich im Laufe des Hellenismus zwischen den Theatern Großgriechenlands und denen im Mutterland und den östlichen Gebieten aus, wobei jene mit engerer Verbindung von Cavea und Skenenbau den Ausgangspunkt für das *theatrum latinum* und die daraus folgende Umgestaltung hellenistischer Theater des Ostens in der Kaiserzeit bildeten[38].

Nachdem anfänglich vielfach dieselben Anlagen für kultische wie für politische Versammlungen der Bürgerschaft genutzt worden waren (zum Beispiel Metapont, Paestum), trennten sich seit dem späteren 6. Jh. die Wege: das Theater fand eigene Formen (s. Abb. 94), während man für die Versammlungsplätze der politischen Organe der Polis, für Ekklesia, Dêmos oder Bulê, unterschiedliche Formen entwickelte: zum einen die offenen theater-ähnlichen Stufenbauten nach Art der Pnyx in Athen, für die ähnliche Beispiele aus Thorikos sowie vom Panionion bekannt sind. Daneben entstanden im späteren 6. Jh. geschlossene Bauwerke für Rats- oder Bürgerversammlungen, für die das aus zwei zweischiffigen Apsidensälen mit dazwischenliegendem Saal bestehende *Buleuterion* in Olympia ein frühes Beispiel bietet[39]. Verbreiteter ist der Typus der hypostylen Halle – eines

96 Zusammenstellung von Grundrissen von Buleuterien (Mstb. 1 : 1000)
1: Milet (175/164); 2: Priene (2. Jh.); 3: Assos (1. H. 2. Jh.); 4: Kretopolis; 5: Herakleia/Latmos; 6: Termessos (3./2. Jh.); 7: Dodona

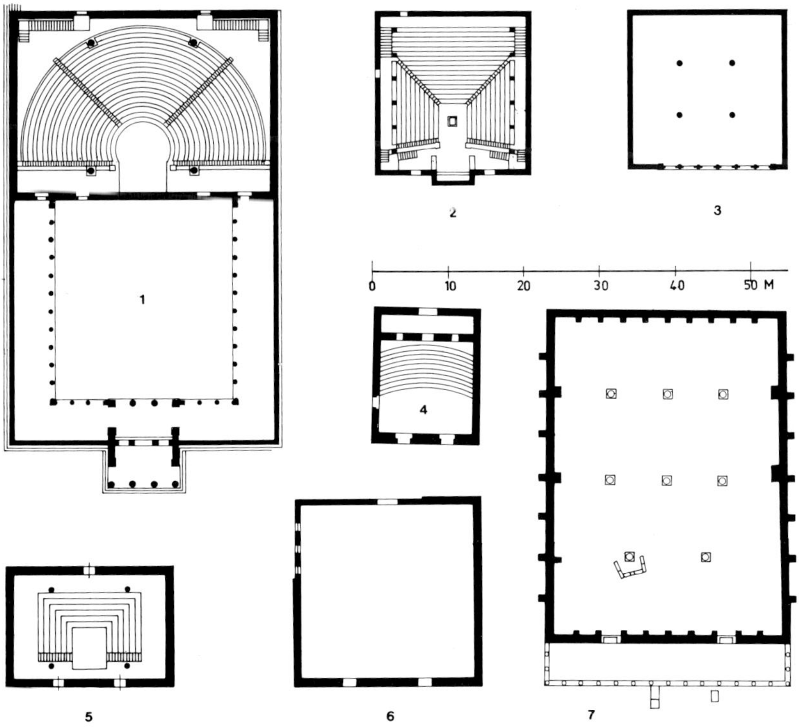

größeren gedeckten Saales von quadratischem oder rechteckigem Grundriß mit wechselnder, durch die jeweiligen konstruktiven Notwendigkeiten fixierter Anzahl von Innenstützen wie das unter anderen das alte Buleuterion in Athen oder das Thersilion in Megalopolis (um 360 nach dem Vorbild des eleusinischen Telesterion erbauter Saal mit 65 Innensäulen)[40] zeigen. Während sich solche Saalbauten als Versammlungsräume in Heiligtümern (Eleusis) oder Städten (Odeion des Perikles in Athen) finden, ergab die Verbindung eines Saalbaues mit einem rundum ansteigenden Koilon das typische Buleuterion, für das sich in hellenistischer Zeit Beispiele in Delos, Priene, Assos und Dodona finden; das bedeutendste ist der Bau in Milet, wo dem rechteckigen Saal mit halbrundem Stufenbau ein offener Hallenhof mit Propylon vorgelagert war (s. Abb. 96). Das Problem der Belichtung solcher Säle ist in ganz unterschiedlicher Weise gelöst worden – teils durch ein aus der Dachkonstruktion heraus entwickeltes Oberlicht (Laterne wie zum Beispiel in Delos), häufiger jedoch durch hochgelegene Fenster wie in Milet (vgl. Abb. 6).

Agora

Die *Agora* war der Mittelpunkt des politischen, gesellschaftlichen und wirtschaftlichen, oft auch des religiösen Lebens der Polis, sie war eine der Voraussetzungen, daß eine Stadt als solche galt (Pausanias X 4,1); in Delos und Delphi gehörte eine solche Agora auch zu den dortigen Heiligtümern. Aus Vorformen minoisch-mykenischer Zeit hat sie – der politischen Gestaltfindung der Polis zeitlich nachfolgend – erst sehr allmählich eine bauliche Gestalt gewonnen, deren Vorstufen im 8./7. Jh. bei Homer dargestellt sind: Versammlungs- und Gerichtsort, Kultplatz und Raum für Agone – oft in räumlicher und kultischer Verbindung mit Grabbezirken[41]. Diese literarisch überlieferten Anlagen sind archäologisch kaum zu fassen: auch die archaischen Frühformen von Agora-Anlagen (zum Beispiel in Dreros, Lato, Megara Hybläa, Thera) sind in ihrem Baubestand noch nicht ausreichend bekannt. Auf unregelmäßig begrenzten, platzartigen Erweiterungen von Straßen finden sich hier neben kleinen Tempeln Heroa, Altäre und gelegentlich Stufenbauten, die an die zuvor genannten minoischen Schautreppen oder frühe Theater erinnern und die (vgl. oben S. 157) in der Frühzeit oft mit Agora-Anlagen verbunden waren. Während sich in einzelnen Fällen in der Nähe von Heiligtümern gelegene ältere Versammlungsplätze allmählich ganz zu Sakralbereichen wandelten (z. B. Kadmeia in Theben), blieb die Mehrzahl der Agora-Anlagen von archaischer bis in hellenistische Zeit in gleicher Funktion am gleichen Ort, wobei sich freilich ihr Erscheinungsbild mit zunehmender Tendenz zu repräsentativer Selbstdarstellung und der Entwicklung neuer Bautypen erheblich veränderte. Die ohnehin erst späte Kopplung von wirtschaftlichen und politischen Funktio-

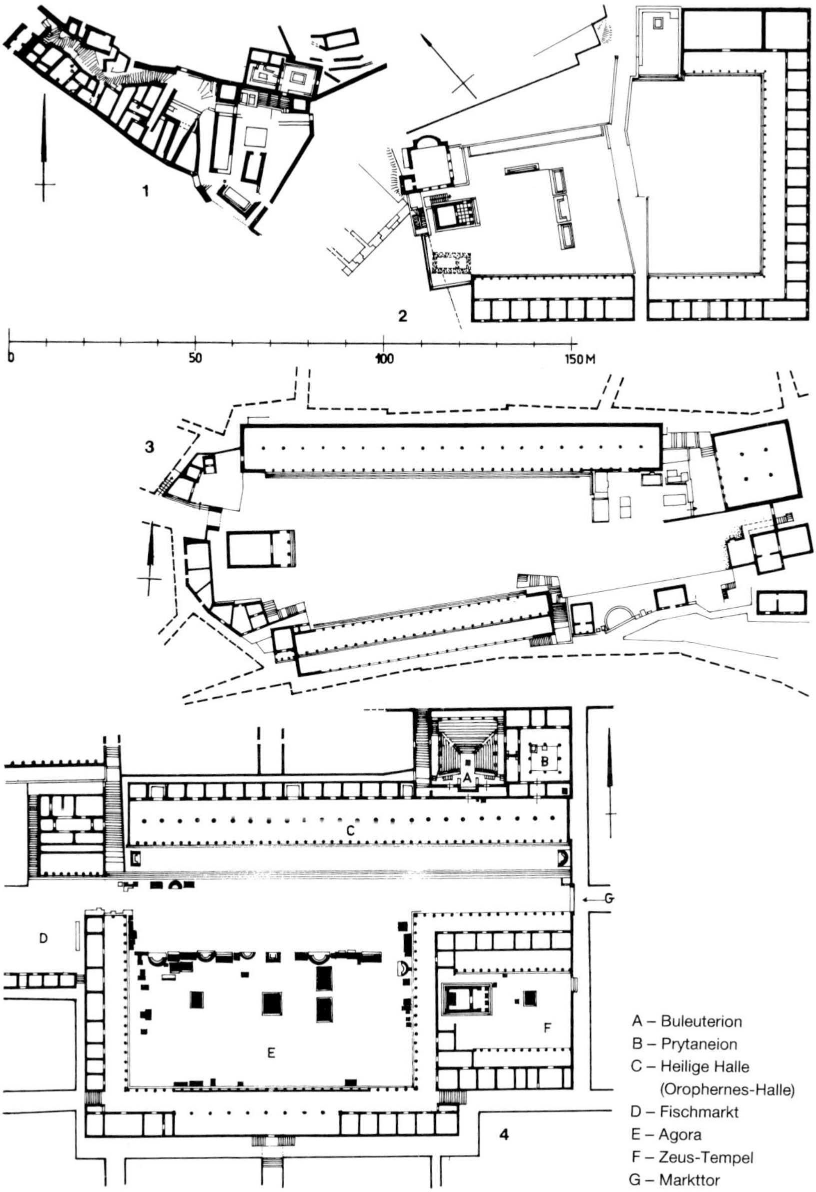

97 Agora-Anlagen (Mstb. 1 : 2000): 1: Lato; 2: Pergamon, Obere Agora; 3: Assos; 4: Priene

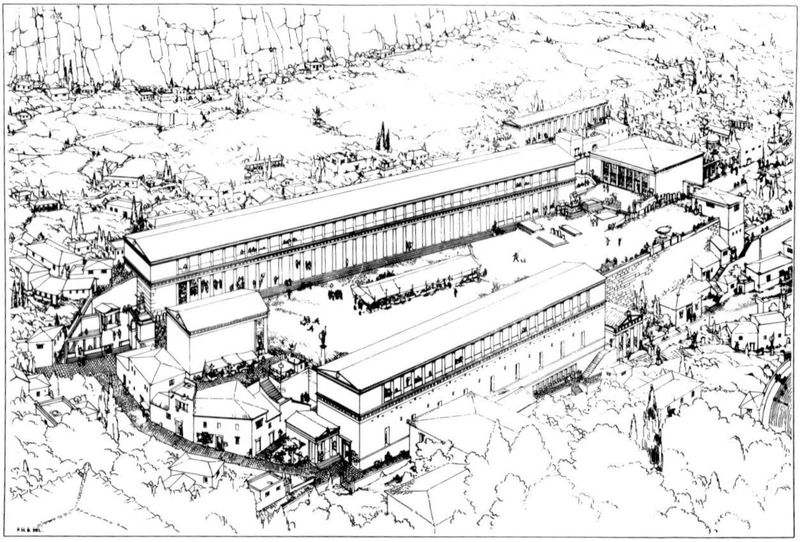

98 Assos, Agora: rekonstruierte Vogelschau

nen auf demselben Platz hat sich offenbar nur in Klein- und Mittelstädten gehalten (z.B. in Kos, Thasos, Chalkis)[42], in größeren Poleis finden sich neben dem zentralen „Staatsmarkt" noch weitere Plätze, die der Versorgung der Bürger, dem regionalen Warenaustausch oder auch dem Fernhandel dienten, wie zum Beispiel Nord- und Westmarkt in Milet oder die *Tetragonos agora* in Ephesos (vgl. Aristoteles Polit. 1331a); vielfach begnügte man sich – wie zum Beispiel in Priene – für diese Aufgaben auch mit einfacheren Platzformen.

Ebenso wie im Städtebau der Zeit lassen sich auch bei den Agora-Anlagen zwei Grundtypen unterscheiden: die unregelmäßige, meist über längere Zeit hin „gewachsene" Agora und die nach Pausanias (VI 24,2) sogenannte ionische Agora, die bei rechtwinklig-regelmäßigem Grundriß zusammen mit dem Stadtplan ausgesteckt und danach allmählich ausgebaut wurde. Die einzelnen Ausbau-Elemente waren im Prinzip dieselben, unterschiedlich war nur die Art ihrer Zusammenfügung, die alle Stufen von völlig ungeordneter, oft dem Gelände angepaßter Anordnung (in Elis und in Athen zum Beispiel) über teilregulierte Formen (so in Assos, Pergamon, Aigai, Thasos; vgl. Abb. 97–98) bis hin zu straff rechtwinkligen Anlagen kannte; letztere sind vor allem im ionischen Raum (in Priene, Milet, Herakleia, Ephesos unter anderen), aber auch in vielen hellenistischen Neugründungen zu finden (zum Beispiel in Dura-Europos, Ai Khanum, Damaskus). Bau-Elemente waren in der Hauptsache Hallen unterschiedlicher Form und Funktion und daneben häufig kleinere Tempel – oft des Zeus Agoraios, aber auch anderer Gottheiten nach lokaler Tradition – und eine große Zahl verschiedenartigster Ehrendenkmäler; in vielen Fällen gehörten auch Buleuterion, Prytaneion oder andere Amtsgebäude zum Baubestand der Agora[43].

Die Platzwände wurden durch Hallen begrenzt, die nicht selten Längen bis 200 m erreichten (s. Antiochosstoa in Milet; Stoa in Korinth; Attalos-Stoa in Athen; Heilige Halle in Priene; vgl. Abb. 89) und oft parallel zu Straßen lagen, die die Plätze durchquerten. Diese direkte Verbindung von Straßennetz und Platz ist eines der wichtigsten Kennzeichen früh- und hochhellenistischer Platzanlagen; sie wurde erst in späthellenistischer Zeit aufgegeben zugunsten allseits geschlossener Plätze (zum Beispiel Agora des Italiens in Delos; vgl. auch die Entwicklung des Nord-Marktes in Milet und andere), die in der Kaiserzeit zur Regel wurden. Bei den Hallenbauten selbst sind trotz des scheinbar gleichförmigen Motivs der langen Säulenreihen einige Varianten in Grund- und Aufriß zu beobachten: neben der weitverbreiteten Grundform der langen, geraden Halle mit meist eingeschossiger dorischer Front finden sich vor allem in den Agora-Bereichen Hallen mit rückwärtigen Kammersystemen sowie in hellenistischer Zeit solche mit seitlich vorgezogenen Flügeln (so in Delos, Megalopolis und Athen); einige Hallen waren mehrgeschossig mit unterschiedlichen Ordnungen in den Ge-

99 Athen, choregisches Monumente des Lysikrates (335/4 v. Chr.)

schossen (meist ionisch über dorischem Erdgeschoß wie zum Beispiel bei der Attalosstoa in Athen und Hallen in Delos und Pergamon), andere zur Ausnutzung abfallenden Geländes und zur Terrassierung des Agorabezirkes mit mehreren Sockelgeschossen angelegt – so vor allem im Einflußbereich Pergamons (Assos, Aigai; vgl. Abb. 97–98).

Nächst den Hallenbauten bestimmten den Eindruck von Platzanlagen am stärksten die zahlreichen Denkmäler, deren Formenvielfalt von der einfachsten Stele über Basen mit oder ohne Statuenschmuck bis hin zu Kleinarchitekturen (Exedren, choregische Monumente, Siegesmale u.ä.) und naiskos-ähnlichen Schreinen reichte; angesichts des Überwiegens bildhauerischer Qualitäten stehen sie zwischen Architektur und Skulptur, doch spiegeln sich in ihnen künstlerische Zeitströmungen oft deutlicher und eher als in der „großen" Architektur, die stets zögerlicher auf Neuerungen reagiert. Die Vielfalt aller möglichen Formen hier auch nur anzudeuten, ist unmöglich; genannt seien nur die eher zum „Gebäude" tendierenden Formen: hier finden sich neben einfacheren Denkmälern vom Exedra-Typus (U-förmige oder halbrunde Nischenbauten auf einem Stufenunterbau, oft mit Sitzbänken ausgestattet) Naiskoi aller Arten vom Miniatur-Tempelchen bis zum kleinen Prostylos sowie die sehr verschiedenartigen choregischen Denkmäler (in Athen zum Beispiel Stufenbauten für die Siegesdreifüße, aber auch tholos- oder tempelartige Bauten wie das Lysikrates- und Thrasyllos-Monument (s. Abb. 99).

Da Denkmäler a priori auf Ansicht hin konzipiert sind, ist es verständlich, daß gerade hier mit der Veränderung der Stellung des Individuums in der Gesellschaft und mit dem Zunehmen von „Ansichts-Architekturen" in allen Bereichen des Bauens seit spätklassischer Zeit besonders deutliche Tendenzen zu exponierter Lage und repräsentativer Ausgestaltung zu beobachten sind; oft wurden sie allein schon durch einfache Steigerung älterer Formen in neue Dimensionen oder durch die Vermehrung der zu einem Denkmal gehörenden Statuen ausgedrückt wie zum Beispiel beim Nauarchendenkmal in Delphi mit 37 Figuren oder beim Weihgeschenk der Messenier in Delphi[44].

Gymnasion, Stadion und Bad

Einrichtungen für Wettkämpfe, für Leibesübungen und musischen Unterricht gehörten schon seit frühen Zeiten zum Bild der Polis – zunächst als offene, vielfach baumbestandene Plätze, gelegentlich vor den Städten gelegen, bisweilen im Zusammenhang mit der Agora (Athen, Korinth). Bauliche Anlagen wie *Gymnasion* und Palästra, Stadion und Hippodrom sind dagegen erst später entstanden, bisher jedoch nur in der literarischen Überlieferung zu fassen; danach entwickelte sich der Typus des Gymnasion mit geschlossener Palästra in der ersten Hälfte des 4. Jhs.[45]. Die frühesten bau-

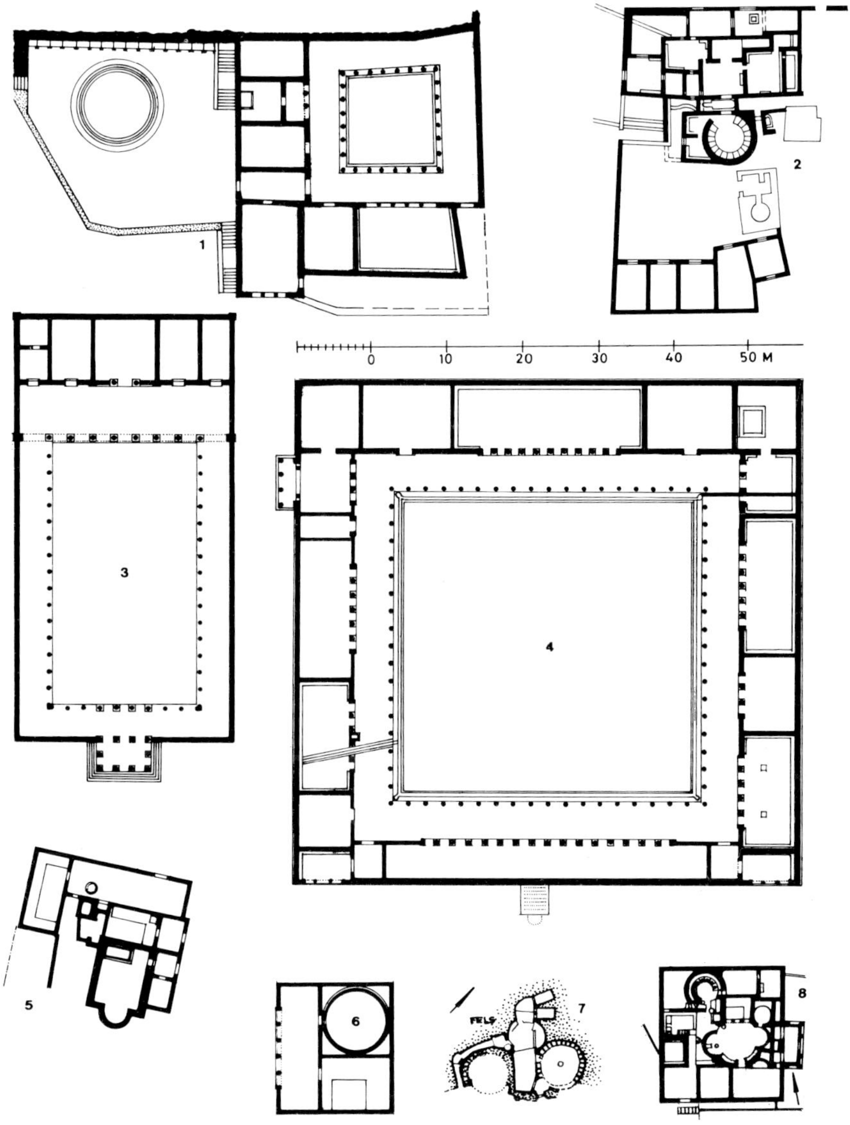

100 Zusammenstellung von Grundrissen von Gymnasien und Bädern (Mstb. 1 : 1000)
1: Delphi (2. H. 4. Jh.); 2: Megara Hyblaea (1. H. 3. Jh.); 3: Milet (ca. M. 2. Jh.); 4: Olympia (3. Jh.); 5: Olympia, Bad; 6: Olympia, Schwitzbad (E. 5./A. 4. Jh.); 7: Piräus; 8: Gortys/Arkadien (3./2. Jh.)

lichen Zeugnisse fanden sich in Thera, Nemea und Delphi (erstmals 334/333 erwähnt), hier bereits mit fast allen Elementen, die bei späteren Gymnasien im 3. Jh. (Olympia, Epidauros) und im 2. Jh. (Milet, Priene, Delos, Eretria) in entwickelterer Form zu beobachten sind (s. Abb. 100): Zentrum ist überall der von Säulenhallen umgebene Innenhof (παλαίστρα), um den unterschiedlich viele zusätzliche Räume mehr oder minder regelmäßig gereiht wurden: Umkleiderräume (ἀποδυτήριον), Räume für Körperpflege und -reinigung wie etwa Waschraum (λουτρόν), Sandraum (κονιστήριον), Salbraum (ἐλαιοτήριον) und dazu von Fall zu Fall noch Räume oder Raumgruppen für besondere Aufgaben – für Ballspiel und Boxübungen (σφαιριστήριον; κορυκεῖον) – sowie schließlich oft noch weitere Laufbahnen (δρόμος; παραδρομίς), die nicht selten ganz oder teilweise überdeckt waren (ξυστός); in Pergamon wurde beispielsweise eine solche Laufbahn gar in einem Keller angelegt.

Mit zunehmendem Anspruch an bauliche Repräsentation erhielten Gymnasien in hellenistischer Zeit auch reicher ausgebildete Torbauten (in Priene, in Milet) oder offene Exedren, zusätzliche Wandelhallen im Inneren und schließlich auch besser ausgestattete Badeanlagen, eine der Wurzeln römischer Thermenbauten. Die Variationsbreite der heute bekannten Anlagen ist trotz begrenzter Funktionen erstaunlich groß, zumal in allen Fällen auch die sehr unterschiedlichen Geländebedingungen zu berücksichtigen waren. Mit Gymnasien waren gelegentlich traditionsgebundene kultische Funktionen verbunden, die Altäre oder kleinere Kulträume erforderten; ihre wichtigste Aufgabe aber war stets die körperliche und geistige Bildung der Jugend und der Männer der Polis, wobei den drei Altersgruppen, den Knaben (παῖδες), Jünglingen (ἐφήβοι) und den jungen Männern (νέοι) nicht selten getrennte Bereiche zugewiesen waren wie etwa bei den drei Terrassen des Gymnasions in Pergamon. Mit der Zugehörigkeit zu einem Gymnasion waren zeitweilig auch besondere soziale Positionen verbunden (wie z. B. im ptolemäischen Ägypten); interessant ist auch die Rolle, die Gymnasien bei der Ausbildung des römischen Kaiserkultes in späthellenistischer Zeit spielten[46].

In mehreren Fällen (Delos, Milet, Priene) lag in unmittelbarer Nähe der städtischen Gymnasien eine andere, ebenfalls der körperlichen Ertüchtigung dienende Anlage – das *Stadion* –, das seit frühesten Zeiten auch Teil aller großen griechischen Heiligtümer war (Olympia, Delphi, Epidauros, Nemea, Isthmia und andere)[47]. Sein Name stammt von der beim Lauf zu bewältigenden Strecke, die mit 600 Fuß bemessen war, in Metern jedoch zwischen 167–192,25 m schwankt. Die Anlagen, die es in einfachsten Formen seit dem 8. Jh. gab, und die in Städten oft in der Nähe des Theaters oder von Sakralbezirken lagen (so unter anderen in Megalopolis, Tegea, Rhodos), gelegentlich auch mit der Agora kombiniert waren (Athen, Korinth), haben allerdings erst seit dem späteren 4. Jh. eine feste Form mit

101 Priene, Waschraum im unteren Gymnasion

geböschten Wällen mit Sitzbänken, mit Torbauten sowie Start- und Zielschwellen gefunden. Wo von der Geländeform her möglich, hat man natürliche Hänge für die Zuschauersitze genutzt (in Delphi, Priene, Milet, Epidauros), die seit hellenistischer Zeit ähnlich denen in Theatern aus Stein hergestellt waren. Dabei wurden in einzelnen Fällen (Olympia, Delphi, Epidauros) Teile dieser Sitze als Ehrentribünen reicher ausgebildet; in einzelnen Fällen wurden die Sitzstufen an einer Schmalseite im Rund angelegt.

Einrichtungen für *Reinigungsbäder* mit warmem und kaltem Wasser waren bereits in der griechischen Vorzeit bekannt: Hausbäder gab es in Kreta und Mykene, und Badeeinrichtungen – oft mit tönernen oder aus Stein gefertigten Badewannen (πύελοι) – in kleinen abgesonderten Räumen waren auch im Wohnhausbau klassischer und hellenistischer Zeit nicht selten (so beispielsweise in Olynth, Smyrna, Athen und Priene), vor allem aber waren sie in Häusern im ptolemäischen Ägypten weitverbreitet[48]. Neben den häuslichen Bädern gab es solche im Bereich der Gymnasien, die man ohnehin gerne in der Nähe von fließendem Wasser anlegte; hier wurden nach anfänglich nur einfachen Wascheinrichtungen seit dem 4. Jh. zunehmend häufiger besondere Baderäume vorgesehen (unter anderen in Delphi, Nemea und Priene; s. Abb. 101). Gelegentlich finden sich in Verbindung mit Sportanlagen auch Schwimmbecken (so in Olympia und Nemea). Daneben kannte man aber seit Mitte des 5. Jhs. auch öffentliche Bäder (βαλανεῖα, z. B. in Olympia), obwohl bauliche Zeugnisse aus Städten erst seit dem 4. Jh. vorliegen (Piräus, Eretria, Megara Hyblaea; s. Abb. 100); in hellenistischer Zeit waren Bäder in größeren Städten weitverbreitet. Die in Griechenland gefundenen Bäder sind teils in den anstehenden Fels eingebaut (Piräus), meist aber selbständige Bauten mit einem oder mehreren, meist runden Baderäumen von einem Durchmesser von 5–7 m (θόλοι), in denen flache, durch schmale Trennwände voneinander abgeteilte Badebekken im Kreis angeordnet waren – oft noch mit einer kleinen Nische über dem Becken, wo der Badende seine Kleider ablegen konnte; dazu gehörten vielfach noch kleine Nebenräume, Vestibüle usw. Die vielleicht nach Geschlechtern getrennten Baderäume wurden wohl durch offene Feuer aufgeheizt; in einzelnen Bädern gab es auch besondere Schwitzräume *(laconicum)* – so zum Beispiel in Olympia; in Gortys fand sich sogar ein Rundraum wohl des 2. Jhs. mit einer Art Hypokaustenheizung. Für diese Art des Heizens – in römischen Thermenanlagen die Regel und von Plinius (NH 9,168) als Erfindung des C. Sergius Orata bezeichnet – fand sich das früheste Beispiel (um 100 v. Chr.) im Bad IV in Olympia (vgl. Abb. 100).

Wehrbauten

Zu den nächst Haus und Tempel frühesten Bauaufgaben der Polis gehörte der Wehrbau: Stadtmauern garantieren die Sicherheit der Städte, Burgen die der kleinen oder großen Feudalherren oder Tyrannen. Befestigungen galten als Schutz und Schmuck der Polis zugleich. Pflege und Erneuerung der Mauern waren damit Hoheitsaufgaben, die bis in die hellenistische Zeit hinein die Städte, danach häufig die neuen Souveräne, später auch der

102 Assos, Nebentor in der westlichen Stadtmauer

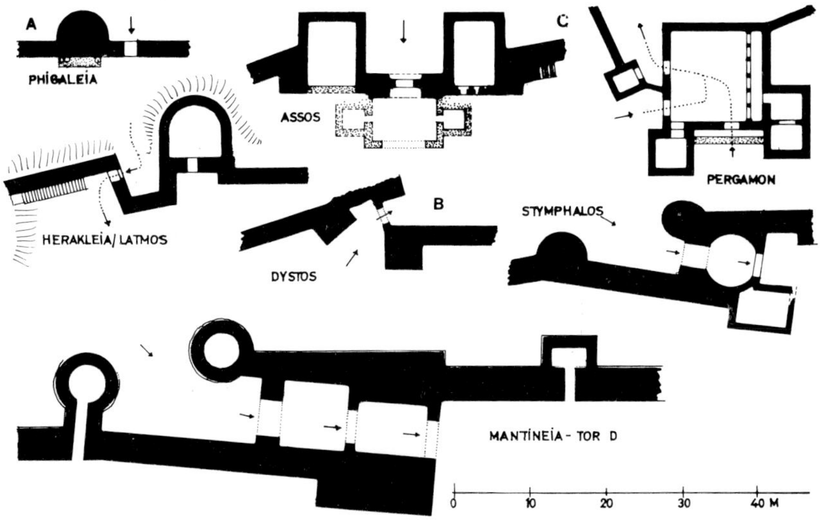

103 Zusammenstellung verschiedener Torbauten (Mstb. 1 : 1000)

römische Senat wahrnahmen. Dank ihrer meist recht massiven Konstruktion gehören antike Wehrbauten zu den häufigsten und dank zahlreicher neuer Studien auch zu den bestbekannten Denkmälern der Antike[49]. Ihre baulichen Formen folgten den Fortschritten der Belagerungstechnik, die nach einfachen Anfängen unter nahöstlichem Einfluß (Persien und Karthago) seit dem 5. Jh., vor allem aber im 4. Jh. mit der Einführung der Torsionsgeschütze erhebliche Veränderungen erlebte. Nach den starken mykenischen Zitadellen (vgl. S. 10f.) traten nach einer fast 300jährigen Dunkelphase einzelne Akropolisbefestigungen (Athen, Theben) und seit der Mitte des 9. Jhs. vereinzelt Ringmauern auf (Alt-Smyrna; im 8. Jh. dann Emporio/Chios, Eretria, Melie, Siphnos, Korinth); seit früharchaischer Zeit stieg deren Zahl rasch an (zu nennen wären hier Halieis, Halai, Milet sowie einige attische Demen).

Im allgemeinen bestanden diese frühen Befestigungen aus starken Lehmziegelmauern auf Steinsockeln mit meist hölzernen Wehrgangsaufbauten. Daneben gab es schon früh einzelne Siedlungen, deren Befestigung aus den durch Zwischenmauern verbundenen Rückwänden der Häuser gebildet wurde (Vroulia, Olynth, Lathuresa/Attika). Aus dem 6. Jh. stammen die ersten Nachrichten über die Anlage von Gräben (Samos[50]), doch tauchen solche Gräben erst seit dem 5. Jh. häufiger auf (in Athen, Thasos, Megara Hyblaea, Tarent) – gelegentlich wohl zugleich zur Gewinnung von Lehm oder Stein für den Mauerbau genutzt. Bastionsartige Mauervorsprünge sind anfangs selten (Melie, Alt-Smyrna), in spätarchaischer Zeit häufiger (in Eleusis, Larisa/Hermos); in den Mauerzug einbezogene Türme mögen anatolischer Tradition entstammen und finden sich dort schon früh an Toren (Gordion, Alt-Paphos), sonst aber erst in klassischer Zeit, wobei Rechteckformen überwiegen, im Westen tauchen seit dem späteren 5. Jh. auch Rundformen auf. Eine besondere Rolle spielten schon früh die Tore, für die man bis zum 6. Jh. zwei Formen kannte: das in die Kurtine eingeschnittene Axialtor (s. Abb. 103.A) und das zwischen zwei sich überlappenden Mauerzungen angelegte Tangentialtor (s. Abb. 103.B); erst in der 2. Hälfte des 6. Jhs. trat ein dritter Tortyp dazu – das Zwingertor, das mit innen- oder außenliegender Torkammer und oft doppeltem Verschluß fortifikatorisch günstiger und dazu – in Verbindung mit seitlich flankierenden Türmen – eindrucksvoller war wie unter anderen das Dipylon und das Heilige Tor in Athen zeigen. Daß repräsentative Absichten bei Torbauten berücksichtigt wurden, läßt sich aus einigen reicher ausgeführten Toren mit zweigeschossigen Fassaden (z. B. in Thasos) schließen.

Veränderungen der Heeresorganisation und Fortschritte in der Belagerungstechnik zwangen seit dem 4. Jh. zur Verstärkung vieler bestehender Stadtmauern und in vielen, selbst kleineren Orten zum Neubau von Befestigungen, wobei man jenen Fortschritten einerseits durch sorgfältigere Trassierung der Mauern begegnete: durch Sägeschnitt- oder Zickzack-Führung mit besseren Flankierungsmöglichkeiten oder durch bessere Nutzung der Geländebedingungen; zum anderen aber durch eine Verstärkung der einzelnen Bau-Elemente – durch massiven Quaderbau der Mauern oder Vorlegen eines Proteichisma, durch stärkere, zur Geschützaufstellung eingerichtete Türme und durch komplizierter angelegte Tore mit oft mehreren hintereinanderliegenden Torkammern (s. Abb. 103.C). Dazu errichteten einige Städte – so zum Beispiel Syrakus und Selinus – an besonders gefährdeten Stellen zusätzliche Außenwerke; andere sicherten ihre Landesgrenzen durch einzelne Sperrforts wie zum Beispiel Athen, Messene und Smyra (s. Abb. 104). Die hier beobachteten Einzelformen und -techniken erlauben beim heutigen Kenntnisstand zwar eine grobe zeitliche Einordnung, zumal dann, wenn Verbindungen mit lokalen Chronologien möglich sind; Feindatierungen oder die Aufstellung klarer Typenlinien sind jedoch heute noch nicht möglich[52]. Die Bedeutung, die der Wehrbau in hellenistischer Zeit hatte, spiegelt sich in der relativ großen Zahl zeitgenössischer Theoretiker: Aineias Taktikos, Biton, Philon von Byzantion und andere sogenannte Poliorketiker[53].

Magazine und Arsenale

In den Kreis der öffentlichen Bauaufgaben gehörten neben den Mauern aber auch noch alle die Bauten, die der Unterbringung von Waffen, Geräten und Vorräten dienten – Arsenale, Magazine und Lagerhäuser, die uns in einigen Beispielen (Athen, Milet, Pergamon) überliefert sind[54]: Meist

104 Gyphtokastro bei Athen (antik: Eleutherai?)

handelt es sich um lange, schmale, oft mehrschiffige Bauten, gelegentlich mit Obergeschossen (z.B. Skeuothek Athen[55]), die man in einzelnen Fällen auch in Holzkonstruktionen errichtete. Relativ einfach wird man sich auch die für die Kriegs- und Handelsflotten der Städte nötigen Schiffshäuser vorstellen dürfen: langrechteckige Schuppen, deren Abmessungen durch die jeweils unterzubringenden Schiffe bestimmt waren; in einigen Städten haben sich im Uferbereich der Häfen Fundamentreste dieser Bauten erhalten[56]. Ebenso müssen auch die Hafenanlagen (Vitruv V 12,1 ff.), vor allem die aus vielen Orten bekannten Molen, städtische Bauaufgaben gewesen sein – mit beachtlichem technischem Können und großer Sorgfalt aus großen, oft verklammerten Quadern aufgeführte Dämme von mehreren Metern Breite, in denen sich in den oberen Teilen hier und da Steine mit Ösen zum Festmachen der Schiffe finden (zum Beispiel in Teos)[57]. Neben diesen Molen gab es noch ein weiteres, bisher wenig erforschtes Feld von Ingenieur-Bauaufgaben wie etwa Dammbauten für Flußregulierungen, Brücken und Straßen[58]. Das bei weitem wichtigste und zu den frühesten Gemeinschaftsaufgaben der Polis zählende Gebiet war jedoch die Wasserversorgung, da mit zunehmenden Bevölkerungszahlen die alten privaten Einrichtungen – Zisternen und kleine Brunnen – nicht mehr ausreichten; hierunter fallen Zisternen sowie unterschiedliche Leitungsanlagen samt den zugehörigen Brunnenhäusern[59].

Wasserversorgung

Zisternen zum Speichern der Winterregen finden sich durch die ganze Antike hindurch an Orten, bei denen infolge ihrer Lage auf Bergkuppen oder Inseln nicht oder nur begrenzt mit Frischwasserversorgung zu rechnen war (unter anderen in Pergamon, Delos, Milet, Alexandria), gelegentlich auch in Heiligtümern (so in Perachora, Ptoon, Epidauros) sowie bei „industriellen“ Anlagen wie z. B. in Laurion. Meist begnügte man sich mit einfachen oder flaschenförmig erweiterten Felsschächten, deren Wände mit mehreren Schichten wasserfesten Mörtels (Kalkmörtel mit Zusätzen von Ziegelsplitt oder Bleiweiß) abgedichtet wurden; ihr Fassungsvermögen war sehr unterschiedlich: in Pergamon zwischen 10–130 cbm. Neben diesen in den Fels gehauenen Zisternen finden sich seit hellenistischer Zeit auch vereinzelt gebaute Zisternen (Dreros) sowie solche mit ganz oder teilüberwölbter Abdeckung wie die Theaterzisterne und zahlreiche Hauszisternen in Delos.

Häufiger sind allerdings Leitungssysteme, deren früheste sich in Megara (um 630) und Athen (um 560) fanden; berühmt war der 1040 m lange Tunnel auf Samos, den um 530 Eupalinos aus Megara erbaute. Für diese Leitungen verwendete man überwiegend Tonrohre (s. Abb. 14), seltener Bleirohre in Steinmuffen oder Steinrohre oder -rinnen mit Abdichtungen durch Bleistreifen (zum Beispiel an der Kastaliaquelle in Delphi, in Eretria und im 3. Jh. in Samothrake). Die Mehrzahl dieser Rohrleitungen war so angelegt, daß sie das Wasser mit geringem natürlichen Gefälle von der Quellfassung zu einem innerstädtischen Brunnenhaus führten, also keinen sehr hohen Druck auszuhalten hatten. Teile solcher Leitungen sind samt den zu ihrer Reinigung nötigen Absetzbecken und Sandfängern in Priene, Amphipolis, Megara, Pergamon und Olynth gefunden worden. Neben den Gefälleleitungen gab es auch einzelne Druckleitungen, bei denen eine nach dem Prinzip kommunizierender Röhren angelegte längere Leitung zwischen Quelle und Brunnenhaus liegende Täler überwand; bekannt sind die die Oberburg von Pergamon versorgenden Leitungen aus dicken Tonrohren aus der Zeit Attalos und die etwas spätere sogenannte Madradağ-Leitung mit der ca. 3 km langen Bleirohrleitung in Steinmuffen sowie die nicht sicher datierten Stein-Rohrleitungen von Laodikeia und Methymna (Lesbos). Zu den Leitungsnetzen gehörten auch die an ihren Ende stehenden Brunnenhäuser sowie einzelne Laufbrunnen, die in recht unterschiedlichen Formen als offene Schöpfbrunnen, als überdeckte Brunnenhäuser mit offenen Schöpfbecken (Delphi, Kyrene), nicht selten aber auch als hypostyle Depots mit vorgelagerter Halle mit offenem Schöpfbrunnen ausgebildet waren wie in Megara, Korinth oder Perachora (s. Abb. 105). Ihre meist einfachen, oft aber auch reicher ausgestatteten Säulenfronten waren ein beliebtes Motiv der Vasenmalerei und Vorläufer der in der römischen Kaiserzeit geschätzten prächtigen Nymphäumsfassaden[60].

105 Magnesia am Mäander, Brunnenhaus bei der Agora

Neben den Zuleitungen gab es in vielen Städten auch Einrichtungen für die Ableitung von Schmutz- und Regenwasser – oft sogar in getrennten Leitungen; Beispiele aus Athen und Priene zeigen, daß das in offenen Rinnen oder einfachen Rohren aus den Häusern kommende Abwasser in Straßenkanäle geführt wurde, die meist mit flachen Platten abgedeckt waren[61].

Gewerbliche Anlagen

Kurz zu nennen ist noch eine Gruppe von Bauten, die nur zum Teil in städtischem Besitz waren, vielfach auch in privaten Händen: Anlagen für gewerbliche und industrielle Zwecke wie zum Beispiel die aus Attika bekannten Werkstätten für Erzaufbereitung in Laurion und Agrileza und die an vielen Orten ausgegrabenen Ziegel- und Töpferöfen oder Metallwerkstätten[62]. Da deren Formen stark durch die jeweiligen Funktionen bestimmt waren und ihre Erforschung noch in den Anfängen steckt, sei hier auf eingehendere Behandlung verzichtet.

3. Privatbauten in der Polis

Wohnhäuser

Obwohl der Wohnbau in Griechenland wie überall die älteste und quantitativ bedeutendste Bauaufgabe war, ist unser Wissen darüber recht gering; das hängt einesteils mit langdauernder Vernachlässigung durch die Forschung zusammen, andernteils aber auch mit der starken regionalen Differenzierung gerade von Wohnbauten im Hinblick auf Klima, Baustoffe und Lebensweisen. Nach dem Ende des relativ hochentwickelten minoisch-mykenischen Wohnbaues (s. S. 10f.) in den Wirren der Wanderungszeit und einer bis ins 10. Jh. dauernden Dunkelphase werden Wohnbauten erst um 900 v. Chr. wieder greifbar mit einem kleinen, ca. 5 m langen Ovalhaus in Alt-Smyrna (Abb. 106.2) und etwas größeren Häusern in Athen (ca. 5 × 11 m) und Nichoria (ca. 8 × 13,6 m). Deren Ovalform war bis ins 7. Jh. hinein von Ionien über das griechische Festland bis nach Italien verbreitet, wobei die Häuser bei unterschiedlicher Größe gelegentlich in mehrere Räume unterteilt wurden (zum Beispiel in Antissa, Athen, Lefkandi; s. Abb. 106.1). Parallel dazu finden sich Antenhäuser (Antissa, Mykenai) sowie wenig später auch einfache Rechteckhäuser – meist freistehende, eingeschossige Lehmziegelbauten mit Walmdächern, seltener auch Flachdächern, die – wohl durch Hecken oder einfache Zäune umschlossen – zu lockeren Streusiedlungen gehörten[63]. Dem stehen auf den ägäischen Inseln und auf Kreta Agglutinat-Siedlungen mit dichtgedrängten Gruppierungen rechteckiger Räume gegenüber (so in Vrokastro, Phaistos, Karphi; vgl. Abb. 4), die die alte Inseltradition weiterführen[64].

Etwas reicher ist der Bestand an Wohnbauten aus archaischer Zeit: gegenüber den seit dem 7. Jh. aussterbenden Kurvenbauten überwiegen jetzt rechteckige, oft megaronartige Grundrisse. Neben dem traditionellen freistehenden Herdhaus (zum Beispiel in Emporio/Chios) finden sich bei zunehmender Verdichtung der Siedlungen immer häufiger Häuser mit vorgelagerten Höfen (so in Alt-Smyrna, Korinth, Eleusis, Megara Hyblaea; s. Abb. 106.5–9) sowie dicht aneinandergebaute Häuser wie z. B. in Vroulia (Rhodos) aus der 1. Hälfte des 7. Jhs. Neben den an ihrer Schmalseite von

106 Zusammenstellung von Wohnhaus- und Palast-Grundrissen (Mstb. 1 : 1000): ▷ 1: Antissa (9./10. Jh.); 2–3: Alt-Smyrna (um 900); 4: Thorikos (ca. A. 9. Jh.); 5: Eleusis, sog. Heiliges Haus (E. 8. Jh.); 6. Korinth; 7: Ägina, Haus 3 (früharchaisch); 8: Ägina, Häuser 1 und 2; 9: Megara Hyblaea, Haus 23.5 (1. H. 7. Jh.); 10: Alazeytin (Karien), Herrenhaus (archaisch); 11: Athen, archaische Häuser; 12: Olynth, Haus; 13: Olynth, Haus der Tyche (4. Jh.); 14: Kolophon, Haus in Nähe der Agora (ca. 3. Jh.); 15: Priene, Haus 33 (ca. 3./2. Jh.); 16: Delos, Hausgruppe in Insula III a–f (ca. 2. Jh.); 17: Eretria, Haus 4 (1. H. 4. Jh.); 18: Delos, Haus des Dreizack; 19: Athen, Dema-Haus (E. 5. Jh.); 20: Delos, Maison de la colline; 21: Pergamon, Palast auf der Oberburg (um 160)

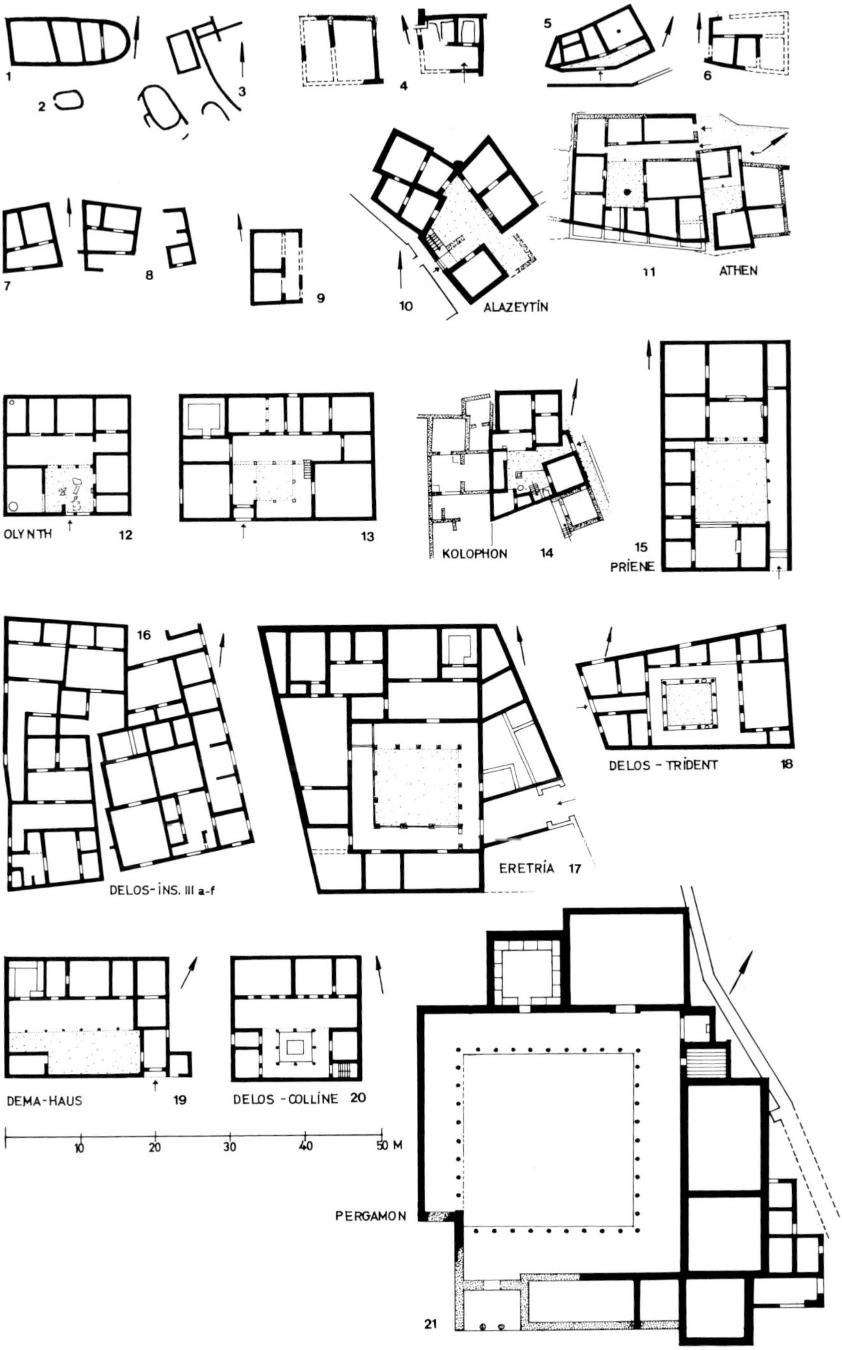
1
2
3
4
5
6
7
8
9
10
ALAZEYTÍN
11
ATHEN
OLYNTH
12
13
KOLOPHON
14
15
PRİENE
16
DELOS-İNS. III a-f
ERETRİA
17
DELOS - TRİDENT
18
DEMA-HAUS
19
DELOS - COLLİNE
20
10
20
30
40
50 M
PERGAMON
21

einer kleinen Vorhalle aus erschlossenen Häusern (sogenannter *Prostas*-Typ) steht gleichwertig der sogenannte *Pastas*-Typ, bei dem der Eingang in einer Langwand liegt, vor der im allgemeinen noch eine offene Laube zu ergänzen ist[65]. Diese beiden Grundtypen lebten als Haupträume der Häuser noch bis in hellenistische Zeit weiter. Seit dem Ende des 6. Jhs. aber nötigte engeres Zusammenrücken in den mauerumschlossenen Städten dazu, daß das bisher vorherrschende Einzelhaus dort durch das Hofhaus abgelöst wurde, bei dem sich alle Räume um einen zentralen Hof gruppieren (zum Beispiel in Athen; s. Abb. 106.11).

In die Reihe der vorklassischen Wohnbauten gehören schließlich noch die Paläste, die es als Wohnsitze von Basileis oder Tyrannen wohl vielerorts gab, von denen aber nur wenige bekannt sind – darunter u. a. der auf hohem Berg isoliert liegende Palast von Vuni (Zypern) aus dem frühen 5. Jh., dessen Grundriß mit mehreren Innenhöfen an mykenische oder orientalische Anlagen erinnert; ähnliche östliche Einflüsse zeigen sich auch in dem aus dem 5./4. Jh. stammenden Palastkomplex in Larisa am Hermos[66].

Die Entwicklung des städtischen Wohnhauses in klassischer und hellenistischer Zeit ist bei nach wie vor deutlichen regionalen Unterschieden einerseits durch stärkere Differenzierung des Raumprogrammes gekennzeichnet mit dem *„Oikos"* als Hauptraum, an den meist weitere Nebenräume anschließen, mit dem oft zweiteiligen *„Andrôn"* als Empfangs- und Speiseraum der Männer sowie den meist im Obergeschoß liegenden Schlafräumen und der *„Gynaikonitis";* daneben gab es im 5. Jh. in einigen nach hippodamischer Manier angelegten Städten (Piräus, Olynth, Kassope) zeitweilig feste Typenhäuser[67], die bei Grundstücksgrößen zwischen 200 bis 300 qm durchweg nach Süden orientiert waren. Zentrum dieser anfangs relativ bescheiden ausgestatteten Häuser war der Hof, der sich seit dem 4. Jh. bei zunehmendem Flächenbedarf (500–800 qm) und reicherer Ausstattung der Häuser zum Peristylhof entwickelte (s. Abb. 106.17–18).

Innenhöfe sind im Hoch- und Späthellenismus keine Seltenheit (Pella, Priene u. a.), während andererseits ein nicht geringer Teil der Bevölkerung mit winzigen Häusern vorlieb nehmen mußte; turmartig ausgebildete Teile einzelner Häuser deuten auf das veränderte Verhältnis zur Landschaft hin, das sich auch in einzelnen villenartigen Bauten in Makedonien zeigt. Neben den normalen Familienwohnhäusern ist wohl in allen Orten auch mit diesen ähnelnden Vereinshäusern zu rechnen, gelegentlich auch mit vermietbaren Wohnungen (Delos), für die besondere Grundrißlösungen gefunden wurden, sowie mit Kombinationen von Wohnungen mit Läden oder Werkstätten (in Priene und Olynth unter anderen)[68]. Trotz jüngst intensivierter Forschung ist die Zahl der für eine typologische Beurteilung verwendbaren Beispiele noch immer gering: zusammenhängende Wohngebiete sind nur aus Olynth, Priene, Delos und Eretria bekannt; daneben gibt es eine Reihe von Orten mit verstreuten Beispielen aus unterschiedlichen Zeiten (zum

Beispiel Himera, Athen, Kallipolis, Kassope, Kolophon[69]), doch reichen diese Beispiele für eine Gesamttypologie noch nicht aus, zumal auch eine soziale Staffelung innerhalb der Städte sowie individuelle Veränderungen einzelner Häuser über die Zeit hin zu berücksichtigen sind.

Neben dem innerstädtischen Haus, dessen Gestalt oft durch Platzmangel bedingt war, stehen Wohnbauten auch auf dem Lande – freistehende Gutshäuser und Häuser in Dörfern, in denen ein nicht geringer Teil der einfacheren Bevölkerung einer Polis lebte. Mit Ausnahme von Attika sind unsere Kenntnisse hier noch geringer, doch scheint es, als ob diese Bauten denen in der Stadt nahestanden und wie diese ein breites Spektrum sozialer Unterschiede reflektieren. Neben offenen Häusern (s. Abb. 106.19) wie sie aus Attika bekannt wurden[70], stehen befestigte Gehöfte und Dörfer: diese aus Attika und Böotien bekannt, erstere bis in den Hellenismus hinein an den Küsten und auf der ägäischen Inseln weitverbreitet[71]. Hauptbau war hier im allgemeinen ein massiver runder oder viereckiger Turm, den eine leichtere Ringmauer mit einzelnen innen angebauten Räumen umschloß.

Für eine dritte Gruppe von Wohnbauten – für die Paläste hellenistischer Herrscher und ihres Hofes – hat sich die Zahl der Beispiele erst in jüngerer Zeit soweit vermehrt, daß eine Beurteilung ihrer Bauformen möglich ist; neben den Palästen von Pergamon und Demetrias sind das vor allem Bauten in den makedonischen Städten Pella, Palatitsa und Vergina[72]. Ähnlich wie bei großen Stadthäusern waren hier weite, gelegentlich hintereinander angeordnete Peristylhöfe Mittelpunkt der rundum gereihten Räume, bei denen neben prächtiger Ausstattung mit Marmor- und Mosaikböden Ansätze zu stärker differenzierter Raumordnung und zu Rundformen zu beobachten sind (s. Abb. 106.21). Von dem für die östlichen Residenzen Pergamon, Alexandria und andere Orte überlieferten Ausstattungsluxus (Aelian, Var.hist. 14.17) – farbigen Marmorinkrustationen, kostbaren Hölzern, Vergoldung und reicher Ausmalung durch berühmte Künstler – werden Ausgrabungen kaum viel liefern, doch geben kaiserzeitlich-römische Nachfolgebauten ungefähre Vorstellungen von ihrem Aussehen. Wichtig ist, daß diese Palais trotz ihrer traditionellen Orientierung nach innen auch nach außen gerichtete Fassaden mit Ecktürmen und große Hallen- und Terrassenanlagen besaßen – Motive, die sich dann in der kaiserzeitlichen Baukunst Roms wiederfinden[73].

Grabbauten

Neben den Häusern der Lebendigen sind ihre Grabbauten nach Zahl und Variationsbreite unter allen Bauten der Antike die wohl vielfältigste Typengruppe; es ist daher unmöglich, hier mehr als eine knappe Übersicht und einige Hinweise auf weiterführende Literatur zu geben[74]. Fast überall in der griechischen Welt lagen die Gräber in Nekropolen außerhalb der Siedlungen an den Hauptstraßen, wobei man nach Westen führende Straßen bevorzugte; Ausnahmen bildeten die Heroa, die eine wichtige Rolle bei der Polisbildung spielten und sich auch später noch oft im Inneren von Städten finden. Unter den vielen unterschiedlichen Bestattungsformen überwiegen bei weitem die einfachen Erdgräber in Gruben oder Schächten, in Sarkophagen oder Tongefäßen, die im allgemeinen durch örtlich und zeitlich wechselnde Zeichen oberirdisch markiert waren. Solche Anlagen werden hier nicht berücksichtigt, sondern nur der kleine Kreis monumental gestalteter Grabbauten, deren Grundform meist auf alten regional-gebundenen Traditionen beruhte, während ihr formaler Apparat fast das ganze Repertoire sakraler und gehobener profaner Architektur spiegelt mit dem ausdrücklichen Ziel der Heroisierung des Toten.

In Athen[75] bietet neben einigen kleineren frühen Nekropolen vor allem die sogenannte Kerameikos-Nekropole vor dem Heiligen Tor eine im 11. Jh. beginnende Folge von Gräbern unterschiedlichster Form: neben einzelnen größeren Schachtgräbern überwiegen bescheidene Bestattungen, die oft in einfachen Steinringen zusammengefaßt waren. Die Gräber waren durch Erdhügel von 4–10 m Durchmesser und etwa 1 m Höhe gekennzeichnet, auf

107 Leukadia/Naoussa, Fassade des Grabes I (E. 4./A. 3. Jh.)

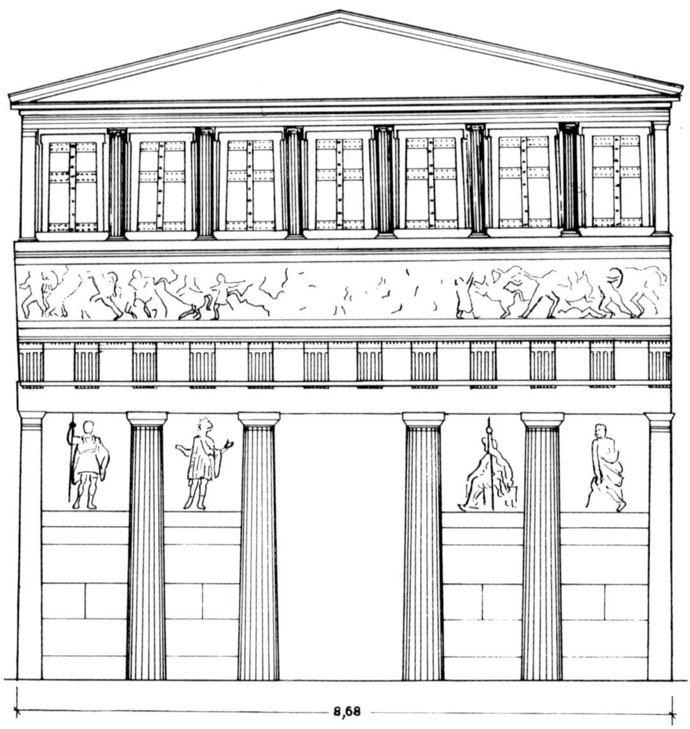

108 Myra, Nekropole (ca. 4. Jh.)

denen Steinplatten, große Gefäße und seit dem 7. Jh. auch Stelen standen; seit Anfang des 6. Jhs. wurden die Erdhügel allmählich von rechteckigen Epitymbien mit Lehmziegelmauern und Steingesimsen abgelöst und neben den mit Reliefs verzierten Stelen auch Marmorstandbilder aufgerichtet – beide mit Bezug zu Geschlecht, Stand und Alter des Toten. Daneben gab es einzelne besonders ausgezeichnete Gräber (Heroa?) in Rundform mit Quaderkrepis und dorischem Gebälk. In klassischer Zeit steigerte sich der Aufwand: neben den gegen Ende des 6. Jhs. kurzzeitig verbotenen Stelen finden sich nun vielfältige Formen – Säulen, Marmorlekythen und reichgezierte Grabädikulen; neben die reichen Privatgräber traten aufwendig ausgestattete Staatsgräber. Alledem setzte 317 ein Gesetz des Demetrios von Phaleron ein Ende: bis in die römische Kaiserzeit hinein blieben einfache Grabsäulchen *(kioniskoi)* und Grabtische die einzigen Kennzeichen von Gräbern. Demgegenüber zeigen Grabformen und Bestattungsbräuche auf den ägäischen Inseln und Kreta ein Bild verwirrender Vielfalt[76]: neben den überwiegenden einfachen Bestattungen in Erd- und Brandgräbern finden sich von Attika über die Kykladen bis zur anatolischen Küste hin kleine Grabhäuser mit Kultnischen, die nicht selten siedlungsartig zusammengefaßt waren (Beispiele dafür finden sich unter anderen in Tenos, Andros, Thera und Asarlik). Gelegentlich hat man die Gräber ähnlich wie in Athen gekennzeichnet; daneben finden sich auch einzelne Tumulusgräber (Rhodos, Halikarnassos).

Nordgriechenland kannte ebenso wie die anschließenden Landschaften bis

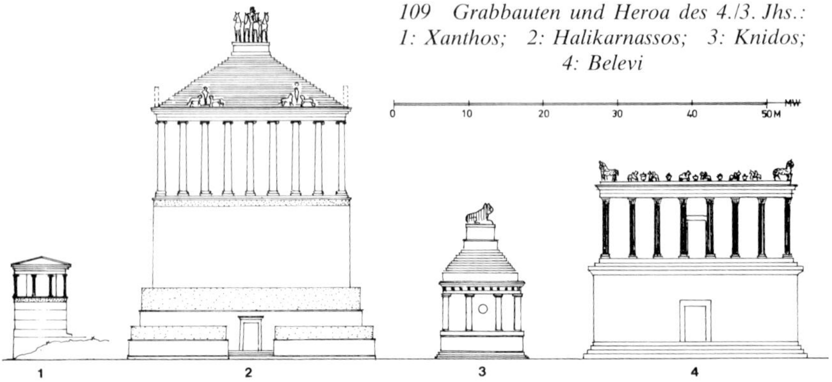

109 *Grabbauten und Heroa des 4./3. Jhs.: 1: Xanthos; 2: Halikarnassos; 3: Knidos; 4: Belevi*

zum Pontus neben einfachen Bestattungen seit frühesten Zeiten das Tumulusgrab, wobei sich in einem Erdhügel oft mehrere Bestattungen finden; im übrigen wurden auch hier einfachere Gräber durch reliefierte oder bemalte Stelen mit Inschriften bezeichnet. Eine Sondergruppe bildete sich in der kurzen Zeit zwischen dem späteren 4. Jh. und 168 in Makedonien aus: tonnenüberwölbte Kammern mit repräsentativen Blendfassaden (in Vergina, Leukadia, Pella, Dion usw.; s. Abb. 107), die jedoch unter Erdhügeln verborgen waren[77]. Die durch dorische oder ionische Halbsäulenordnungen gegliederten Fassaden mit Attika- oder Giebelabschluß liegen ziemlich beziehungslos vor den Grabkammern; ihre in den Details recht eigenständige Architektur ist teils in Stein, teils in Stuck ausgeführt, oft auch nur aufgemalt und mag an Propylonbauten erinnern, während die innere Raumordnung mit meist zwei gewölbten, mit Klinen ausgestatteten Kammern Bezüge zum Wohnbau andeutet. In einzelnen Gebieten Mittelgriechenlands, vor allem aber in Thrakien und einigen Teilen Nord-West-Kleinasiens blieben auch die mit Kraggewölben gedeckten und über Dromoi zugänglichen Tholosgräber mykenischen Typs bis in hellenistische Zeiten hinein im Gebrauch – so etwa in Pharsalos, Krannon und bei Kirklareli).

In den Kolonialgebieten Süditaliens und Siziliens ähneln die Gräber weitgehend denen der jeweiligen Mutterstädte, wobei nicht-architektonische Bestattungsformen (Ziegel- und Steinkistengräber, Sarkophage) gegenüber unterirdischen Kammergräbern (unter anderen in Paestum und Metapont) deutlich überwogen[78]; als Markierungen finden sich neben Stelen und Säulen unterschiedliche Naiskosformen. Weit vielfältiger waren die Grabformen in Kleinasien, wobei hier der weite Bereich der aus den einheimischen Frühkulturen stammenden Gräber nicht einmal gestreift werden kann[79]. Im griechisch kolonisierten Westen finden sich in archaischer Zeit in den überwiegend mit nicht-architektonischen Gräbern belegten Nekropolen neben unterschiedlich gestalteten Tumulusgräbern (Sardes, Ephesos, Smyrna und Orte in Karien) einzelne Kammergräber mit Dromos (Milet zum Beispiel), wobei die Grabstellen vielfach durch Steinpfeiler, Stelen oder Freiplastiken (Löwen, Kuroi o. ä.) bezeichnet wurden. In einigen Fällen ähneln die Grabkammern Wohnräumen wie in den phrygischen Tumuli von Gordion.

Eindeutige Nachbildungen von Wohnbauten finden sich in Lykien, wo lokale Holzhausformen als Vorbilder dienten. Am Anfang stehen seit der Mitte des 6. Jh. bis in hellenistische Zeit hinein die Pfeilergräber (Xanthos); es folgten im 5. Jh. freistehende Grabhäuser und Felsgräber mit Hausfassaden (Myra, Limyra, Xanthos), während Sarkophage und ihnen nachgebildete Felsgräber die jüngsten Formen sind – im Übergang vom 5. zum 4. Jh. beginnend und in den genannten Nekropolen oft dicht neben den älteren Typen vorkommend (vgl. Abb. 108).

Von diesen gängigen Grabformen setzten sich seit Anfang des 4. Jhs. einzelne Dynastengräber mit ihrem aus griechischem Geist und oft auch von griechischen Künstlern gestalteten Architekturaufbau deutlich ab – unter ihnen das sogenannte Nereidenmonument von Xanthos (um 400), das Heroon des Königs Perikles in Limyra (2.V.4. Jh.), vor allem aber das um die Mitte des 4. Jhs. errichtete Maussolleion in Halikarnassos, dem eine ganze Serie ähnlicher Bauten nachfolgte[80] (unter anderen Knidos, Belevi, Limyra; vgl. Abb. 109). Fast unübersehbar ist der Formenreichtum der dann im Hellenismus nachfolgenden Grab- und Heroon-Bauten: Kombinationen von traditionellen Gräbern mit Höfen und Kulträumen wie zum Beispiel in Pergamon, Milet, Kalydon, daneben aber auch mehrgeschossige Bauwerke wie das Charmyleion in Kos.

Kaum zu übersehen ist auch die Fülle der aus der Verschmelzung einheimischer und griechischer Elemente entstandenen Grabformen in den hellenistischen Nahostländern und in Nordafrika, bei denen Alexandria eine wichtige Rolle gespielt haben muß, in dessen Nekropolen sich neben einfacheren Kammergräbern reiche, in den anstehenden Fels gehauene Peristylgräber finden, während die vielgesuchte Königsnekropole noch unbekannt ist[81]. Wie weit Alexandria auf Nekropolen in seiner weiteren Umgebung einwirkte, ist eine derzeit noch umstrittene Frage, doch darf man wohl mit – vielleicht punisch vermittelten – Ausstrahlungen bis hin zu den großen Grabbauten der Numiderkönige rechnen; sicher auch mit Einwirkungen auf Anlagen im syrisch-phönizischen Osten (unter anderen Sidon und Jerusalem), wo sich diese Einflüsse mit solchen aus dem griechischen Westen mischten. Umgekehrt finden sich syrische Grabformen im späthellenistischen Süd-Ost-Anatolien – auch hier vermengt mit Griechischem, wie man in der Nekropole der kommagenischen Könige auf dem Nimrud daği oder bei Turmgräbern in Kilikien sehen kann[82]. Freilich ist bei alledem zu bedenken, daß die hier aus allen Regionen herangezogenen Beispiele nur einen winzigen Bruchteil einst vorhandener Grabanlagen ausmachen, der weitaus größte Teil aller Bestattungen aus den vorgenannten Gründen hier aber überhaupt nicht berücksichtigt werden konnte.

VI. Stadtplanung und Städtebau

Obwohl in der minoisch-mykenischen Vorzeit neben den großen Palästen schon einzelne geschlossene Siedlungen existierten und in ihrer agglomerierenden Bauweise (vgl. Abb. 4) eine für die Region typische räumliche Struktur zeigten, war die entscheidende Voraussetzung für die spätere griechische Stadt die vorhergehende Ausbildung der politischen Organisationsform der Polis, die ein geographisch klar umrissenes Territorium mit einzelnen dorfartigen Streusiedlungen sowie einem zentralen Ort umfaßte. Nach Aristoteles (Polit. 1252b) sollte sie politisch selbständig und autark sein[1].

Die Entwicklung dieser Polis vollzog sich in vielen, an unterschiedliche soziale Veränderungen gekoppelten Einzelschritten zwischen dem 9. und 6. Jh.[2], läßt sich aber in ihrem räumlichen Prozeß bisher nur an wenigen Orten und in eher dürftigen Andeutungen verfolgen, da die historischen und geographischen Voraussetzungen überall verschieden waren – und ebenso die Funktionen der einzelnen Plätze: neben Wohnsiedlungen städtischen und dörflichen Charakters gab es nur zeitweilig genutzte Handelsstationen, Fluchtsiedlungen und erste Koloniegründungen. Vergleiche zwischen den heute bekannten Beispielen sollten daher nur mit großer Vorsicht angestellt werden und neben den genannten Unterschieden auch die im gesamtgriechischen Raum bestehenden ethnischen Verschiedenheiten berücksichtigen. Darüber hinaus ist bei allen Aussagen zu stadtbaugeschichtlichen Fragen zu bedenken, daß wir keine der heute „bekannten" antiken Städte in allen ihren Entwicklungsstufen wirklich kennen, alle Schlüsse also mit deutlichen Fragezeichen zu versehen sind.

Auslösender Faktor für den später zur Bildung geschlossener Orte führenden Prozeß war der (aus der Vermehrung der Gräber gegen Ende des 8. Jhs. erschlossene) Bevölkerungszuwachs in mehreren Regionen der Peloponnes (Athen, Argos, Korinth) und Euböas[3] verbunden mit spürbarem Aufschwung der handwerklichen Produktion und des Fernhandels. Durch Zusammenführung einzelner zuvor selbständiger Dörfer *(Synoikismos)* an einem günstig gelegenen Platz innerhalb des Polisgebietes mit ausreichender Wasserversorgung – nicht selten an bereits in mykenischer Zeit besiedelten Stellen[4] – entstanden erste lockere Siedlungsagglomerate, deren Form eine auf Sparta bezogene Bemerkung bei Thukydides spiegelt, das nicht wie eine Stadt eng zusammengebaut, sondern nach alter hellenischer Art dorfmäßig angelegt sei (I,10). Wesentliches Kennzeichen dieser frühen Siedlungen waren ein zentrales Heiligtum an oft durch die natürlichen Gegebenheiten hervorgehobener Stelle – in Athen auf der Akropolis, in

Korinth auf dem schon um 700 durch einen Tempel besetzten Hügel nördlich der römischen Agora –, oft auch ein Heroon sowie bereits ziemlich früh ein baulich zunächst nicht ausgebildeter Versammlungsplatz: Vorläufer der späteren Agora. Diese beiden Bereiche – kultisches und politisches Zentrum der Polislandschaft – waren der Kern, um den sich eine in ihrer baulichen Form eher dörfliche Wohnbebauung sammelte, an die weiter nach außen hin die jeweils zugehörigen Gräberfelder anschlossen. Das ließ sich recht gut in Argos beobachten[5], wo sich seit frühgeometrischer Zeit eine Verdichtung im Gebiet der späteren Agora und seit dem Übergang vom 8. zum 7. Jh. eine Ausweitung in die früheren Gräberfelder hinein zeigte. Ähnliches fand sich in Korinth[6] und wäre vermutlich auch andernorts mit sogenannter gewachsener Struktur festzustellen, wenn auch vermutlich mit lokalen Differenzierungen. Dieser Form stehen im Bereich der Inseln und vor allem auf Kreta die alten, aus minoischer Zeit bekannten Agglomeratformen gegenüber (Vrokastro, Zagora auf Andros, Tsikalaria auf Naxos, Karphi; Abb. 4)[7] und als Sonderform Vroulia auf Rhodos. Das oft recht willkürlich scheinende Straßennetz solcher Siedlungen wird man wohl auf alte Besitzgrenzen oder Feldwege zurückführen dürfen, deren Verlauf sich mit weiterer Verdichtung verfestigte und so Jahrhunderte überdauerte.

Von diesen überwiegend in deutlicher Distanz vom Meer entfernt liegenden Siedlungen im ägäischen Raum setzten sich sehr klar die seit dem späten 8. Jh. in rascher Folge meist in Ufernähe entstehen den dorischen und achäischen Kolonialstädte *(apoikiai)* in Süditalien ab, deren Entstehen eher eine Folge der heimischen Landnot war als die Suche nach Absatzmärkten für das eigene Handwerk. In diesen unter Leitung eines *oikistes* auf fremdem Boden (nicht selten gegen den Widerstand der hier Ansässigen) angelegten Orten bestand von vorneherein der Zwang zum Zusammenschluß in geschlossenen Siedlungskomplexen[8]. Die Verteilung des auf jeden Siedler entfallenden Anteils an Bau- und Ackerland erforderte vorherige Vermessung, deren orthogonale Systeme sich in der regelmäßigen Flächengliederung der Städte wie auch in der Aufteilung des Umlandes nachweisen lassen, in Metapont sogar mit gleicher Orientierung[9]. In diesen überwiegend durch ein System von Parallelstraßen mit nur wenigen Quergassen gegliederten Städten lagen – im Gegensatz zu den mutterländischen Orten – die Hauptheiligtümer oft an der Peripherie oder gar außerhalb der Städte (so zum Beispiel in Syrakus, Selinus und Akragas; s. Abb. 110), gelegentlich allerdings auch in Verbindung mit städtisch-öffentlichen Anlagen blockartig in der Mitte der sonst gleichmäßig durchgerasterten Siedlung (Metapont, Paestum). Ob es ähnlich regelhaft angelegte Städte auch in den östlichen Kolonisationsgebieten der Griechen – im Pontus oder in der Propontis – gegeben hat, ist angesichts des derzeitigen Forschungsstandes noch nicht zu sagen[10].

Neben den reinen Ackerbau-Kolonien gab es aber noch die zweite Gruppe der Emporien, die wie al-Mina, Naukratis und wohl auch Pithekussai sowie spätere Plätze in erster Linie Handelsniederlassungen waren und daher angesichts anderer Funktionen und engerer Einbindung in fremde Umgebung andere Formen zeigen. Immerhin macht der Überblick über frühe Stadtanlagen doch deutlich, daß eigentliche Urbanisierungsprozesse weitaus eher und konsequenter in den Kolonisationsgebieten einsetzten und das Mutterland diesen Entwicklungen erst viel später mit vereinzelten Synoikismos-Vorgängen (so Olynth 432, Rhodos 407, Megalopolis in Arkadien 371, Mantineia 370) folgte; dabei blieb hier ebenso wie auch später im hellenisierten Kleinasien ein großer Teil der sogenannten Poleis auf dem traditionellen Status einer Ackerbürgerstadt[11]. Nicht geringe Bedeutung für die bauliche Erscheinung jener Poleis kam den Befestigungen zu, die – nach vereinzelten Vorläufern (vgl. S. 170f.) und im Gegensatz zu älteren Ansichten hierzu – bereits in archaischer Zeit in größerem Umfang aufkamen, seit den Perserkriegen, vor allem aber seit den innergriechischen Kämpfen des 4. Jhs. so weitgehend zur Regel wurden, daß für Thukydides das Fehlen einer Stadtbefestigung als Ausdruck der Barbarei galt[12]. Obwohl solche Stadtmauern aus fortifikatorischen Gründen häufig ein weitaus größeres Terrain als das eigentliche Siedlungsareal einschlossen, hat ihre Existenz doch im Laufe der Zeit zu stärkerer baulicher Konzentration genötigt. Wie die Mauern gehören in archaische Zeit auch die ersten größeren „Infrastruktur"-Maßnahmen, wie zum Beispiel die Wasserleitungen in Athen und vor allem in Samos, Hafenbauten u.ä., deren Bau oft mit dem Namen bedeutender Tyrannen verbunden ist, deren Machtfülle überhaupt erst die Voraussetzung für derartig kostspielige Projekte bot[13].

Nachdem in archaischer Zeit in den Kolonialstädten in verschiedenen, sicher nicht sehr differenzierten Formen die Möglichkeiten praktischer Stadtplanung „durchexerziert" worden waren, führten erst die über viele Jahrzehnte reichenden Erfahrungen des Polis-Lebens und zugleich auch dessen zunehmende Differenzierung dahin, daß man begann, über die Zusammenhänge zwischen politischer Struktur, alltäglichen Erfordernissen und baulicher Gestaltung intensiver nachzudenken. Zu den Ersten, deren Gedanken hierzu überliefert sind, gehörte Hippodamos von Milet, der im 5. Jh. (vielleicht dank seiner Erfahrungen beim milesischen Wiederaufbau nach 479?) an der Anlage von Piräus (um 475/470) und Thurioi (gegründet 444/3), angeblich auch noch an der Planung von Rhodos (um 408) beteiligt war[14]. Seine durch die Lehre des Pythagoras beeinflußten Überlegungen zur Verknüpfung der sozialen und räumlichen Gliederung einer Stadt sind nur in Fragmenten bei Aristoteles überliefert, der – ebenso wie kurz zuvor Platon – in seiner Politeia ein Bild der idealen Stadt entwickelte, das von den ethischen Grundlagen des Staates bis hin zu wirtschaftlichen oder sanitären Einzelfragen ein breites Spektrum umfaßt. Daß sich solche Überle-

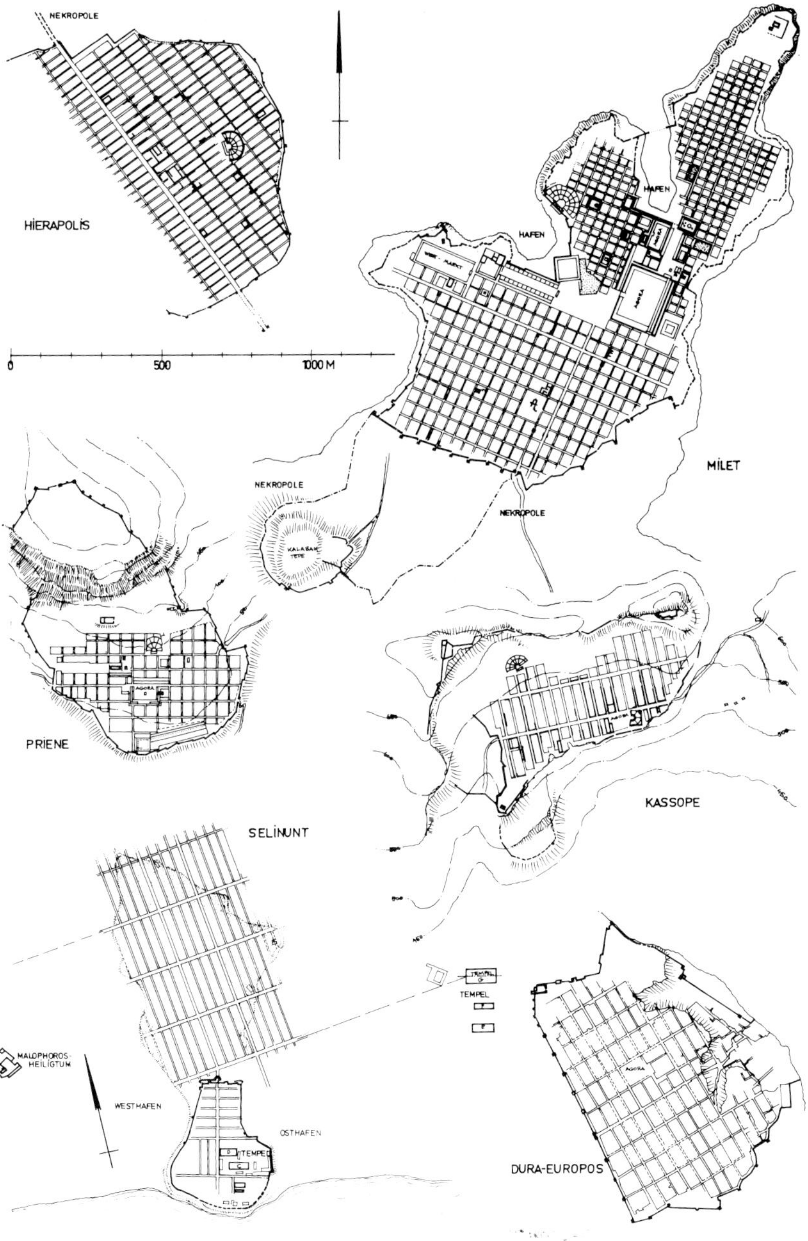

110 *Zusammenstellung von Plänen regelmäßig angelegter Städte Maßstab 1 : 25 000*

111 Priene – Modellansicht

gungen nicht nur im Werk der Großen fanden, sondern offenbar weiter verbreitet waren, zeigt die von Aristophanes in den „Vögeln" karikierte Figur des Meton mit seinen weltfremden Theorien. Wenn auch die Umsetzung solcher Theorien in reale Stadtgestalt kaum zu rekonstruieren sein wird und jedenfalls nicht so direkt wie bei neuzeitlichen Planungsvorgängen ablief – Tatsache ist, daß man seit dem 5. Jh. bei der Neuanlage von Städten nicht mehr nur Land verteilte, sondern zunehmend häufiger Funktionszusammenhänge und architektonisch-gestalterische Vorstellungen berücksichtigte, wie sie sich unter anderem in unterschiedlichen Straßenbreiten und -funktionen (Wohn- und Geschäftsstraßen zum Beispiel in Rhodos und Priene), in der Trennung von Handels- und Staatsmärkten sowie an einigen Orten im Bau von festen Typenhäusern zeigen[15]. Paradox freilich ist, daß sich parallel zur Steigerung der baulichen Ausdrucksformen der Polis seit dem 4. Jh. im politischen Bereich ein ebenso deutlicher Niedergang abzeichnet. Die Berücksichtigung jener neuen Überlegungen und die Einführung neuer Bautypen besagte allerdings nicht, daß man seit dem 5. Jh. nur noch regelmäßige Städte in der in Milet, Priene, Piräus oder Rhodos, später auch in Smyrna und Ephesos realisierten Form anlegte; hier hatte man den regelmäßigen Plan trotz mancher Inkongruenzen zwischen Plan und Gelände (wie in Priene; s. Abb. 110–111) durchgesetzt – auch wenn man dabei steile Treppenstraßen oder Unterbrechungen des regelmäßigen Systems (wie in Herakleia am Latmos) in Kauf nehmen mußte. Auf Bergkuppen oder in stärker bewegtem Gelände liegende Städte wurden trotz deutlichem Überwiegen jener regelhaften Anlagen auch noch lange nach dem 5. Jh. in unregelmäßigen Formen angelegt oder weiter ausgebaut, wobei man die Straßenläufe geschickt dem Gelände anpaßte und die für die öffentlichen Bauten benötigten großen ebenen Flächen durch oft exzessives Terrassieren gewann; das

112 Pergamon – Ansicht des Burgbergs und des Rekonstruktionsmodells aus etwa gleichem Blickwinkel

zeigt sich vor allem in Pergamon und vielen, in hellenistischer Zeit ausgebauten Städten Kleinasiens (so etwa in Aigai, Assos, Alinda), aber auch in einzelnen Orten in Hellas (unter anderen in Delos)[16]. In dieser Gruppe nimmt freilich Pergamon als Residenz einer der bedeutenderen hellenistischen Königsfamilien eine Sonderstellung ein, die sich in der Konzentration der im weiteren Sinn zur königlichen Residenz gehörenden Bauten auf der Oberburg und in der städtebaulich hervorragenden Staffelung großer Terrassen am Hang zeigt, deren Bebauung im einzelnen allerdings – den politischen und wirtschaftlichen Aufstieg des Attalidenreiches widerspiegelnd – von sehr unterschiedlicher Qualität war (s. Abb. 112), vergleicht man den bescheidenen Athenatempel mit dem umschließenden Hallen oder gar mit dem prachtvollen Altarbau auf der davorliegenden Terrasse und diesen wiederum mit den nicht übermäßig anspruchsvollen Hallen der oberen Agora.

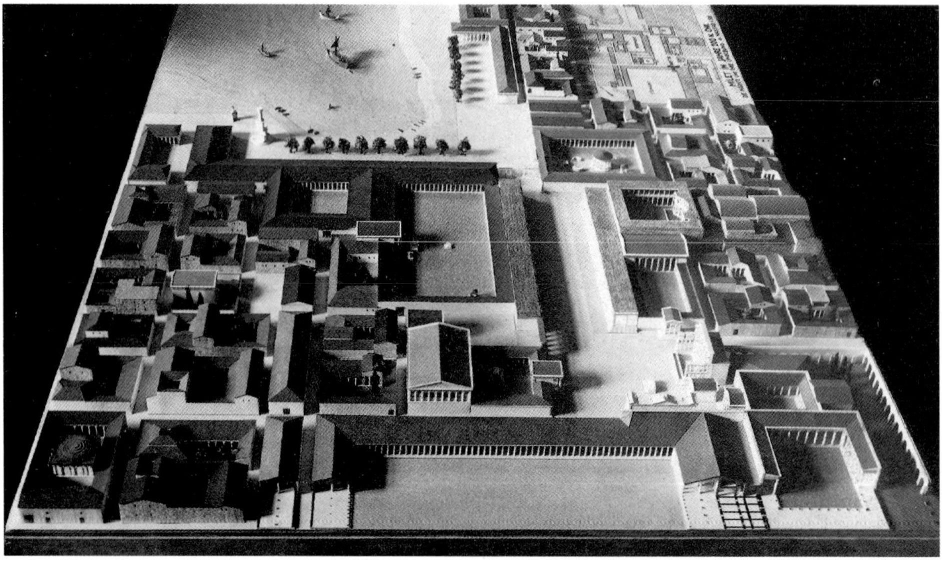

113 Milet – Modellansicht des Stadtzentrums mit den Märkten und der Heiligen Straße

Bei der weitaus überwiegenden Zahl von Neugründungen des 4. und 3. Jhs. aber[17], insonderheit bei den anderen großen Residenzstädten des Frühhellenismus (Pella, Alexandria, Antiochia), lassen sich regelmäßige Systeme nachweisen, wenngleich die meisten dieser Orte nur in groben Umrissen bekannt sind – von einer kleinen Zahl in neuerer Zeit genauer erforschter Plätze abgesehen (Demetrias, Pella, Kassope, Seuthopolis usw.). Zu bedenken ist, daß bei allen größeren Neugründungen ausreichende Flächen in den Stadtzentren für eine erst nach Jahrzehnten oder gar Jahrhunderten mögliche Bebauung freizuhalten waren, was natürlich entsprechend langfristige Planungen voraussetzt; selbst im reichen Milet hat die Ausfüllung des zwischen Löwenhafen und Südmarkt gelegenen Freiraumes (s. Abb. 113) länger als 500 Jahre gedauert. Was im einzelnen an Bauwerken in jenen zentralen Freiräumen entstand, waren überwiegend seit dem 4. Jh. neu-entstehende Bautypen, deren Planbilder (oben S. 157 ff. behandelt) sich weitgehend unabhängig vom jeweiligen Stadtplan und den örtlichen Geländebedingungen entwickelt hatten, die aber fast überall deswegen städtebaulich wirksam wurden, weil ihre Dimensionen die der traditionellen Wohnbebauung deutlich überstiegen und sie somit ganz neue Maßstäbe in die Städte brachten – wie u. a. die bis zu 200 m langen Hallenbauten (Milet, Korinth, Megalopolis, Kameiros u. a.) oder die zahlreichen Gymnasien zeigen – Maßstäbe, die allerdings in der römischen Kaiserzeit mit den an vielen Orten erneuerten, oft erheblich vergrößerten

Theatern, mit den nicht selten viele Hunderte von Metern langen Säulenstraßen und den großen Thermenbauten weit übertroffen wurden.

Ist damit das architektonische Bild der griechischen Stadt in groben Umrissen angedeutet, sollten die für die wirtschaftliche Existenz der Städte unabdingbaren dörflichen Siedlungen sowie die in der Chora, der Umgebung der Städte, gelegenen Höfe und die vielen ländlichen Heiligtümer zumindest genannt sein[18], deren Vorhandensein erst ein Gesamtbild der Vielfalt griechischen Bauens in der Antike vermittelt, das mit seiner Formenwelt und mit seinen Konstruktionsweisen noch für viele kommende Jahrhunderte bestimmend blieb.

Anmerkungen und Bibliographie

Bibliographien und Anmerkungen sollen dem Leser die wichtigsten Hinweise auf weiterführende Arbeiten (mit Ausnahme von Lexikonartikeln) sowie die nötigen Belege liefern; dabei sind den Anmerkungen zu jedem Kapitel zusammenfassende Arbeiten vorangestellt, auf die im weiteren nur noch mit (zuvor markiertem) Kurztitel verwiesen wird. Vollständigkeit war nicht angestrebt; längere Einzeldiskussionen erlaubte der begrenzte Umfang nicht.

Folgende Abkürzungen für häufiger zitierte Werke und Zeitschriften wurden benutzt:

AA = Archäologischer Anzeiger
AAA = Archaiologika Analekta ex Athēnōn
AJA = American Journal of Archaeology
AM = Mitteilungen des Deutschen Archäolog. Instituts, Athenische Abteilung
Arch. Soc. = Architecture et société de l'archaisme grec à la fin de la République Romaine (Coll. Ecole Franç. de Rome 66; 1983)
BCH = Bulletin de Correspondance Hellenique
BSA = The Annual of the British School at Athens
Coulton, Architects = J. J. Coulton, Greek architects at work. Problems of structure and design (1977)
Dinsmoor, Architecture = W. B. Dinsmoor, The architecture of Ancient Greece[3] (1950)
IstMitt = Istanbuler Mitteilungen
JdI = Jahrbuch des Deutschen Archäologischen Institutes
JHS = Journal of Hellenic Studies
Martin, Manuel = R. Martin, Manuel d'architecture grecque I: Matériaux et techniques (1965)
Mertens, Tempel = D. Mertens, Der Tempel von Segesta und die dorische Tempelbaukunst des griechischen Westens in klassischer Zeit (1984)
ÖJh. = Jahreshefte des Österr. Archäologischen Institutes
Orlandos, Matériaux = A. K. Orlandos, Les matériaux de construction et la technique architecturale des anciens Grecs (traduit du grec V. Hadjimichali et K. Laumonier) I (1966), II (1968)

I. Vorstufen

H. G. Buchholz u. a., Ägäische Bronzezeit (1987); Coldstream, J. E., *Geometric Greece* (1977); Drerup, H., Griechische *Baukunst* in geometrischer Zeit (1969); Hägg, R.-N. Marinatos (Hrsg), *Sanctuaries* and cults in the aegean Bronze age (Skrifter Svenska Inst. Athen 28, 1981); Hampe, R.-E. Simon, Tausend Jahre frühgriechische Kunst (1980); Marinatos, Sp., Kreta, Thera und das mykenische Hellas (1973); Snodgrass, A., The *Dark age* of Greece (1971); A. Snodgrass, *Archaic Greece.* The age of experiment (1980).

1 Neben R. Hägg-N. Marinatos, Sanctuaries 41 ff., 49 ff. vgl. Sp. Iakovodos, Late Helladic citadels on mainland Greece (1983) und T. G. Palaima-J. C. Wright, AJA 89, 1985, 251 ff.
2 S. Lauffer, Megaron. In: STELE. Gedenkschrift N. Kontoleon (1980) 208 ff.
3 C. W. Blegen-M. Rawson, The palace of Nestor at Pylos in Western Messenia I (1966), M. Lang, The palace of Nestor II (1969); U. Jantzen (Hrsg.), Führer durch Tiryns (1975).
4 G. Hult, Brone age ashlar masonry in the Eastern Mediterranean (1983); J. W. Shaw, Minoan architecture: Materials and technique. AnnScuola Arch. Atene 49, 1971; I. M. Shear, Mycenaean domestic architecture (Diss. Brynmawr 1968).
5 O. Pelon, Tholoi, tumuli et cercles funéraires. Recherches sur les monuments funéraires de plan circulaire dans l'Egée (1976). Zur Konstruktion: W. G. Cavanagh-R. R. Laxton, BSA 76, 1981, 109 ff. und BSA 77, 1982, 65 ff.
6 B. Wesenberg, Kapitelle und Basen. Beobachtungen zur Entstehung griechischer Säulenformen (1971) 3 ff.
7 R. Hägg (Hrsg.), The Greek renaissance oft the 8th century BC (Skrifter Svenska Inst. Athen 30, 1983); P. Kranz, AM 87, 1972, 51.
8 z. B. in Athen und Kalapodi: R. Felsch, AA 1980, 76 ff.
9 Vgl. Coldstream, Geometric Greece 277 ff.; ders., Archaic Greece 18 ff.; A. Snodgrass, Dark age 327 f.; B. J. Hayden, New plans of the iron age settlements of Vrokastro. Hesperia 52, 1983, 367 f.
10 Coldstream, Geometric Greece 327 ff.; Snodgrass, Dark age 395 ff.
11 Ausführlich H. Drerup, Baukunst pass.; vgl. S. 139 f.
12 Neben Snodgrass, Dark age 330 ff. W. Burkert, Die orientalisierende Epoche in der griechischen Religion und Literatur (Sitz. Ber. Akademie Heidelberg 1984, 1) 15 ff.
13 Snodgrass, Archaic Greece 140 ff.
14 H. Gabelmann, Studien zum frühgriechischen Löwenbild (1965) 64; P. Kranz, AM 87, 1972, 43 ff.
15 Vgl. Snodgrass, Archaic Greece 149 f.; J. J. Coulton, Architects 32 ff.; mit Bedenken G. Hölbl, ÖJh 55, 1984, 1 ff.
16 W. D. Coulson-A. Leonard, Naukratis (Cities of the Delta I; Malibu 1981).

II. Bauplanung und Bauorganisation

Bauplanung und Bautheorie der Antike (Diskuss. z. archäol. Bauforschung 4; 1984); Burford, A., Greek *Temple Builders* at Epidauros (1969); Hesberg, H. von, Bemerkungen zu Architekturepigrammen des 3. Jhs. v. Chr. JdI 96, 1981, 55 ff.; Himmelmann, N., Zur Entlohnung künstlerischer Tätigkeit in klassischen Bauinschriften. JdI 94, 1979, 127 ff.; Lauter, H., Zur gesellschaftlichen *Stellung* des bildenden Künstlers in der griechischen Klassik (1974); Maier, F. G., Griechische *Mauerbauinschriften* I (1959), II (1961); Philipp, H. Tektonon Daidala. Der bildende Künstler und sein Werk im vorplatonischen Schrifttum (1968); Wittenburg, A., Griechische *Baukommissionen* des 5. und 4. Jhs. (1978).

1 Maier, Mauerbauinschriften II 24 ff.; R. L. Scranton, Greek architectural inscriptions as documents. Harvard Libr. Bull. 14.2, 1960, 159 ff.; A. Burford, The purpose of inscribed building accounts. Acta 5. Epigr. Congr. 1971, 71 ff.
2 J. S. Boersma, Athenian building policy from 561/0 to 405/4 BC. (1970); F. Kolb, JdI 92, 1977, 110 ff.; Ph. H. Young, Building projects and archaic tyrants (1980).
3 Zusammenfassend Wittenburg, Baukommissionen; vgl. auch P. H. Davis, The Delian building contracts. BCH 61, 1937, 112 ff.; Maier, Mauerbauinschriften II

42ff.; Burford, Temple Builders 119; G. Roux, L'Amphictionie, Delphes et le temple d'Apollon au IVe siècle (1979) 57 und 95ff.

4 Burford, Temple Builders 130ff.; Maier, Mauerbauinschr. II 45.

5 E. V. Hansen, The Attalids of Pergamon² (1971) 234ff.; W. Orth, Königlicher Machtanspruch und städtische Freiheit (1977); H. Lauter, Stellung 15f.; 18ff.

6 H. v. Hesberg, JdI 96, 1981, 72ff.; vgl. auch H. Graßl, Sozialökonomische Vorstellungen in der kaiserzeitlichen griechischen Literatur (1982) 11ff.; A. H. M. Jones, The Greek City (1940) 238f. und 356 Anm. 50; Lauter, Stellung 12ff.

7 Burford, Temple Builders 138ff.; Himmelmann, Entlohnung; M. Lacroix, Les architectes et entrepreneurs à Delos. Rev. Phil. 38, 1914, 303ff.; F. Noack, Eleusis, die baugeschichtliche Entwicklung des Heiligtums (1927) 300ff. sowie W. H. Gross, Zur Stellung des Architekten. In: Hellas ewig unsere Liebe. Festgabe W. Zschietzschmann 1974) 33ff.; P. Gros, Statut social et rôle culturel des architects. In: Arch. Soc 425ff.

8 Vgl. die Stellungsnahme Vitruvs I 1, 1–7 gegen Pytheos.

9 N. Himmelmann, JdI 94, 1979, 138.

10 G. Roux, L'Amphictionie, Delphes et le Temple d'Apollon au IVe siècle (1979) 208 Anm. 1.

11 B. Wesenberg, Zu den Schriften der griechischen Architekten. In: Bauplanung 39ff.

12 H. v. Hesberg, JdI 96, 1981, 112; G. Dunst, AM 87, 1972, 124f.; zu Stadtarchitekten vgl. auch Th. Wiegand, 4. Vorl. Bericht über die Ausgrabungen der Kgl. Museen zu Milet. SB Berlin 1905, 535.

13 N. Himmelmann, JdI 94, 1979, 133ff. gegen H. Lauter, Stellung.

14 G. Dunst, AM 87, 1972, 125 nach Inschrift aus Samos.

15 Allgemein zu Handwerkern A. Burford, Craftsmen in greek and roman society (1972); R. J. Hopper, Trade and industry in classical Greece (1979) 126ff. sowie: Die Arbeitswelt der Antike (Autorengruppe Martin Luther-Univ. Halle-Wittenberg; 1984) 32ff.

16 Neben Wittenburg, Baukommissionen und Burford, Temple Builders vgl. auch R. H. Randall, The Erechtheum workmen. AJA 53, 1957, 199ff. sowie A. Rehm, Didyma II: Die Inschriften (1958) pass.

17 M. Austin-P. Vidal-Naquet, Gesellschaft und Wirtschaft im alten Griechenland (1984) 80ff., 243ff.; B. Wesenberg, Kunst und Lohn am Erechtheion. AA 1985, 55ff.; E. Lévy, L'Artisan dans la Politique d'Aristote. Ktema 4, 1979, 31ff.

18 Ausführlich A. Burford, Temple Builders pass.

19 A. Rehm, Didyma II: Die Inschriften (1958) 28f.

20 Dazu u. a. G. Glotz, Les salaires à Délos. Journal des Savants 11, 1913, 206ff.; J. Bousquet, Les comptes delphiques du IVe siècle. Acta. 5. Epigraph. Congr. (1971) 77ff.; G. Roux, L'Amphictionie Delphes et le temple d'Apollon au IVe siècle (1979).

21 Wittenburg, Baukommissionen 97ff.

22 H. Lauter, Stellung 16 mit Quellen sowie P. H. Davis, BCH 61, 1937, 111.

23 Dinsmoor, Architecture 256f.; Ähnliches gilt wohl auch für die in Persien tätigen ionischen und lydischen Bauarbeiter: C. Nylander, Ionians in Pasargadae. Studies in old persian architecture (1970); M. Roaf, Sculptures and sculptors at Persepolis. Iran 21, 1983, 1ff.

24 Burford, Temple Builders 148ff.; auch F. Noack, Eleusis (s. Anm. 7) 304ff.

25 H. Philipp, Tektonon Daidala 87ff. (Zitat 97); B. Wesenberg, AA 1985, 55ff.; vgl. auch Th. Pekary, Die Wirtschaft der griechisch-römischen Antike (1976) 22ff. sowie R. J. Hopper, Trade and industry in classical Greece (1979) 126ff. und 141ff. (zu Preisen).

26 J. A. Bundgaard, Mnesikles, a greek architect at work (1957) sowie J. S. Boersma a. O. (s. Anm. 2); vgl. auch A. Giuliano, Politische Tendenzen und Arbeitseinsatz bei der Errichtung öffentl. Gebäude. In: Palast und Hütte (1982) 325ff.
27 Vgl. F. G. Maier, Mauerbauinschriften II 32f. sowie W. Orth a. O. (s. Anm. 5).
28 H. v. Hesberg, Bemerkungen 83ff.
29 R. L. Scranton a. O. (s. Anm. 1) 172ff.; A. Burford, Acta 5. Epigraph. Congr (1971) 71ff.
30 Ausführlich bei F. G. Maier, Mauerbauinschriften II 55ff. und Wittenburg, Baukommissionen 9ff., 30ff. sowie E. Kluwe in: E. Berger (Hrsg.) Parthenonkongress 1982 (1984) 11–14.
31 Zu Sammlungen G. Roux, Les comptes du IVe siècle et la reconstruction du temple ... Rev. Arch. 1966, 245ff.; zu Anleihen RE-Suppl. 4, 23ff. (B. Laum).
32 Neben F. G. Maier, Mauerbauinschriften II 62ff. noch immer B. Laum, Stiftungen in der griechischen und römischen Antike (2 Bde.; 1914).
33 Vgl. IG XII.1, 977 (IG^3 129) für Athen; F. G. Maier, Mauerbauinschriften I 16ff.
34 Burford, Temple Builders 51f.
35 A. Rehm, Didyma II: Die Inschriften (1958) 479.
36 F. G. Maier, Mauerbauinschriften I 36ff., 48ff.
37 Neben F. G. Maier, Mauerbauinschriften bes. A. Wittenburg, Baukommissionen.
38 Zusammengestellt bei R. L. Scranton a. O. (Anm. 1) 168ff.
39 D. Mertens, Tempel 150ff., 175ff.; vgl. auch ders. in: Bauplanung 137ff.
40 A. Mallwitz, Olympia und seine Bauten (1972) 231ff.; P. Grunauer, 10. Olympiabericht (1981) 272ff.
41 Ausführlich E. Berger, D. Mertens u. a. in: Parthenonkongreß Basel 1982 (1984) 55ff.; vgl. auch H. G. Bankel, AM 98, 1983, 92ff.
42 Gruben, Tempel 388f.; L. Haselberger in: Bauplanung und Bautheorie 117f.; W. Koenigs ebenda 89ff.
43 Mertens, Tempel 183ff. mit Literaturverweisen gegen F. W. Schlikker, AA 1941, 748ff.; vgl. auch J. Coulton, Greek architects and the transmission of design. In: Arch. Soc. 453ff.; ders., Architects 71ff.
44 W. Hoepfner, AM 83, 1968, 233ff.
45 Grundlegend A. von Gerkan, Der Tempel von Didyma und sein antikes Baumaß. ÖJh 32, 1940, 127ff.; W. B. Dinsmoor, The basis of Greek temple design. Atti 7. Congr. Int. Arch. Class. 1961, I 356ff.; B. Wesenberg, Marb. Winckelm. Progr. 1975/76, 15ff.; G. Gruben, AA 1972, 321ff.; G. Bankel, Zum Fußmaß attischer Bauten. AM 98, 1983, 65ff.; H. Büsing, Metrologische Beiträge. JdI 97, 1982, 1ff.; G. Bankel, AA 1984, 413ff.; ders., Parthenonkongreß (1984) 33ff.; E. Berger, ebenda 119ff.
Zur Verwendung von Teilmaßen auch J. Coulton, BSA 70, 1975, 74ff. sowie L. Haselberger, IstMitt 30, 1980, 194f. und Mertens, Tempel 105ff., 117ff., 177ff.
46 F. Rakob, Röm. Mitt. 81, 1974, 77; ders., in: Bauplanung 220f.; ebenda G. Zimmer 265ff.; vgl. auch Mertens, Tempel 51 Anm. 147.
47 G. Bankel, AM 98, 1983, 92ff.; B. Wesenberg, AA 1984, 547ff.
48 W. Koenigs, Zum Entwurf dorischer Hallen. IstMitt 29, 1979, 209ff. sowie G. Bankel, AA 1984, 413ff.
49 L. Haselberger in: Bauplanung 113ff.; J. Coulton, Incomplete preliminary planning. In: Le dessin d'architecture dans les sociétés antiques (1985) 103ff.
50 Zusammenfassend Burford, Temple Builders 88ff. sowie F. G. Maier, Mauerbauinschriften II 52ff.
51 A. Wittenburg, Baukommissionen 79ff. (Delos), 96ff. (Tegea); vgl. auch BCH 32, 1908, 297 sowie P. H. Davis, BCH 61, 1937, 297f.
52 Burford, Temple Builders 136f.; F. G. Maier, Mauerbauinschriften II 53ff.

53 Th. Pekary, Das römische Kaiserbildnis in Staat, Kult und Gesellschaft (1985) 13.
54 Burford, Temple Builders 159ff. und H. Philipp, Gnomon 45, 1975, 708ff. mit der Frage, ob das Mitwirken-Können an einem Tempelbau zu Preisnachlässen bewegte?
55 Zuletzt S. C. Herbert, The orientation of Greek temples. In: Palestine Expl. Quarterly 116, 1984, 31ff.
56 U.a. O. Reuther, Der Heratempel von Samos (1957) 24ff.; Mertens, Tempel 31; zum Abstecken in Ägypten vgl. J. P. Lauer, Bull. Inst. Franç. Arch. Orient. 17, 1977, 55ff.
57 G. Roux, Rev. Arch. 1966, 260 und Mertens, Tempel 31ff.
58 Zusammenfassend A. Petronotis, Bauritzlinien und andere Aufschnürungen am Unterbau griechischer Bauwerke in der Archaik und Klassik (1968); ders., Zum Problem der Bauzeichnungen bei den Griechen (1972) mit B. Wesenberg, Gnomon 48, 1976, 797ff.; vgl. auch Mertens, Tempel 15f., 31ff., 39ff. sowie H. Kienast, AM 100, 1985, 111ff. zu Samos.
59 Allgemein A. Petronotis, a.O. (Anm. 58) und Coulton, Architects 52f.; L. Haselberger, IstMitt 33, 1983, 121ff. und ARCHITECTURA 13, 1983, 13ff.; W. Koenigs, IstMitt 33, 1983, 165ff.; ders. in: Bauplanung 91ff.; Mertens, Tempel 183ff.; E. L. Schwandner in: Le dessin d'architecture dans les sociétés antiques (1985) 79ff.
60 H. G. Bankel, Griechische Bleistifte. AA 1984, 409ff.
61 Hierzu u.a. H. Lauter, Stellung 26ff.; J. Coulton, BSA 69, 1974, 61ff., 84ff.; ders. BSA 70, 1975, 94; ders. AJA 80, 1976, 302ff.; ders. Architects 55f.; N. Himmelmann, JdI 94, 1979, 135ff.; J. Travlos, Paradeigmata. Hesperia-Suppl. 19, 1982, 172; Th. Kalpaxis, Hemiteles (1986) 14f.; zu Delos vgl. auch Wittenburg, Baukommissionen 77f.
62 Neben F. G. Maier, Mauerbauinschriften II 42ff.; Wittenburg, Baukommissionen 76ff., 91ff.; vgl. auch F. Noack, Eleusis, die baugeschichtliche Entwicklung des Heiligtums (1927) 306ff. sowie BCH 32, 1908, 296ff.
63 A. Mallwitz-W. Schiering, Die Werkstatt des Phidias in Olympia (1964); zu Epidauros: Burford, Temple builders 58f. und J. F. Crome, Die Skulpturen im Asklepieion von Epidauros (1951) 16ff. und G. Roux, BCH 80, 1956, 520; zu Athen: G. P. Stevens, Hesperia 15, 1946, 22f. und T. Leslie Shear, Hesperia 38, 1969, 382ff.; zu Delphi: J. Bousquet, BCH 108, 1984, 199ff.; in Samos gab es ein Haus für die Naopoioi: Ch. Habicht, AM 87, 1972, 192ff.
64 F. G. Maier, Mauerbauinschriften II 42ff.; Burford, Temple Builders 85f., 97ff., 120ff.; A. Wittenburg 79f., 90ff.; zu Delos: BCH 32, 1908, 89ff. und BCH 35, 1911, 47f.; zu Delphi: G. Roux, Amphictionie a.O. (Anm. 20) 172ff.; zu Didyma: A. Rehm, Didyma II: Die Inschriften (1958) 43ff.
65 A. Tschira, JdI 55, 1940, 248ff.; A. Rehm a.O. 68ff., 81ff.; W. Koenigs, AA 1972, 383; Th. Kalpaxis, Hemiteles (1985) 19.
66 Daten zusammengestellt bei Burford, Temple Builders 82ff.; F. G. Maier, Mauerbauinschriften II 66ff.
67 M. Austin-P. Vidal-Naquet, Gesellschaft und Wirtschaft im alten Griechenland (1984).
68 Neben F. G. Maier, Mauerbauinschriften II 42ff. vor allem G. Klaffenbach, Die Astynomeninschrift von Pergamon (1954; vgl. auch AM 27, 1902, 47ff. sowie A. Jähne, Klio 63, 1981, 75); hierzu zählen auch die alexandrinischen Dikaiomata aus dem 3. Jh.
69 Allgemein R. L. Scranton, Greek architectural inscriptions as documents. Harvard Libr. Bull. 14, 1960, 164f.; zu Brauron: BCH 86, 1962, 674; zu Messene: BCH 109, 1985, 597ff.; zu Delos: BCH 29, 1905, 448f. und 460f.; BCH 32,

1908, 87ff.; BCH 34, 1910, 126ff. und 178ff.; BCH 35, 1911, 12ff., 33ff., 65ff.; zu Delphi: BCH-Suppl. IV, 1977, 103ff.; zum Unterhalt von Befestigungen F. G. Maier, Mauerbauinschriften II 84ff.

70 Zu Delphi: G. Roux, Amphictionie (s. Anm. 20) 111f.; zu Samos: Ch. Habicht, AM 87, 1972, 192ff.

III. Baumaterial – Werkzeuge – Baukonstruktion

Jantzen, U. (Hrsg.), *Neue Forschungen* in griechischen Heiligtümern (1976); Kalpaxis, Th., *Hemiteles.* Akzidentielle Unfertigkeit und ,,Bossen-Stil" in der griechischen Baukunst (1986); Martin, R., *Manuel* d'architecture grecque I: Matériaux et techniques (1965); Meiggs, R., *Trees* and timber in the ancient mediterranean world (1982); Orlandos, A., Les *Matériaux* de construction et la technique architecturale des anciens Grecs I (1966) II (1968); Pleiner, R., *Iron working* in ancient Greece (1969)

1 D. Monna-P. Pensabene, Marmi dell'Asia Minore (1977); Versuche, verarbeiteten Marmor bestimmten Bruchgebieten zuzuschreiben, haben noch keine sicheren Ergebnisse gebracht – vgl. K. Germann, JdI 96, 1981, 214ff. mit Literatur; P. Pensabene, Marmi antichi (1985).

2 M. Lucci, Il porfido nell'antichità. Arch. Class. 16, 1964, 226.

3 Neben Martin, Manuel 146ff.; Orlandos, Matériaux II 15ff. s. J. B. Ward-Perkins, Quarrying in Antiquity. Proceed. Brit. Academy 57, 1972; A. Dworakowska, Quarries in ancient Greece (1975); zu einzelnen Brüchen (Auswahl): Ägina: W. Wurster, AA 1969, 16ff.; Delphi: P. Amandry, BCH 105, 1982, 714ff.; Milet: A. Peschlow-Bindokat, JdI 96, 1981, 157ff.; Naxos: W. Koenigs, AA 1972, 380ff.; Thasos: J. P. Sodini u. a., Etudes Thasiennes 9, 1980, 81ff.; BCH 87, 1963, 860ff.; BCH 105, 1981, 961ff.; BCH-Suppl. 5, 1979, 169ff.

4 G. M. A. Richter, Kuroi^3 (1970) 51f.; J. Coulton, JHS 94, 1974, 17ff.

5 Zu Akrai: Not. Scavi 24, 1970, 438ff.; zu Syrakus – S. Veneranda: Not.Scavi 25, 1971, 575ff.

6 Martin, Manual 149ff.; Orlandos, Matériaux II 19ff.; vgl. auch W. Koenigs, AA 1972, 380ff.

7 Vgl. Anm. II 65.

8 Orlandos, Matériaux II 22; A. Peschlow-Bindokat, JdI 96, 1981, 193ff.; Reparaturen solcher Wege nennt A. Rehm, Didyma II: Die Inschriften (1958) 54f.

9 G. Roux, Rev. Arch. 1966, 266f.

10 A. Burford, Temple Builders 184ff., 252ff.

11 Vitruv X 2, 11 nennt Spezialkonstruktionen: J. P. Adam, Syria 54, 1977, 31ff.; J. Coulton, Architects 141ff.

12 U. a. D. Mertens, Zur archaischen Architektur in Unteritalien in: Neue Forschungen (1976) 170ff.; ders., AA 1985, 645ff.

13 Neben Nachrichten über Wiederverwendung (u. a. Ph. Zaphiropulu, AAA 6, 1973, 351ff. zur Umnutzung einer Grabstele) und über absichtlichen Abbruch (u. a. Diodor IV 65,4) auch Anzeichen für ,,Beisetzung" nicht mehr benötigter Steine sowie Vorschriften über neue Nutzung: D. Philios, AM 19, 1894, 163ff.; vgl. auch A. Petronotis, ,,Wandernde" Tempel. In: STELE. Gedenkschr. N. Kontoleon (1980) 328ff.

14 Martin, Manuel 46ff.; Orlandos, Matériaux I 51ff.; A. Guest-Papamanoli, L'emploi de la brique crue dans le domaine égéen. BCH 102, 1978, 1ff. sowie zahlr. Grabungsberichte.

15 F. G. Maier, Mauerbauinschriften II 71ff., 88ff.
16 Martin, Manuel 63ff.; M. E. Blake, Ancient Roman Construction in Italy from the prehistoric period to Augustus (1947) 285ff. mit Beispielen des 5./4. Jhs. aus Metapont, Velia, Reggio u. a.
17 I. M. Shear, Mycenaean domestic architecture (1968) II 434f.; zu frühen Stükken: A. Mallwitz, Ein Kapitell aus gebranntem Ton. 10. Olympia-Bericht (1981) 318ff.; zu Badewannen: R. Ginouvès, Balaneutikè. Recherches sur le bain (1962) Taf. 1ff.
18 Hier kann nur ein kleiner Teil des Vorhandenen aufgeführt werden; allgemeine Übersichten bei Martin, Manuel 65ff., Orlandos, Matériaux I 75ff.; sonst E. D. van Buren, Archaic fictile revetments in Sicily and Magna Graecia (1923); dies., Greek fictile revetments in the archaic period (1926); I. Thallon-Hill-L. S. King, Corinth IV 1: Decorated architectural terracottas (1929); E. Buschor, Die Tondächer der Akropolis I/II (1929/33); W. Darsow, Sizilische Dachterrakotten (1938); A. Andrèn, Architectural terracottas from Etrusco-Italic temples (1940); E. Dyggve, Das Laphrion von Kalydon (1948); G. Scichilone, Tre rivestimente fittili selinuntini. Ann. Scuola Atene 39/40, 1961/62, 173ff.; Å. Åkerström, Die architektonischen Terrakotten Kleinasiens (1966); Chr. LeRoy, Fouilles Delph. II 2: Les terres cuites architecturales (1967) mit W. Heilmeyer, Gnomon 42, 1970, 171ff.
19 I. M. Shear, Mycenaean domestic architecture (1968) II 434.
20 O. Broneer, Isthmia I (1971), 13ff. – H. S. Robinson, Roof tiles of the early 7th century. AM 99, 1984, 55ff.; ähnliche Ziegel auch in Delphi: Ch. LeRoy-J. Ducat, Fouilles Delphes II 2 (1967) mit kritischen Anmerkungen von A. Mallwitz, AA 1981, 635ff.; sowie in Nemea: S. G. Miller, Hesperia 50, 1981, 52f.; vgl. auch R. Felsch, AM 94, 1979, 24ff. und C. K. Williams in: STELE. Gedenkschrift N. Kontoleon (1980) 345ff.
21 In Stein gearbeitete Musterstücke in Assos: F. H. Bacon-J. T. Clark-R. Koldewey, Investigations at Assos (1902–1921) 71; in Athen: G. P. Stevens, A tile standard in the agora of ancient Athens. Hesperia 19, 1950, 174ff.
22 Zuletzt J. Heiden, Korinthische Dachziegel (Diss. F. U. Berlin 1985).
23 G. Roux, Le toit de la Tholos de Marmaria et la couverture des monuments circulaires grecs. BCH 76, 1952, 442ff.
24 E. L. Schwandner, Der ältere Porostempel der Aphaia auf Ägina (1985) 72ff., 126ff.; ähnliche Ziegel in Halieis und im Museum Nauplion.
25 Bemalte Traufziegel bei G. Hübner, AM 88, 1973, 101ff.; Ziegel mit Regenrinne bei Martin, Manuel 79; O. Bingöl, Anatolia 20, 1976/77, 51ff.; W. Radt, AA 1981, 403; Ö. Wikander, Skylight tiles in the ancient world. Opuscula Romana 4°, 14, 1983, 81ff.
26 Vgl. u. a. G. Hübner, Dachterrakotten aus dem Kerameikos von Athen. AM 88, 1973, 67ff.; M. Mertens-Horn, Beobachtungen an dädalischen Dächern. JdI 93, 1978, 30ff.; Fr. Billot, Style et chronologie des terres cuites architecturales de Sardes. Rev. Arch. 1980, 263ff.
27 Zusammenfassend Mertens, Tempel 141ff.
28 Vgl. Å. Åkerström a. O. (Anm. 18) 34, 63f. und Ch. LeRoy, Rev. Arch 1967, 127ff.
29 Dazu M. Mertens-Horn in: Mertens, Tempel 143ff.
30 E. Dyggve, Das Laphrion von Kalydon (1948); zu Thermos: G.-Kawerau-G. Soteriades, Der Apollotempel zu Thermos. Antike Denkmäler 2 (1902/8); H. Koch, AM 39, 1914, 237ff.; A. Mallwitz, AA 1981, 621ff.; A. Kalpaxis, Früharchaische Baukunst in Griechenland und Kleinasien (1976) 47ff.
31 Orlandos, Matériaux I 69ff.; R. Hampe-A. Winter, Bei Töpfern und Zieglern in

S-Italien, Sizilien und Griechenland (1965) vgl. auch J. Ziomecke, Die keramischen Techniken im antiken Griechenland. Raggi 6, 1964, 25ff.; zu neuzeitlichen Versuchen Archaeology 34.3, 1981, 56ff.; Journ. Field Archaeol. 8, 1981, 213f.

32 G. Hübner, AM 88, 1973, 67ff.; R. Felsch, Boiotische Ziegelwerkstätten archaischer Zeit. AM 94, 1979, 1ff.

33 Martin, Manuel 422ff.; Orlandos, Matériaux I 136ff.

34 Orlandos, Matériaux I 146ff.; R. A. Tomlinson, JHS 81, 1961, 133ff.; zum Innenausbau s. S. 134f.; in sehr seltenen Fällen (Asklepiotempel Akragas: Mertens, Tempel 114) fanden sich mit Mörtel gefüllte Fugen. Im Hellenismus gelegentlich Erdmörtel mit Kalkmilch: H. Vetters, Ephesos. Vorl. Bericht 1983. Anz. Österr. Akademie Wiss. 121, 1984, 211; Ähnliches auch in Milet üblich.

35 M. Bulard, Peintures et mosaiques de Délos. Monum. et. Mém. Fond. Piot 14, 1908, 16ff.; W. B. Dinsmoor, Observations on the Hephaisteion. Hesperia 5, 1941, 99; Y. Garlan, Recherches de Poliorcétique grecque (1974) 330f.

36 C. Roebuck, Corinth XIV (1951) 12f., 103ff.; P. Wilski in: F. Hiller von Gaertringen, Thera, Untersuchungen ... IV (1902) 115ff.

37 R. Ginouvès, Létablissement thermal de Gortys d'Arcadie (1959) 105f.; J. Chamonard, Expl. Arch. Délos VIII (1924) 87, 330f.

38 H. Lauter, Ptolemais in Libyen. JdI 86, 1971, 158ff., 168ff.; R. Ling, Stucco decoration in pre-Augustan Italy. Papers Brit. School Rome 27, 1972, 11ff.; W. von Sydow, Späthellenistische Stuckgesimse in Sizilien. Röm. Mitt. 86, 1979, 181ff.; Mertens, Tempel 108 und Taf. 62, 65, 71.6, 75.1.

39 Martin, Manuel 2ff.; Orlandos, Matériaux I 21ff.; R. Meiggs, Trees mit ausf. Bibliographie; D. Mulliez, BCH 106, 1983, 107ff.

40 Zypressenholz: G. Roux, Rev.Et.Gr. 75, 1962, 369f.; J. Bousquet, BCH 109, 1985, 225ff. (in einzelnen Lots aus Sikyon für Delphi gekauft); Eichenholz: H. Lattermann, BCH 32, 1908, 289f.

41 R. S. Young, Gordion Excavations I: Threee great tumuli (1981) 95ff.

42 V. Hehn-O. Schrader, Kulturpflanzen und Haustiere[8] (1911); Der Kl. Pauly 3 (1975) 53; F. G. Maier, Mauerbauinschriften II; G. Roux, BCH 80, 1956, 514ff.

43 F. G. Maier, Mauerbauinschriften I 100; G. Roux, Rev.Arch. 1966, 267f.

44 Allgem. zu Metalltechnologie: R. J. Forbes, Studies in ancient technology VIII und IX (1964); R. Pleiner, Iron working in ancient Greece (1969); A. M. Snodgrass, The dark age of Greece (1971) 213ff.; R. F. Tylecote, A History of Metallurgy (1976); J. Ramin, La technique minière et métallurgique des Anciens (1977); J. F. Healy, Mining and metallurgy in the Greek and Roman world (1978); J. Waldbaum, From Bronze to Iron. The transition from the Bronze age to the Iron age in the Eastern Mediterranean (1978); dies., The development of prehistoric mining and metallurgy in Anatolia (1980).

45 Zu Laurion zuletzt C. E. Konophagos, Le Laurium antique et la technique grecque de la production de l'argent (1980) und G. Weisgerber-G. Heinrich in: Der Anschnitt 35, 1983, 190ff.; zu den Minen von Thasos: A. Muller-B. Holtzmann, BCH 106, 1982, 409ff.; zu Kleinasien: W. Ryan, A Guide to the known minerals of Turkey (1960); Prentiss S. de Jesus, Anat. Studies 28, 1928, 97ff.

46 Zuletzt zusammenfassend P. Bol, Antike Bronzetechnik. Kunst und Handwerk antiker Erzbildner (1985); vgl. auch J. D. Muhly, Sources of tin and beginnings of bronze metallurgy. AJA 85, 1985, 275ff.

47 W. B. Dinsmoor, Structural iron in greek architecture. AJA 26, 1922, 148ff.

48 Orlandos, Matériaux I 114ff.; G. A. Wagner-G. Weisgerber, Silber, Blei und Gold auf Sifnos (1985) pass.

49 Orlandos, Matériaux I 122ff.

50 Orlandos, Matériaux I 131ff.; zu Glaseinlagen E. M. Stern, AM 100, 1985, 413ff.

51 Zusammenfassend Martin, Manuel 37ff. (Holz), 152ff., 179ff. (Stein); Orlandos, Matériaux II 45ff.; dazu R. Pleiner, Iron working in ancient Greece (1969); H. Weber, Olymp. Forschg. 1, 1944, 167ff.; I. Glodariu, Le dépot d'outils romains. Dacia 14, 1970, 207ff.; W. Gaitzsch in: Antike Welt 14.3, 1983, 1ff.; ders., Eiserne römische Werkzeuge (1980).
Einzelne Stücke aus Grabungen: BCH 93, 1969, 496; Deltion 27, 1972, B Tf. 319; BCH 86, 1962, 879; Archeologia (Warschau) 25, 1974, 21ff.; Praktika 1977 A, Tf. 28; BCH 108, 1984, 911ff.

52 G. Gruben, JdI 78, 1963, 102 (Spuren im archaischen Didymaion); W. Koenigs, Kerameikos 12 (1980) 35 gegen zu frühen Ansatz von I. Beyer, AA 1977, 74. In Persien ab 502 üblich: C. Nylander, Clamps and chronology. Iran. Ant. 6, 1966, 131ff.; ders. AJA 70, 1966, 373f.

53 Martin, Manuel 37ff.; Orlandos, Matériaux I 27ff.; A. Rieth, Saalburg-Jhb. 1, 1958, 47ff.; H. Matthäus, Untersuchungen zu Geräte- und Werkzeugformen. Bericht RGK 65, 1984, 73ff.

54 Allg. Martin, Manuel 308ff.; zu Einzelfragen: R. Ginouvès, Relations numérique dans les fondations. BCH 80, 1956, 104ff.; K. Jeppesen, Paradeigmata (1958) 72ff.; G. Gruben, AA 1972, 326ff.; zu Beigaben: M. Donderer, Bonn. Jhb. 184, 1984, 177ff.; U. Sinn, AM 100, 1985, 134ff.; zur Symbolik: Reallexikon d. Assyriologie 3, 655.

55 N. Yalouris, AAA 6, 1973, 39ff.; W. Müller-Wiener, IstMitt 27/28, 1977/78, 98f.

56 Martin, Manuel 313ff.; U. Sinn, AM 100, 1985, 132f.

57 A. Mallwitz, Kritisches zur Architektur ... AA 1981, 601ff.; vgl. auch BCH 98, 1974, 908ff. mit Abb. 4.

58 J. Zahle, Lykische Felsgräber mit Reliefs. JdI 94, 1979, 245ff. und Anm. V 79.

59 Martin, Manuel 2ff.; Orlandos, Matériaux I 63ff.; R. Naumann, Architektur Kleinasiens^{2} (1971) 91ff.; M. Popham u. a., The hero of Lefkandi. Antiquity 56, 1982, 169ff.: Bau des 11. Jhs. mit Holzstützen von 7–8 × 20–22 cm.

60 Martin, Manuel 46ff.; Orlandos, Matériaux I 57ff.; vgl. auch F. G. Maier, Mauerbauinschriften II 71ff., 88ff. sowie S. 45f.

61 Coulton, Architects 31ff.; vgl. auch oben S. 13ff.

62 Zusammenfassend Martin, Manuel 307ff.; Orlandos, Matériaux II 122ff.; W. Wrede, Attische Mauern (1933); F. E. Winter, Greek fortifications (1971) 69ff. Materialwechsel waren häufig: an Stadtmauer Thasos (BCH 80, 1956, 414f.); Artemistempel Brauron (BCH 83, 1959, 593) u. a.

63 A. C. Brookes, Stoneworking in the geometric period at Corinth. Hesperia 50, 1981, 285ff.

64 Vgl. W. Wrede a. O. Tf. 27, 93, 108ff. sowie T. Leslie Shear, Hesperia 38, 1969, 385ff.; BCH 30, 1906, 592.

65 In der Argolis und Chaironeia: J. P. Adam, L'Architecture militaire grecque (1982) 72ff.; in Lykien: W. Wurster AA 1974, 259ff.

66 F. Rakob, Opus caementicium – und die Folgen. Röm. Mitt. 90, 1983, 359ff.

67 Allg. Martin, Manuel 371ff.; Tf. 33ff.; Orlandos, Matériaux II 122ff.; Bearbeitungsspuren mit Spitz- und Flachmeißel seit mittelgeometrischer Zeit: N-Friedhof Korinth (A. C. Brooks, Hesperia 50, 1981, 285ff.

68 Martin, Manuel 197; A. Rehm, Didyma II: Die Inschriften (1958) 44.

69 M.-Ch. Hellmann-P. Fraisse, Expl. Arch. Délos 32 (1979) 73ff.; H. Lauter, Künstliche Unfertigkeit. JdI 98, 1983, 299; Th. Kalpaxis, Hemiteles (1986) 123ff.

70 G. Roux, BCH 80, 1956, 568 f.; ders., L'Amphictionie (Anm. II 10) 218.
71 Zusammenfassend A. Petronotis a. O. (Anm. II 58) sowie L. Haselberger, Ist Mitt 33, 1983, 111 ff.; vgl. auch oben S. 35 f.
72 Martin, Manuel 225 ff.; W. B. Dinsmoor, Hesperia 9, 1940, 17 f. (zum Arestempel Athen); J. N. Norman, AJA 88, 1984, 170 f.; vgl. Anm. II 65.
73 Neben Martin, Manuel 201 ff. und Orlandos, Matériaux II 87 ff. G. Roux, Rev. Arch. 1966, 267 f.; J. Coulton, Lifting in early greek architecture. JHS 94, 1974, 1 ff.; K. Herrmann, in: Neue Forschungen (1976) 325 ff.; J. P. Adam, Syria 54, 1977, 31 ff.; Mertens, Tempel 36 f. Zu Hebemaschinen: A. G. Drachman The mechanical technology of greek and roman antiquity (1963).
74 A. Rehm, Didyma II: Die Inschriften (1958) 35 b und 61 ff.
75 G. Gruben, AM 80, 1965, 180 ff.
76 Orlandos, Matériaux II 92; W. Koenigs, AA 1972, 384; Th. Kalpaxis, Hemiteles (1986) 19 f.
77 Martin, Manuel 238 ff. mit ausführlicher Liste bekannter Klammerformen; Orlandos, Matériaux II 99 ff.; vgl. auch C. Nylander a. O. (Anm. III 52) 131 ff.; zu Eisen- oder Bronzeklammern: G. Gruben, AA 1982, 209 ff.; zur Herstellung R. Pleiner a. O. 19 f.
78 W. Rostoker-E. Gebhard, Hesperia 49, 1980, 361.
79 C. Nylander, Ionians in Pasargadae (1970) 63 ff.; vgl. Anm. 77.
80 Zusammenfassend Martin, Manuel 280 ff.; Orlandos, Matériaux II 111 ff.; vgl. auch C. Nylander a. O. (Anm. III 52) 67 ff.; G. Gruben, AM 80, 1965, 183.
81 H. Fastje in: Mertens, Tempel 37 f.
82 Martin, Manuel 322 ff.; Th. Kalpaxis, Hemiteles (1986) 84, 123, 156 ff.; Mertens, Tempel 132 f.
83 A. K. Orlandos, Hē architektonikē tu Parthenōnos B' (1977) 274 ff.
84 Martin, Manuel 471 ff.; A. D. Brockmann, Die griechische Ante (Diss. Marburg 1968); H. Kienast, AM 100, 1985, 116 ff.
85 Zur Drehscheibe: A. Furtwängler, AM 99, 1984, 97; zu Säulen: A. K. Orlandos a. O. (Anm. III 83) 167 ff. und S. 135 f.
86 zu Ägina s. E. L. Schwandner, Der ältere Porostempel der Aphaia auf Ägina (1985) 26 f.; sonst Ch. Börker, AA 1971, 39 ff.; H. Lauter, JdI 98, 1983, 287 ff.; Th. Kalpaxis, Hemiteles (1986) pass.
87 Martin, Manuel 299 ff.; Orlandos, Matériaux II 76 ff.; Dinsmoor, Architecture 176; L. Haselberger, IstMitt 33, 1983, 95 ff.; A. Claridge in: Città e Architettura nella Roma Imperiale (1983) 119 ff.; Mertens, Tempel 21.
88 R. H. Randall, The Erechtheum workmen. AJA 57, 1953, 199 ff.
89 L. Haselberger, Werkzeichnungen am Jüngeren Didymeion. IstMitt 30, 1980, 193 ff.
90 Mertens, Tempel 35.
91 Martin, Manuel 468 ff.
92 W. F. Wyatt-C. Edmondson, The ceiling of the Hephaisteion. AJA 88, 1984, 99 ff.; G. Gruben, Weitgespannte Marmordecken ... in: ARCHITECTURA 15, 1985, 105 ff.
93 W. B. Dinsmoor, AJA 26, 1922, 148 ff. (s. Anm. III 47).
94 Orlandos, Matériaux II 189 ff.; vgl. auch S. Kasper, AA 1975, 227 ff.; ähnliche Deckenkonstruktionen in Holz waren vom Kaukasus bis Zentralasien weitverbreitet (ARCHITECTURA 18, 1988, im Druck.).
95 Orlandos, Matériaux II 194 ff.; A. M. Mansel, Die Kuppelgräber von Kirklareli (1943) 37 ff.; S. Kasper, AA 1975, 227 ff.
96 Die Diskussion um den Beginn des Wölbbaues ist noch im Gang: vgl. AJA 86, 1982, 438 und AJA 87, 1983, 99 ff.; im übrigen vgl. die (unvollständige) Arbeit

von Th. D. Boyd, The arch and the vault in greek architecture (1976); ders.; AJA 82, 1978, 83ff. sowie B. Gossel, Makedonische Kammergräber (1980); H. Kienast, Die Stadtmauer von Samos (1978) 87; J. P. Adam, L'Architecture militaire grecque (1982) pass.; zu Nemea: S. G. Miller, Hesperia 48, 1979, 96ff.; zu Kassope: W. Hoepfner-E. L. Schwandner, Haus und Stadt im klassischen Griechenland (1986) 84ff.; vgl. auch J. Coulton, Architects 152.

97 Ph. Bruneau-C. Vatin, Expl. Arch. Délos 27 (1970) 12ff.

98 Allgemein: Martin, Manuel 31ff.; Orlandos, Matériaux I 23ff.; A. T. Hodge, The woodwork of greek roofs (1960) mit L. Haselberger, AM 94, 1979, 93ff.; vgl. auch R. S. Young a. O. (Anm. II 41) 4ff., 85ff., 194ff.; A. Mallwitz, Kritisches zur Architektur, AA 1981, 613ff.

99 A. T. Hodge, The woodwork of greek roofs (1960); J. Coulton, The architectural development of the greek stoa (1976) 149ff.; vgl. auch G. P. Stevens, Hesperia 24, 1955, 250ff.; W. B. Dinsmoor, AJA 80, 1976, 223ff.; L. Haselberger, Dächer griechischer Wehrtürme. AM 94, 1979, 93ff.

100 R. S. Young a. O. (Anm. III 41) 96f.; A. Mallwitz, AA 1981, 616.

101 A. Mallwitz, AA 1981, 615ff.; F. Krauss, Röm. Mitt. 46, 1931, 1f.

102 Zuletzt G. Gruben, Weitgespannte Marmordecken in der griechischen Architektur. ARCHITECTURA 15, 1985, 105ff. m. Literatur!

103 G. Gruben, Tempel 238.

104 H. Drerup, Griechische Baukunst in homerischer Zeit (1969) 120ff. mit kritischen Bemerkungen von A. Mallwitz, AA 1981, 601ff.; zu Deckungen J. Boardman u. a., BSA-Suppl. 6, 1967, 36; J. W. Shaw, AJA 81, 1977, 229ff.

105 Martin, Manuel 97ff.; Ch. LeRoy-J. Ducat, Fouilles Delphes II: Les terres cuites architecturales (1967) 145, 164ff.; C. K. Williams, Demaratus and the early corinthian roofs. In: STELE. Gedenkschr. N. Kontoleon (1980) 345ff.; vgl. oben S. 47ff.

106 H. Lauter-Bufé, Entstehung und Entwicklung des kombinierten lakonischen Akroters. AM 89, 1974, 205ff.; zum Akroter von Olympia: A. Mallwitz, AM 83, 1968, 124ff.; N. Yalouris, AM 87, 1972, 85ff.

107 Vgl. oben S. 48f.; F. Noack, Eleusis (Anm. II 62) 66f.; N. A. Winter, Archaic architectural terracottas decorated with human heads. Röm. Mitt. 85, 1978, 27ff.; N. K. Cooper, The development of roof revetments in the Peloponnese (Diss. Univ. Minnesota 1983).

108 Zusammenfassend Mertens, Tempel 141ff.; ders. in: Neue Forschungen (1976) 175ff.

109 K. Jeppesen, Paradeigmata (1958) 69ff.; R. Martin, Rev. Et. Gr. 80, 1967, 314ff.; L. Haselberger, AM 94, 1979, 105ff.

110 Vgl. Anm. III 105; sonst C. Praschniker, Zur Geschichte des Akroters (1929); H. Gropengiesser, Die pflanzlichen Akrotere klassischer Tempel (1961); M. Y. Goldberg, Types and distribution of archaic greek acroteria (Diss. Brynmawr 1974); U. Knigge, Marmorakroter und Fries . . ., AM 99, 1984, 217ff.; zu Bezügen zu Grabstelen vgl. H. Möbius, Gnomon 36, 1963, 637ff.

111 Zusammenfassend: A. Büsing-Kolbe, Frühe griechische Türen. JdI 93, 1978, 66ff.; vgl. auch G. Gruben, AA 1972, 321ff., 375ff.; Ch. Llinas, BCH-Suppl. 1, 1973, 291ff.; E. L. Schwandner in: Wohnungsbau im Altertum (DiskAB 1978) 109f.; zu Scharnieren: G. Gruben, AA 1972, 375ff., AA 1982, 193ff.; zu Beschlägen: K. Sismanidis, AAA 15, 1982, 267ff.; BCH 109, 1985, 818.

112 R. Herbig, Das Fenster in der Architektur des Altertums (1929); ders., JdI 44, 1929, 224ff. und Röm. Mitt. 44, 1929, 260ff.; M. Korres, Parthenonkongreß Basel 1982 (1984) I 47ff.; A. Papanikolaou, Deltion 33, 1978, 191ff.

113 H. Büsing, Die griechische Halbsäule (1970) 19ff.

114 J. Chamonard, Expl. Arch. Délos 8.2 (1924) 286ff.; Ph. Bruneau u.a., Expl. Arch. Délos 27 (1970) 45ff. (kritisch C. LeRoy, BCH 98, 1974, 388ff.); vgl. auch K. Schauenburg, Frauen im Fenster. Röm. Mitt. 79, 1972, 7ff.

115 Zusammenfassend, doch stark veraltet A. Gersbach, Geschichte des Treppenbaues der Babylonier ... und Griechen (1917); Quellen bei D. M. Robinson, Excav. Olynthus XII (1946) 406, 416, 423 sowie bei D. M. Robinson-J. W. Graham, Excav. Olynthus VIII (1938) 267; Treppen in Delos: J. Chamonard, Expl. Arch. Délos 8.2 (1924) 305ff.; in Herculaneum: F. Mielke, Antike Welt 8.3, 1977, 41ff.

116 Mertens, Tempel 172ff. mit Literaturverweisen.

117 Ph. Bruneau, Expl. Arch. Délos 29: Les mosaiques (1972); D. Salzmann, Untersuchungen zu den antiken Kieselmosaiken (1982); D. Salzmann-C. Podzuweit, AA 1977, 126, 134ff.; vgl. auch K. M. Dunbabin, AJA 83, 1979, 265; zu Delos: Ph. Bruneau, BCH 91, 1967, 423ff.; BCH 102, 1978, 138ff.; H. Joyce, AJA 83, 1979, 253ff.; zu Ägypten: W. A. Daszewski, Corpus of ancient mosaics from Egypt (1983).

118 Ph. Bruneau, BCH 99, 1975, 306ff. und Rev. Arch. 1984, 241ff.

119 G. Roux, BCH 80, 1956, 516ff.

IV. Stil- und Gestaltungsfragen

Alzinger, W., Von der Archaik zur Klassik. ÖJh 50, 1972/75, 169ff.; G. Gruben, Naxos und Parox, 4. Vorl. Bericht. AA 1982, 159ff., 621ff.; Mallwitz, A., *Kritisches* zur Architektur Griechenlands im 8. und 7. Jh., AA 1981, 599ff.; Roux, G., L'*Architecture* de l'*Argolide* aux IV et IIIe siècles av. J. C. (1961); Schwandner, E. L., Der ältere *Porostempel* der Aphaia auf Aegina (1985); Wesenberg, B., *Kapitelle* und Basen. Beobachtungen zur Entstehung der griechischen Säulenformen (1971).

1 D. Mertens, Der ionische Tempel von Metapont. Röm. Mitt. 86, 1979, 103ff.; Ph. Bruneau-J. Ducat, Guide de Délos[3] (1983) 48ff.; B. A. Barella, Ionic Influences in archaic Sicily (1983); M. Schuller, Dorische Architektur der Kykladen. JdI 100, 1985, 319ff.

2 Zusammengefaßt bei N. Weickenmeier, Theorienbildung zur Genese des Triglyphon. Versuch einer kritischen Bestandsaufnahme (1985); vgl. auch J. Coulton, Architects 30ff. und: Towards under standing doric design. BSA 70, 1975, 59ff.; E. L. Schwandner, Porostempel 117ff.; D. Mertens, AA 1985, 657; für das Ionische: A. v. Gerkan, Betrachtungen zum ionischen Gebälk. JdI 61/62, 1946/7, 17ff.

3 zu Thermos vgl. Anm. III 30 und Coulton, Architects 30ff.; G. Gullini, Sull'origine del fregio dorico. Mem. Accad. Torino, Ser. 4a, Nr. 31 (1974); Th. Kalpaxis, Bemerkungen zu den Innensäulen des Heraion von Olympia. AM 90, 1975, 83ff.

4 G. Roux, Arch. Argolide 321ff.

5 Ch. Börker, Die Datierung des Zeustempels von Olba, AA 1971, 39ff.

6 Neben B. Wesenberg, Kapitelle, zu frühen Formen E. L. Schwandner, Porostempel 113ff. und Mertens, Tempel 134ff. Problematisch J. Coulton, Doric capitals; a proportional analysis. BSA 74, 1979, 81ff.; zu Kapitelldekor: K. Herrmann, ARCHITECTURA 13, 1983, 1ff.

7 D. Mertens, in: Neue Forschungen in griech. Heiligtümern (1976) 190f.

8 Mertens, Tempel 153ff.

9 Coulton, Architects 63f., 129f.; ders., The treatment of re-entrant angles. BSA 61, 1961, 132ff.

10 R. A. Tomlinson, The doric order: hellenistic critics. JHS 83, 1963, 133 ff.; B. Wesenberg, Beiträge zur Rekonstruktion griechischer Architektur nach literarischen Quellen (1983).
11 Mertens, Tempel 153 ff.
12 E. L. Schwandner, Porostempel 124 ff.
13 Vgl. Anm. IV 7; W. B. Dinsmoor, The Kardaki temple re-examined. AM 88, 1973, 165 ff.; W. v. Sydow, Die hellenistischen Gebälke Siziliens. Röm. Mitt. 91, 1984, 239 ff.
14 Vgl. u. a. M. Schede, Antikes Traufleisten-Ornament (1909); J. Heiden, Korinthische Dächer (Diss. FU. Berlin 1985); M. Y. Goldberg, Archaic Greek acroteria. AJA 86, 1982, 193 ff.; vgl. Anm. III 107.
15 Vgl. S. 148 und G. Roux, Arch. Argolide 333 ff.; D. Mertens, AA 1985, 661 ff.; M. Schuller, JdI 100, 1985, 319 ff.; B. Barletta, An ionic porch at Gela. Röm. Mitt. 92, 1985, 17 ff.
16 W. Andrae, Die ionische Säule. Bauform oder Symbol? (1933); G. Gruben, AM 80, 1965, 170 ff.
17 C. Weickert, Das lesbische Kymation (1912); G. Gruben, AA 1982, 224 f.; J. Ganzert, Zur Entwicklung lesbischer Kymationformen. JdI 98, 1983, 123 ff.
18 B. Wesenberg, Kapitelle 116 ff., 128 Anm. 662; G. Gruben, JdI 78, 1963, 156 ff.
19 G. Gruben, JdI 78, 1963, 107 ff.; ders., AA 1982, 214 ff.; W. Koenigs, Gnomon 57, 1985, 446 ff. gegen B. Wesenberg, Beiträge (vgl. Anm. IV 9).
20 G. Roux Arch. Argolide 334 ff.; G. Gruben, AA 1982, 214 f.; zur Entasis L. Haselberger, IstMitt 30, 1980, 191 und IstMitt 33, 1983, 91 ff.
21 Zuletzt P. Pedersen, Zwei ornamentierte Säulenhälse aus Halikarnassos. JdI 98, 1983, 87 ff. mit Literatur.
22 H. Lauter, JdI 86, 1971, 163 ff.; A. Rügler, Die Columnae Caelatae des jüngeren Artemisions von Ephesos (1988).
23 U. a. W. Hoepfner, Zum ionischen Kapitell bei Hermogenes und Vitruv. AM 83, 1968, 213 ff.; R. Martin, Compléments à l'étude des chapiteaux ioniques de Délos. BCH-Suppl. 1, 1973, 371 ff.; ders., BCH 96, 1972, 303 ff.; D. Theodorescu, Chapiteaux ioniques de la Sicile méridionale (1974); W. Alzinger, Archaik 169 ff.; H. L. Mace, The archaic ionic capital (Diss. Univ. North Carolina 1978); H. Büsing-B. Lehnhoff, Antike Kunst 28, 1985, 106 ff.
24 Neben W. Hoepfner, AM 83, 1968, 213 ff. D. Constantinidès, BCH-Suppl. 1, 1973, 137 ff. und O. Bingöl, Das ionische Normalkapitell in hellenistischer und römischer Zeit (1980).
25 G. Gruben, Das archaische Didymaion. JdI 78, 1963, 159 ff.; G. Roux, Arch. Argolide 339 ff.
26 A. Brockmann, Die griechische Ante (1968) 56 ff.; G. Gruben, AA 1982, 210 ff.; H. Kienast, AM 100, 1985, 116 ff.
27 J. Coulton, Extended angle intercolumnations, JHS 99, 1979, 155 ff.
28 G. Gruben, Das archaische Didymaion. JdI 78, 1963, 142 ff.
29 Zuletzt F. Felten, Griechische tektonische Friese archaischer und klassischer Zeit (1984); vgl. auch Ch. Börker, JdI 88, 1973, 283 ff.; A. Yaylalı, Der Fries des Artemisions von Magnesia (1976).
30 W. Koenigs, IstMitt 33, 1983, 152 ff.
31 Zu Milet: A. von Gerkan, Milet I 8 (1925) 16 ff.; zu Konsolengeisa: H. von Hesberg, Konsolengeisa des Hellenismus und der frühen Kaiserzeit (1980).
32 Zuletzt G. Gruben, ARCHITECTURA 15, 1985, 105 ff.
33 Ph. Betancourt, The Aeolic style in architecture (1977).
34 B. Wesenberg, Kapitelle 74 ff.
35 W. B. Dinsmoor, BCH 37, 1913, 5 ff. und AJA 27, 1923, 164 ff.; Ch. Börker,

Blattkelchkapitelle (1965); G. Roux, Le chapiteau à protomes de taureaux ... In: Salamine de Chypre. Histoire et archéologie (1978) 257ff.

36 F. Schaller, Stützfiguren in der griechischen Kunst (1970); A. Schmidt-Colinet, Antike Stützfiguren (1977); E. Schmidt, Geschichte der Karyatide (1982); vgl. auch H. Plommer BSA 99, 1979, 97ff.; B. Wesenberg, JdI 99, 1984, 172ff.; D. E. Francis-M. Vickers, JHS 103, 1983, 59ff.

37 W. D. Heilmeyer, Korinthische Normalkapitelle (1970); H. Bauer, Korinthische Kapitelle des 4. und 3. Jhs. v. Chr. (1973); A. Mallwitz, Ein Kapitell aus gebranntem Ton. 10. Olympiabericht (1981) 318ff. als Hinweis auf die hier nicht behandelten Doppelvolutenkapitelle und sog. Sofa-Kapitelle.

38 U. a. Mischkapitelle des 5. Jhs. in Selinunt: V. Tusa, Atti 16. Congr. Storia Arch. (Rom 1977) 179ff.; gemischte Fronten in Labraunda: P. Hellström in: Le dessin d'architecture dans les sociétés antiques (1985) 155ff.; Mischformen in Ägypten: H. von Hesberg, Zur Entwicklung der griechischen Architektur im Ptolemäer-Reich. In: Das Ptolemäische Ägypten (1985) 137ff.

39 H. Kähler, JdI 50, 1935, 179ff.; W. Hoepfner, IstMitt 16, 1966, 173ff.; H. v. Hesberg, JdI 96, 1981, 113ff.; ders., Konsolengeisa (s. Anm. IV 31) 85ff., 90ff.

40 V. von Graeve-F. Preusser, Zur Technik griechischer Malerei auf Marmor. JdI 96, 1981, 153ff.

41 H. Koch, Zu den Metopen von Thermos. AM 39, 1914, 237ff.; E. Dyggve, Das Laphrion von Kalydon (1948) 138ff.; D. Mertens in: Neue Forschungen (vgl. Anm. IV 7) 175ff.

42 W. Koenigs, AA 1972, 438ff.; A. Ohnesorg, AA 1978, 339ff.; E. L. Schwandner, Porostempel 130ff.; zu Vergina: BCH 107, 1983, 789ff.; zu Leukadia: P. Petsas, O taphos tōn Levkadiōn (1966) 100.

43 Zur Technik vgl. Anm. IV 40 und A. Ohnesorg, AA 1978, 339f.; zu Vorritzungen am Nemesistempel Rhamnus: K. Iliakis, Deltion 31, 1976, 244ff.

44 L. Shoe, Hesperia-Suppl. 8, 1949, 341ff.; E. M. Stern, AM 100, 1985, 413ff.

45 F. Wirth, AM 56, 1931, 33ff.; V. J. Bruno, AJA 73, 1969, 305ff.; ders., Form and colour in greek painting (1977); ders., Hellenistic painting techniques: the evidence of the Delos fragments (1985); ders., AJA 85, 1981, 3ff.; P. v. Blanckenhagen-N. Yalouris in: Macedonia and Greece in Late Classical and early hellenistic times (1982) 251ff.

46 Neben den bei Vitruv (I 2, 1–4; II 1, 1; III 5, 9–13; VI 2, 1–5) überlieferten Regeln und Vorschlägen ist die Überlieferung bei Joh. Tzetzes (Historiae VIII 340ff.; Epistolae 77) über die Anwendung optischer Korrekturen bei Phidias und Alkamenes von Bedeutung. Zusammenfassend W. H. Goodyear, Greek refinements (1912); Dinsmoor, Architecture 165ff.; A von Gerkan, Netzhautperspektive, AA 1953, 142ff.; S. Stucchi, Nota introduttiva sulle correzioni ... AnnScuola Arch. Atene 30/32, 1952/54, 23ff.; W. Lepik-Kopaczynska, Die optischen Proportionen in der antiken Kunst. Atti 7. Congr. Int. Arch. Class. (1961) I 273ff.; H. Büsing, Optische Korrekturen und Propyläenfronten. JdI 99, 1984, 27ff.

47 Zur Kurvatur P. Grunauer, JdI 81, 1974, 6ff.; D. Mertens, Die Herstellung der Kurvatur am Tempel von Segesta. Röm. Mitt. 81, 1974, 107ff.; ders., Tempel 34ff.; H. Bankel, AA 1980, 171ff.

48 Mertens, Tempel 147f.

49 H. Büsing a.O. (Anm. IV 46) 62; zur Kerkyräerstele: A. Schott, ÖJh 44, 1959, 74ff.

50 H. Lauter, Künstliche Unfertigkeit. JdI 98, 1983, 287ff.; Th. Kalpaxis, Hemiteles. Akzidentielle Unfertigkeit und „Bossen-Stil" in der griechischen Architektur (1986).

V. Gebäudetypen der griechischen Welt

Coulton, J., The architectural development of the greek *stoa* (1976); Drerup, H., Griechische *Baukunst* in *geometrischer Zeit* (Archäol. Homerica II O; 1969); Gruben, G., Die *Tempel* der Griechen[3] (1980); Jantzen, U. (Hrsg.), *Neue Forschungen* in griechischen Heiligtümern (1976); Kalpaxis, Th., *Früharchaische Baukunst* in Griechenland und Kleinasien (1976); Lauter, H., Die *Architektur* des *Hellenismus* (1986); Mallwitz, A., *Kritisches* zur Architektur Griechenlands im 8. und 7. Jh., AA 1981, 599ff.; Mertens, D. Der *Tempel* von Segesta und die dorische Tempelbaukunst des griechischen Westens in klassischer Zeit (1984); Tomlinson, R. A., Greek sanctuaries (1976).

1 U.a. E. Simon, Die Götter der Griechen (1969); P. E. Corbett, Greek temples and greek worshippers. Bull. Inst. Class. Stud 17, 1970, 149ff.; B. Rutkowski, Cult places of the Aegean (1986); G. P. Lavas, Altgriechischer Temenos: Baukörper und Raumbildung (1974) 12ff.

2 J. N. Coldstream, Geometric Greece (1977) 317ff.; zum Wortbegriff „Megaron" S. Lauffer in: STELE. Gedenkschrift N. Kontoleon (1980) 208ff.

3 Zur Orientierung vgl. Anm. II 55; bei den aufs Meer gerichteten Kykladentempeln variierte die Richtung (G. Gruben, AA 1982, 221); die kleinasiatischen Artemistempel waren nach Westen gerichtet.

4 Th. Kalpaxis, Früharchaische Baukunst (1976) pass.; A. Mallwitz, Kritisches, AA 1981, 601ff.; ders., Bonn. Jhb. 161, 1961, 125ff.

5 Zu den Bezeichnungen naos/oikos s. D. Williams, AA 1982, 60ff.

6 Ausführlich Mertens, Tempel 131ff., 175ff.

7 Gruben, Tempel 326ff.; zu Samos: A. Mallwitz, AA 1981, 624ff.; Th. Kalpaxis, Früharchaische Baukunst 17ff.; A. Furtwängler, AM 99, 1984, 97ff.; zu Ephesos: W. Schaber, Die archaischen Tempel der Artemis von Ephesos (1982); W. Alzinger, ÖJh 56, 1985, 59ff.; zu Didyma: G. Gruben, JdI 78, 1963, 78ff.

8 G. V. Gentili, Palladio NS 16, 1967, 61ff.; D. Mertens, Der ionische Tempel von Metapont. Röm. Mitt. 86, 1979, 103ff. und AA 1985, 661ff.

9 Gruben, Tempel 340ff.; ders., AA 1972, 319ff., AA 1982, 159ff.; Th. Kalpaxis, Hemiteles (1986) 76ff.

10 Zuletzt ausführlich in E. Berger (Hrsg.) Parthenonkongreß Basel 1982 (1984) pass.; vgl. auch A. K. Orlandos a. O. (Anm. III 83).

11 Zusammenfassend Mertens, Tempel pass.

12 Mertens, Tempel 186ff., 202ff.

13 W. Wurster, AA 1973, 200ff.; H. Knell, Dorische Ringhallentempel in spät- und nachklassischer Zeit. JdI 98, 1983, 203ff.

14 K. Herrmann in: Neue Forschungen 349f.

15 G. Roux, L'Architecture de l'Argolide ... (1961) 131ff., 187ff.; F. Seiler, Die griechische Tholos. Untersuchungen zur Entwicklung, Typologie und Funktion kunstmäßiger Rundbauten (1986) 72ff.

16 zu Pella: Th. H. Price, AJA 77, 1973, 66ff.; F. Seiler a. O. 129ff.; zu Samothrake: A. Conze u. a., Untersuchungen auf Samothrake I (1875) 79ff.; J. McCredie, Hesperia 48, 1979, 35ff.

17 Zusammenfassend C. Yavis, Greek Altars. Origins and typology (1949); M. Şahin, Die Entwicklung der griechischen Monumentalaltäre (1972); D. W. Rupp, Reflections on the development of altars in the 8th century. Skrifter Svenska Inst. Athen 4°, 30 (1983) 101ff.; zu einzelnen Altären: Ephesos: G. Kuhn, AM 99, 1984, 199ff.; Paros: G. Gruben, AA 1982, 184ff.; Kos: N. Stampolidis, O bōmos

tu Dionysu stēn Kō (1981); ders., AA 1984, 113ff. zu Knidos; Milet: K. Tuchelt, IstMitt 25, 1975, 128ff.; Rom: H. Borbein, Die Ara Pacis Augustae. JdI 90, 1975, 242ff.; Sizilien: Mertens, Tempel 189ff.

18 Entgegen A. v. Gerkan doch wie bei Th. Wiegand-H. Schrader, Priene (1904) 120ff.

19 U.a. H. Borbein, Die griechische Statue des 4. Jhs. v. Chr., JdI 88, 1973, 43ff.; T. Hölscher, Die Nike der Messenier und Naupaktier in Olympia. JdI 89, 1974, 70ff.; ders., Griechische Historienbilder des 5. und 4. Jhs. v. Chr. (1973) 204f.; F. Felten, Weihungen in Olympia und Delphi. AM 97, 1982, 79ff.; zur Aufstellung auf Basen: M. Jacob-Felsch, Die Entwicklung griechischer Statuenbasen und die Aufstellung der Statuen (1969); zu Statuen auch G. Roux, Rev. Et. Gr. 75, 1962, 374ff. (zur Wortbedeutung agalma-andrias).

20 J. Coulton, Stoa (1976) pass.; G. Kuhn, Untersuchungen zur Funktion der Säulenhalle in archaischer und klassischer Zeit. JdI 100, 1985, 169ff.; Ch. Börker, Festbankett und griechische Architektur (1983).

21 B. Bergquist, The Greek archaic temenos (1967) mit G. Kopcke, Gnomon 42, 1970, 72ff.; G. P. Lavas, Altgriechisches Temenos: Baukörper und Raumbildung (1974); vgl. auch H. Lauter, JdI 94, 1979, 408ff. sowie ders., Architektur Hellenismus (1986) 92ff.

22 Zuletzt J. R. Carpenter, The propylon in greek and hellenistic architecture (Diss. Univ. Pennsylv. 1970).

23 H. Lauter, Struktur statt Typus. AA 1982, 703ff.

24 H. Lauter, AM 88, 1973, 175ff. und JdI 94, 1979, 408ff.; H. v. Hesberg, JdI 94, 1979, 115ff.

25 H. Lauter, Lathuresa. Beiträge zur Architektur und Siedlungsgeschichte in spätgeometrischer Zeit (1985); A. Conze-P. Schazmann, Mamurt Kaleh, ein Tempel der Göttermutter unweit Pergamon (1911).

26 W. Elliger, Die Darstellung der Landschaft in der griechischen Dichtung (1975); H. Lauter, Architektur Hellenismus (1986) 298ff.

27 Vgl. u.a. F. Rakob, Das Quellenheiligtum in Zaghouan. Röm. Mitt. 81, 1974, 81ff.; ders., Bautypen und Bautechnik. In: Hellenismus in Mittelitalien 2 (1976) 366ff.; H. Lauter, Bemerkungen zur späthellenistischen Baukunst in Mittelitalien. JdI 94, 1979, 391ff.

28 zu Thasos: T. Kozelj, BCH 107, 1983, 717ff.; zu Argos: H. Lauter, AM 88, 1973, 183ff.

29 G. Gruben, Tempel 401ff.

30 Mertens, Tempel 133; vgl. auch S. 150f.

31 Nützliche Plan- und Literaturübersichten bei J. Coulton, The architectural development of the greek stoa (1976) und bei H. Lauter, Architektur Hellenismus, pass.

32 Ausführlich J. Coulton, Stoa (1977) und H. Lauter, Architektur Hellenismus (1986) 113ff.

33 Zusammenfassend H. B. Blume, Einführung in das antike Theaterwesen (1984); eine Übersicht vorhandener Bauten gab G. Forni, Encicl. Arte Antica-Suppl. (1970) 772ff.

34 F. Kolb, Agora und Theater. Volks- und Festversammlung (1981); zu Metapont: D. Mertens, ARCHITECTURA 12, 1982, 93ff. und AA 1985, 664ff.; zu italischen Formen C. Krause, Röm. Mitt. 83, 1976, 53ff. und F. Kolb, Kokalos 21, 1975, 226ff.

35 S. Gogos, ÖJh 54, 1983, 59ff.

36 H. Kenner, Zur Archäologie des Dionysostheaters. ÖJh 57, 1986/87, 55ff.

37 O. A. W. Dilke, The greek theatre cavea. BSA 43, 1948, 125ff. und BSA 45,

1950, 21ff.; E. Gebhard, The form of the orchestra in the early greek theatre. Hesperia 43, 1974, 428ff.

38 A. Rumpf, Die Entstehung des römischen Theaters. Mitt. d. Inst. 3, 1950, 40ff.; M. Bieber, History of the Greek and Roman theatre (1961); H. Lauter in: Hellenismus in Mittelitalien II (1976) 413ff.; M. Fuchs, Untersuchungen zur Ausstattung römischer Theater ... (1987) 2ff.

39 F. Krischen, Antike Rathäuser (1941); W. A. Macdonald, The political meeting places of the Greeks (1943); zu Olympia: A. Mallwitz, Olympia und seine Bauten (1972) 235ff.

40 H. Lauter, Architektur Hellenismus (1986) 156ff.; eine Ableitung aus frühen orientalischen Formen erscheint überflüssig: H. von Gall, Gymnasium 86, 1979, 444.

41 Zusammenfassend R. Martin, Recherches sur l'Agora grecque (1951); zu Athen vgl. F. Kolb a.O. (Anm. IV 34) und Gymnasium 83, 1976, 295ff.; mit Vorsicht: F. Felten, Heiligtümer oder Märkte. Antike Kunst 26, 1983, 84ff. und H. Schalles, Hephaistos 4, 1982, 97ff.

42 P. Spahn, Die Anfänge der antiken Ökonomik. Chiron 14, 1984, 310ff.

43 S. G. Miller, The Prytaneion, its function and architectural form (1978); zu Hallen vgl. J. Coulton, Stoa pass.

44 Vgl. u.a. H. Borbein a.O. (Anm. IV 19) 84ff., 194ff.; T. Hölscher, Historienbilder 85ff., 202ff., 214ff.; M. Jacob-Felsch a.O. pass.

45 Zusammenfassend J. Delorme, Gymnasion. Etude sur les monuments consacrés à l'éducation en Grèce (1960); G. Roux, BCH 104, 1980, 227; J. Delorme, BCH 106, 1982, 53ff.; J. Jannoray, Fouilles de Delphes II (1967).

46 C. A. Forbes, Class. Phil. 60, 1945, 32ff.; W. Orth, Zum Gymnasium im römerzeitlichen Ägypten. Historia-Einzelschriften 40, 1983, 223ff.; K. Tuchelt, Ist Mitt 31, 1981, 173f.

47 W. Zschietzschmann, Wettkampf- und Übungsstätten in Griechenland I: Das Stadion (1960); F. Krinzinger, Untersuchungen zur Entwicklungsgeschichte des griechischen Stadions (Diss. Innsbruck 1968); S. G. Miller, AJA 84, 1980, 159ff.

48 Zusammenfassend R. Ginouvès, Balaneutikè. Recherches sur le bain dans l'antiquité grecque (1962); vgl. auch G. Vallet-F. Villard-P. Auberson, Megara Hyblaea, Guide des fouilles (1983) 49ff.; zu Nemea: Hesperia 52, 1983, 70ff.

49 Zu frühen Anlagen: H. Drerup, Baukunst geometr. Zeit 56ff.; zusammenfassend: F. E. Winter, Greek fortifications (1971); A. Wokalek, Griechische Stadtbefestigungen (1973); Y. Garlan, Recherches de poliorcétique grecque (1974); A. W. Lawrence, Greek aims in fortification (1979); J. P. Adam, l'Architecture militaire grecque (1982); A. McNicoll, Rev. Arch. 1983, 347ff.; zu technischen Fragen: F. G. Maier, Mauerbauinschriften I (1959), II (1961).

50 H. Kienast, Die Stadtmauer von Samos (1978) 91f.

51 A. McNicoll-T. Winikoff, A hellenistic fortress in Lycia. AJA 87, 1983, 311ff.; J. Ober, Fortress Attica. Defense of the Athenian land frontier (1985).

52 Unverändert gültig F. G. Maier, Mauerbauinschriften II 93ff.

53 Ausführlich bei Y. Garlan; auch ders., Historia 22, 1973, 16ff.

54 zu Athen: R. L. Pounder, A hellenistic arsenal in Athens. AJA 84, 1983, 227ff. und Hesperia 52, 1983, 233ff.; in Milet: Milet. Ausgrabungen I 7: Der südliche Markt und die benachbarten Bauanlagen (1924) 156ff.; in Pergamon: Altertümer von Pergamon X: Die hellenistischen Arsenale (1937).

55 K. Jeppesen, Paradeigmata (1958) 69ff.; E. Lorenzen, The Arsenal at Piraeus (1964); A. Linfert u.a., Die Skeuothek des Philon im Piräus (1981).

56 Liste von D. J. Blackman in: J. S. Morrison-R. T. Williams, Greek oared ships (1968) 181ff.; vgl. auch O. Höckmann, Antike Seefahrt (1985) 147ff.

57 K. Lehmann-Hartleben, Die antiken Hafenanlagen des Mittelmeeres (1923); J. Schäfer-H. Schläger, AA 1962, 40ff.; J. Schäfer, AA 1967, 527ff.; H. Schläger-D. Blackman-J. Schäfer, AA 1969, 229ff.; P. Knoblauch, Deltion 27, 1972, Meletai 50ff.; ders., Die Hafenanlagen ... von Side (1977); J. Schäfer in: Mélanges A. M. Mansel (1974) 666ff.; J. Schäfer (Hrsg.) Phaselis, Beiträge zur Topographie (1981); O. Höckmann, Antike Seefahrt (1985) 144ff.

58 zu Dämmen: J. Keil, ÖJh 44, 1959, 142ff.; W. M. Murray, The ancient dam of the Mytikas valley. AJA 88, 1984, 195ff.; zu Brücken: J. Briegleb, Die vorrömischen Steinbrücken des Altertums (1971) und Gnomon 43, 1971, 66ff.

59 Allgemein: Mitteilg. Leichtweiß-Inst. f. Wasserbau-T. U. Braunschweig 64, 1979; 71, 1981; 73, 1982 mit ausf. Bibliographie; vgl. auch H. Kienast in: Wohnungsbau im Altertum (Disk. arch. Bauforschg. 1, 1978) 114ff.; R. Tölle-Kastenbein, Der Begriff Krene. AA 1985, 451ff.; R. Koerner, Zu Recht und Verwaltung der griechischen Wasserversorgung nach den Inschriften. Arch. f. Papyrusforschg. 22, 1973, 155ff.

Zu einzelnen Orten: Megara: G. Gruben, Deltion 19, 1964, A 37ff.; A. Muller, BCH 105, 1981, 211ff.; zu Laurion: AAA 9, 1976, 24ff.; zu Athen: J. M. Camp II, The water supply of ancient Athens (Diss. Princeton 1977); zu Delphi: A. Orlandos, BCH 84, 1960, 148ff.; P. Amandry, BCH-Suppl. 4, 1977, 179ff. und BCH 102, 1979, 221ff.; P. Aupert, BCH-Suppl. 4, 1977, 229ff.; zu Eretria: Praktika 1976, A 69ff.; zu Ephesos: AA 1972, 724f.; zu Samos: H. Kienast, ARCHITEKTURA 7, 1977, 97ff. und AA 1975, 19ff.; zu Samothrake: Hesperia 34, 1965, 120; zu Pergamon: G. Garbrecht, Die Madradağ-Leitung nach Pergamon. Antike Welt 9.4, 1978, 40ff.; Mitt. Leichtweiß-Inst. (s.o.) 37, 1973.

60 F. Glaser, Antike Brunnenbauten in Griechenland (1983).

61 Th. Wiegand-H. Schrader, Priene (1904) 190ff.; in Athen: AA 1969, 39f.; in Rhodos: Deltion 20, 1965, B 3, 587f.

62 Zu Erzwerken in Attika u.a. BCH 102, 1978, 651ff.; BCH 103, 1979, 542ff.; BCH 104, 1980, 584ff.; BCH 105, 1981, 773ff.; AJA 86, 1983, 541; AAA 12, 1979, 15ff.; H. Mussche, Thorikos 1969 (VI; 1973) 61ff.; zu Ölpressen: J. A. de Waele-M. G. Amadasi, Not. Scavi 34, 1980, 417ff.; zu Fischtanks: K. Davaras, Deltion 30, 1975, A 149ff.; vgl. auch Anm. III 14 und 46.

63 Zu Frühformen zusammenfassend: H. Drerup, Baukunst geometr. Zeit 87ff.; St. Sinos, Die vorklassischen Hausformen in der Ägäis (1971); J. N. Coldstream, Geometric Greece (1977); zu Nichoria: W. A. McDonald et al., Hesperia 44, 1975, 91ff.

64 B. J. Hayden, The development of Cretan architecture from the LMA III A through geometric periods (Diss. Univ. Pennsylvania 1981); dies., Hesperia 57, 1983, 367ff.

65 H. Drerup, Marb. Winckelmannprogr. 1967, 6ff.; C. Krause, AA 1977, 164ff.; W. Hoepfner-E. L. Schwandner, Haus und Stadt im klassischen Griechenland (1986) 268ff.;

66 J. Boehlau-K. Schefold, Larisa am Hermos I: Die Bauten (1940) 30ff., 93ff., 162ff.; zu den Vorgängerbauten H. Lauter, BonnJhb. 175, 1975, 33ff.; zu Vuni: E. Gjerstad-J. Lindros-E. Sjöqvist-A. Westholm, The Swedish Cyprus Expedition III (1937) 111ff.

67 W. Hoepfner-E. L. Schwandner a. O. (Anm. V 60) pass.; ausführl. Liste von termini technici bei D. M. Robinson, Excavations at Olynthus 12: Domestic and public architecture (1946) 453ff.

68 C. Krause, AA 1977, 164ff.; H. Drerup in: Wohnungsbau im Altertum (1978) 87ff.; H. Lauter-H. Lauter-Bufé, AM 86, 1971, 109ff.

69 Zahlreiche Pläne in M. Coppa, Storia dell'Urbanistica dalle origine all'Ellenismo (1968) und: Storia dell'Urbanistica. Le età ellenistiche (1981) pass.

70 J. E. Jones u. a., BSA 57, 1962, 75 ff. und 68, 1973, 355 ff.; H. Lauter-Bufé, AM 94, 1979, 161 ff.; M. Dufkova-J. Pečirka, Farms and farmhouses in the chora of Chersonnesos. Eirene 8, 1970, 123 ff.; R. Osborne, BSA 80, 1985, 119 ff.

71 M. Nowicka, Les maisons à tour dans le monde grec (1975); L. Haselberger, Der Paläopyrgos von Naussa auf Paros. AA 1978, 345 ff.

72 M. B. Sakellariu, Macedonia. 4000 years of greek history and civilization (1983) 173 ff.; V. Heermann, Studien zu makedonischen Palästen und palastartigen Bauten des Hellenismus (1987); zu Vergina: M. Andronikos, Vergina (1984); zu Pella: BCH 102, 1984, 798 f.

73 Zum Nachwirken u. a. K. Fittschen in Hellenismus in Mittelitalien II (1976) 539 ff.

74 D. C. Kurtz-J. Boardman, Greek burial customs (1971; deutsch: Thanatos. Tod und Jenseits bei den Griechen. 1985) mit B. Schmaltz, Gnomon 46, 1974, 60 ff.; O. Pelon, Tholoi, Tumuli et cercles funéraires (1976).

75 K. Kübler, Der attische Grabbau. Mitt. Dtsch. Arch. Inst. 2, 1949, 1 ff.; F. Willemsen, Archaische Grabmalbasen. AM 78, 1963, 104 ff.; B. Schlörb-Vierneisel-U. Knigge, Eridanos-Nekropole. AM 81, 1966; E. Tsirivakos, AAA 4, 1971, 108 ff.; R. Stupperich, Staatsbegräbnis und Privatgrabmal im klassischen Athen (1977); B. Schmaltz, Verwendung und Funktion attischer Grabmäler. Marb. Winckelmannprogr. 1979, 13 ff.; W. Koenigs-U. Knigge-A. Mallwitz, Rundbauten im Kerameikos (1980); S. C. Humphreys, Familytombs and tomb cult in ancient Athens. JHS 100, 1980, 96 ff.; R. Garland, A first catalogue of Attic peribolos tombs. BSA 77, 1982, 125 ff.; U. Vedder, Untersuchungen zur plastischen Ausstattung attischer Grabanlagen des 4. Jhs. (1985).

76 P. Themelis, Frühgriechische Grabbauten (1976); P. M. Fraser, Rhodian funerary monuments (1977); M. Popham u. a., The hero of Lefkandi. Antiquity 56, 1982, 169 ff.

77 Zusammenfassend B. Gossel, Makedonische Kammergräber (1980); S. G. Miller, AM 88, 1973, 189 ff.; dies., Macedonian tombs. In: Macedonia and Greece in late classical and hellenistic times (1982), 153 ff.; M. Andonikos, Vergina, the Royal tombs and the ancient city (1984); P. Petsa, La genesi del tipo delle tombe „macedoni". In: Alessandria e il mondo ell.-roman. III (1984) 744 ff.

78 R. Pagenstecher, Unteritalische Grabdenkmäler (1912); W. v. Sydow, Ein Rundmonument in Pietrabbondante. Röm. Mitt. 84, 1977, 267 ff.; D. Girardot-M. Gualtieri, Not. Scavi 34, 1980, 103 ff.; F. G. Lo Porto, Not. Scavi 35, 1981, 334 ff.

79 T. Özgüç, Die Bestattungsbräuche im vorgeschichtlichen Anatolien (1949); H. von Gall, Die paphlagonischen Felsgräber (1967); P. Roos, The rock-tombs of Caunus (1974); K. Kjeldsen-J. Zahle, Lykische Gräber, AA 1975, 312 ff.; J. Borchhardt u. a. Myra, eine lykische Metropole (1975) 95 ff.; S. Kasper, Der Tumulus von Belevi. AA 1975, 223 ff. und ÖJh. 51, 1976/77, 127 ff.; J. Zahle, Lykische Felsgräber mit Reliefs. JdI 94, 1979, 245 ff.; M. Waelkens, Das Totenhaus in Kleinasien. Antike Welt 11.4, 1980, 3 ff.; R. S. Young, Gordion Excavations I: 3 great early tumuli (1981); H. Philipp, Archaische Gräber in Ostionien. IstMitt. 31, 1981, 149 ff.

80 P. Coupel-P. Demargne, Fouilles de Xanthos III: Le monument des Néréides (1969); J. Borchhardt, Die Bauskulptur des Heroons von Limyra (1976); K. Jeppesen, Zur Gründung und Baugeschichte des Maussolleions von Halikarnassos. IstMitt. 27/28, 1977/78, 169 ff.; ders. u. a. The Maussolleion at Halikarnassos I: The sacrifical deposits (1981); C. Praschniker-M. Theuer, Das Mausoleum von Belevi (FiE 6; 1979) mit D. Pinkwart, BonnJahrb. 183, 1983, 746 ff.

81 R. Pagenstecher, Nekropolis. Untersuchungen über Gestalt und Entwicklung der alexandrinischen Grabanlagen (1919); A. Adriani, Repertorio d'arte Egitto greco-romano C I/II: Architettura e topografia: Alessandria (1966); M. Sabottka, Ausgrabungen in der W-Nekropole Alexandria's (Gabbari) In: Das Röm.-Byzantin. Ägypten (Akten Sympos. Trier 1978; 1983) 195ff.

82 E. Will, La tour funéraire de Palmyre. Syria 26, 1949, 112ff.; S. Stucchi, Architettura Cirenaica (1975) 79ff.; A. Bounni-N. Saliby, Syria 55, 1978, 254f.; F. Rakob in: H. Horn-Ch. Rüger, Die Numider (1979) 132ff.; J. Dent, Burial practices in Cyrenaica. In: Cyrenaica in Antiquity (1985) 327ff.; L. Bacchielli, La tomba delle Cariatide. Quaderni Arch. Libia 11, 1980, 11ff.

VI. Stadtplanung und Städtebau

Coppa, M., Storia dell'*Urbanistica* dalle origini all'Ellenismo (1968); ders., Storia dell'Urbanistica. Le *età ellenistiche* (1981); von Gerkan, A., Griechische Städteanlagen (1924); Giuliano, A., Urbanistica delle città greche. Xenia 7, 1984, 3ff.; W. Hoepfner-E. L. Schwandner, *Haus und Stadt* im klassischen Griechenland (1986); Kirsten, E., Die griechische *Polis* als historisch-geographisches Problem des Mittelmeerraumes (1956); Kolb, F., Die *Stadt* im Altertum (1984); Martin, R., l'Urbanisme dans la Grèce antique[2] (1974); Wycherley, R. E., How the Greeks built cities (1962).

1 K. Welwei, Die griechische Polis. Verfassung und Gesellschaft (1983); J. N. Coldstream, The formation of the greek polis. Aristotle and archaeology (1984); Kolb, Stadt 58ff.

2 A. Snodgrass, Archaic Greece (1980) 31ff.

3 J. N. Coldstream, Geometric Greece (1977) und Formation 9ff.; A. Snodgrass, Archaic Greece (1980) 20ff.; C. Krause, Zur städtebaulichen Entwicklung Eretrias. AnnScuola Arch. Atene 59, 1981, 175ff.

4 H. P. Drögemüller, Städtischer Raum und politischer Machtbereich ... Gymnasium 77, 1970, 484ff.

5 R. Hägg, Zur Stadtwerdung des dorischen Argos. In: Palast und Hütte (1982) 297ff.; vgl. auch P. Musiolek, Klio 63, 1981, 207ff.

6 C. A. Roebuck, Some aspects of urbanization at Corinth. Hesperia 41, 1972, 96ff.; C. K. Williams, The early urbanization of Corinth. AnnScuola Arch. Atene 60, 1982, 9ff.

7 H. Drerup, Griechische Baukunst in geometrischer Zeit (1969) 94ff.; B. H. Hayden a. O. (s. Anm. V 64); zu Agglutinaten E. Heinrich, AA 1958, 89ff.

8 J. de la Genière, La colonisation grecque en Italie méridionale. Rev. Arch. 1978, 257ff.; A. di Vita, L'Urbanistica più antica delle colonie di Magna Grecia. AnnScuola Arch. Atene 59, 1981, 63ff.; G. Vallet u. a. in AnnScuola Arch. Atene 60, 1982 pass.; vgl. auch G. Leschhorn, Gründer der Stadt. Studien zu einem politisch-religiösen Phänomen der griechischen Geschichte (1984).

9 R. Martin, Problèmes d'urbanisme dans les cités grecques de Sicile. Kokalos 18/19, 1972/3, 348ff.; G. Métraux, Western land use and city planning in the archaic period (1978); U. Heimberg, Griechische und römische Landvermessung. In: Bauplanung u. Bautheorie (1984) 277ff.; D. Mertens, AA 1985, 645ff.; die Meßgenauigkeit ließ gelegentlich zu wünschen übrig – zu Olynth: E. L. Schwandner in: Wohnungsbau im Altertum (1978) 105f.; zu Demetrias ebenda 131 (P. Marzolff).

10 A. Wasowicz, Olbia pontique et son territoire (1975); A. X. Kocybala, Greek

colonization on the north shore of the Black Sea in archaic period (Diss. Univ. Pennsylvania 1978); N. Ehrhardt, Milet und seine Kolonien (1983).

11 Kirsten, Polis 92ff.; G. Audring, Proastion. Zur Funktion der stadtnahen Landzone ... Klio 63, 1981, 215ff.

12 Quellen zusammengestellt bei Y. Garlan, Recherches de poliorcétique grecque (1974) 92ff.; vgl. S. 170ff.

13 G. Bodei-Giglioli, Lavori pubblici e occupazione nell'antichità classica (1974) 16ff.

14 Neuere Arbeiten bei F. Kolb, Stadt 275; zu ergänzen J. Szidat, Hippodamos von Milet. BonnJahrb. 180, 1980, 31ff.; W. Hoepfner-E. L. Schwandner, Haus und Stadt 247ff.

15 Th. Boyd-M. H. Jameson, Urban and rural land division in ancient Greece. Hesperia 50, 1981, 327ff.; W. Hoepfner-E. L. Schwandner, Haus und Stadt 27ff., 268ff.

16 U.a. Ch. Welskopf (Hrsg.), Hellenische Poleis II (Berlin 1974)

17. Neben R. Martin, Urbanisme, pass. und M. Coppa, Urbanistica pass. vgl. Ph. Bruneau-J. Ducat, Guide de Délos³ (Paris 1983).

18 Neben den in Anm. V 70 und VI 9–11 genannten Titeln die Arbeiten von I. Hahn, G. Audring und A. Jähne in Klio 63, 1981 sowie R. Osborne, Classical Landscape with figures. The ancient greek city and its countryside (London 1987).

Abbildungsnachweise

Soweit hier nicht angegeben, sind Fotos und Zeichnungen vom Verfasser hergestellt – letztere unter Benutzung einschlägiger Grabungspublikationen.

1 Tiryns – Plan (nach U. Jantzen, Führer Tiryns. 1975, Faltplan)
4 Karphi – Lageplan (nach H. Drerup, Baukunst geometr. Zeit, Abb. 33)
5 Didyma – Bauinschrift (DAI Ist.; Neg. Di 69/F 687)
6 Milet – Buleuterion (nach Krischen, Antike Stadt, Tf. 13)
7 Athen – Erechtheion (DAI Athen, Neg. 75/534)
8 Didyma – Apollontempel (DAI Ist., Neg. Di 70/7)
9 Olympia – Maßschema (nach Mallwitz, Olympia, Abb. 187)
10 Priene – Athena-Altar (DAI Ist., Neg. R 16320)
11 Didyma – Ritzzeichnung (nach L. Haselberger, IstMitt 33, 1983)
12 b) Milet – (Neg. A. Peschlow-Bindokat) c) Naxos – (Neg. W. Koenigs)
13 Ablassen eines Quaders – (nach Orlandos, Matériaux II fig. 8)
16 Dachterrakotten (nach D. Mertens, Neue Forschungen . . . (1976) 190f. u. a.
17 Metapont – Dach Tempel B: (Neg. D. Mertens)
18 Olympia – Ziegelofen (nach Olympia-Ber. IV [1944] Abb. 13)
24 Samos-Heraion (DAI Ist., Neg. Kb 8402)
25 Pergamon-Zeusaltar (DAI Ist., Neg. Repro 84, 15)
33 Mauerwerk (a: DAI Ist., Neg. R 16808; b–d: MW)
35 Priene – Athenatempel (DAI Ist., Neg. R 18537)
37 Eleusis – Befestigungsmauer (DAI Athen, Neg. Eleusis 308)
41 Priene – Athenatempel (DAI Ist. Neg. R 18475)
46 Didyma – Apollontempel (DAI Ist., Neg. Di 70/F 357)
47 Athen – Parthenon (nach Orlandos, Architektonike III fig. XXIII)
49 Priene – Athenatempel (DAI Ist., Neg. R 22520)
50 Milas – Gümüşkesen (DAI Ist., Neg. 78/176.5)
52 Holz-Lehmdach (DAI Ist., Neg. R 3115)
53 Dachkonstruktionen nach A. T. Hodge, Woodwork
56 Belevi – Türen (nach FiE 6 (1979) Abb. 17 und 31)
57 Olympia – Heraion (nach Denkm. Olympia, Taf. 23)
59 Fenster aus Delos (nach Expl. Arch. Delos VIII. 2, fig. 168–169)
60 Pella – Mosaik (nach D. Salzmann, Kieselmosaiken Tf. 34)
61 Selinunt – Kapitell (nach Koldewey-Puchstein, Tempel)
67 Akroter – Formen (nach D. Ohly, Die Aegineten I [1976], Beil. C)
68 Athen – Parthenon, Profile (nach Orlandos, Architektonike II fig.)
69 Ionische Basen (nach Gruben, Tempel Abb. 260/261 u. a.)
71 a) Metapont (Neg. D. Mertens)
72 Magnesia – Artemistempel (DAI Ist., Neg. 67/43)
73 Samos – Ante (DAI Ist., Neg. Kb 8310)
74 Assos – Athenatempel (DAI Ist., Neg. 72/9)
76 Didyma – Naiskos, Fries (nach H. Knackfuß, Didyma I Taf. 75, Z 547)
77 Neandria – Kapitell (DAI Ist., Neg. R 19528)
79 Olba – Zeustempel (DAI Ist., Neg. R 2724)
80 Kurvatur (nach J. J. Coulton, Architects, fig. 44)

Sachregister

Register der Orte und Bauten

Die Kunst der Antike im Universum der Kunst

Ranuccio Bianchi Bandinelli/Antonio Giuliano
Etrusker und Italiker vor der römischen Herrschaft
Die Kunst Italiens von der Frühgeschichte bis zum Bundesgenossenkrieg
Aus dem Italienischen von Herbert Schlüter
1974. VIII, 454 Seiten mit 451 Abbildungen, davon 80 farbig,
6 Plänen und 5 Karten. Leinen
UdK Band 21

Jean Charbonneaux, Roland Martin, François Villard
Das klassische Griechenland
480–330 v. Chr.
Aus dem Französischen von Werner Gebühr und Franz Graf Otting
2., durchgesehene Auflage. 1984
VIII, 431 Seiten mit 439 Abbildungen, davon 80 farbig. Leinen
UdK Band 16

Jean Charbonneaux, Roland Martin, François Villard
Das hellenistische Griechenland
330–50 v. Chr.
2., durchgesehene Auflage. 1988
Etwa 510 Seiten mit 500 Abbildungen, davon 120 in Farbe. Leinen
UdK Band 18

Jean Charbonneaux, Roland Martin, François Villard
Das archaische Griechenland
620–480 v. Chr.
2., durchgesehene Auflage. 1985
VIII, 465 Seiten mit 443 Abbildungen, davon 99 in Farbe. Leinen
UdK Band 14

Pierre Demargne
Die Geburt der griechischen Kunst
Die Kunst im ägäischen Raum von vorgeschichtlicher Zeit
bis zum Anfang des 6., vorchristlichen Jahrhunderts
2., mit einem Nachtrag versehene Auflage. 1975
351 Seiten mit 338 Abbildungen, davon 106 farbig, 29 Pläne
und 7 Karten. Leinen
UdK Band 6

Verlag C. H. Beck München